Veyne

Foucault – Der Philosoph als Samurai

Paul Veyne

Foucault
Der Philosoph als Samurai

Aus dem Französischen übersetzt
von Ursula Blank-Sangmeister
unter Mitarbeit von Anna Raupach

Philipp Reclam jun. Stuttgart

Titel der französischen Originalausgabe:
Paul Veyne: Foucault. Sa pensée, sa personne.
Paris: Albin Michel, 2008.

Umschlagabbildung:
Michel Foucault bei einer spontan anberaumten Pressekonferenz
des GIP (Groupe d'information sur les prisons) am 17. Januar 1972
im Justizministerium, Paris, Place Vendôme.
Foto von Élie Kagan (© Fonds Élie Kagan / BDIC).

Ouvrage publié avec le soutien du Centre national du livre –
Ministère français chargé de la culture.

Der vorliegende Band erscheint mit freundlicher Unterstützung
des französischen Kulturministeriums – Centre national du livre.

Inhalt

In dankbarer Erinnerung an unsere Lehrer
Hans-Georg Pflaum und Louis Robert

Einleitung

Nein, Foucault war kein Strukturalist, nein, er war auch kein 68er; er war ebenso wenig Relativist wie Historist, noch wähnte er überall den Einfluss der Ideologie. Nach eigener Aussage war er, was in diesen Zeiten selten ist, ein *skeptischer* Denker.[1] Er glaubte nur an die Wahrheit der Fakten, der unzähligen historischen Fakten, die alle Seiten seiner Bücher füllen, niemals aber an die Wahrheit der allgemeinen Ideen. Er ließ nämlich keinerlei Transzendenz als Basis des Denkens gelten. Dennoch war er auch kein Nihilist: Er konstatierte die Existenz der menschlichen Freiheit (das Wort findet sich in seinen Texten), und er war nicht der Ansicht, dass der Verlust jedes metaphysischen oder religiösen Fundaments – selbst wenn dieser Verlust in den Rang einer Doktrin »ohne Illusionen« gehoben wird – den Menschen in seiner Freiheit je daran gehindert habe, Überzeugungen und Hoffnungen zu haben oder sich zu entrüsten und zu revoltieren (er selbst war dafür ein Beispiel, er kämpfte auf seine Weise, so wie es dem Typus des neuen Intellektuellen gemäß war; in der Politik war er ein *Reformer*). Aber er fand es falsch und überflüssig, über seine Kämpfe zu diskutieren, seinen Ärger zu erörtern und zu Verallgemeinerungen zu greifen. »Verwendet nicht das Denken dazu, einer politischen Praxis einen Wahrheitswert zu verleihen«, hat er einmal geschrieben.[2]

Er war, anders als man geglaubt hat, kein Feind des Menschen und des menschlichen Subjekts. Er war schlicht der Meinung, dass sich dieses Subjekt keine absolute Wahrheit vom Himmel holen noch im Himmel der Wahrheiten souverän handeln könne und dass er sich nur gegen die Wahrheiten und Realitäten seiner Epoche wehren oder Innovationen einbringen könne. Wie Montaigne und im scharfen Kontrast zu Heidegger[3] meinte er, dass »wir keinerlei Zugang zum Sein haben«.[4] Trotzdem veranlasste ihn sein Skeptizismus nicht zu dem Ausruf: »Ach! Alles ist zweifelhaft!« Man könnte auch sagen, dass dieser angebliche

68er in seiner Eigenschaft als Empirist und Erkenntnisphilosoph in Opposition zum Primat einer ehrgeizigen Vernunft stand. Er gelangte, ohne es ausdrücklich zu sagen, zu einer allgemeinen Konzeption der Conditio humana, zur Freiheit des Menschen, der reagiert, und zu seiner Endlichkeit; die Lehre Foucaults ist in Wahrheit eine empirische Anthropologie, die sich durch ihre spezifische Kohärenz auszeichnet und deren Originalität darin besteht, dass sie auf die historische Kritik gegründet ist.

Bevor wir auf die Einzelheiten eingehen, wollen wir um der Klarheit willen zunächst unsere Prinzipien darlegen. *Erstens*: Das letzte Ziel der menschlichen Geschichte ist – selbst jenseits der Macht, der Wirtschaft usw. – die Wahrheit. Welches ökonomische System würde auch nur daran denken, sich einzugestehen, dass es falsch ist? Dieses Problem der Wahrheit in der Geschichte hat nichts, aber auch rein gar nichts damit zu tun, dass man etwa Dreyfus' Unschuld oder die Realität der Gaskammern in Zweifel ziehen will. *Zweitens*: Wenn die historische Erkenntnis ihrerseits ihre Analysen einer bestimmten Epoche bis ins Letzte vorantreiben will, muss sie, jenseits der Gesellschaft oder der Mentalität, zu den allgemeinen Wahrheiten vordringen, in denen die Denker dieser Epoche, ohne es zu wissen, befangen und wie Goldfische in einem Fischglas eingeschlossen waren.

Der Skeptiker ist ein Doppelwesen. Solange er denkt, steht er außerhalb des Glases und betrachtet die Fische, die dort ihre Kreise ziehen. Aber da er sehr wohl auch leben muss, schwimmt er, selbst Fisch, wieder im Glas, um zu entscheiden, welchem Kandidaten er bei den nächsten Wahlen seine Stimme geben soll (ohne allerdings seiner Entscheidung einen Wahrheitswert beizumessen). Der Skeptiker ist sowohl ein Beobachter, der sich außerhalb des Glases befindet, das er in Zweifel zieht, als auch zugleich einer der Goldfische. Eine Doppelung, die nichts Tragisches an sich hat.

Im vorliegenden Fall hieß der Beobachter, der der Held dieses kleinen Buches ist, Michel Foucault. Die Rede ist von jenem schlanken, eleganten und unbeirrbaren Mann, der vor nichts und niemandem zurückschreckte und der in seinen intellektuellen Gefechten die Feder wie einen Säbel führte. Deshalb hätte ich dem vorliegenden Buch auch den Titel *Der Samurai und der Goldfisch* geben können.

I
In der Universalgeschichte ist alles singulär:
der »Diskurs«

Als das Buch *Histoire de la folie*[5] erschien, haben manche durchaus wohlwollende französische Historiker (darunter der Verfasser dieser Zeilen) dessen Tragweite zuerst nicht erkannt. Foucault zeigte, wie ich dachte, lediglich, dass die Vorstellung, die man sich vom Wahnsinn im Laufe der Jahrhunderte gemacht hatte, sehr vielen Wandlungen unterworfen war. Das war für uns nichts Neues: Wir wussten bereits, dass sich die menschlichen Realitäten durch eine radikale Kontingenz auszeichnen (es handelt sich um die allseits bekannte »kulturelle Willkür«) oder zumindest sehr verschiedenartig und sehr variabel sind und dass es weder überhistorische Invarianten noch Essenzen noch natürliche Objekte gibt. Unsere Vorfahren machten sich merkwürdige Vorstellungen vom Wahnsinn, von der Sexualität, der Strafe oder der Macht. Doch alles lief so ab, als würden wir stillschweigend annehmen, dass diese Zeit des Irrtums der Vergangenheit angehörte, dass wir es besser machten als unsere Ahnen und die Wahrheit kannten, um die ihre Suche kreiste. »Dieser griechische Text spricht von der Liebe entsprechend den Vorstellungen der damaligen Zeit«, so pflegten wir zu sagen. Doch war unser modernes Konzept von der Liebe besser als das ihre? Zu einer solchen Behauptung würden wir uns, wenn uns diese müßige und unzeitgemäße Frage gestellt würde, nicht versteigen. Aber denken wir ernsthaft und philosophisch darüber nach? Foucault hat dies mit allem Ernst getan.

Ich hatte nicht verstanden, dass Foucault Partei ergriff, ohne dies in einer großen Debatte über das moderne Denken darzulegen: Ist die Wahrheit eine Angleichung an ihr Objekt oder ist sie es nicht, ähnelt sie dem, was sie zum Ausdruck bringt, oder tut sie es nicht, so wie es der gesunde Menschenverstand vermutet? Im Grunde genommen lässt sich nicht recht sehen, auf welche

Weise wir wissen könnten, ob sie ihrem Objekt ähnelt, da wir über keine andere Informationsquelle verfügen, mit der wir unsere Vorstellung abgleichen können. Doch lassen wir es dabei bewenden. Für Foucault wie für Nietzsche, William James, Austin, Wittgenstein, Ian Hacking und viele andere, die alle ihre eigene Sicht der Dinge haben, kann die Erkenntnis nicht der getreue Spiegel der Wirklichkeit sein. Foucault glaubt ebenso wenig wie Richard Rorty[6] an diesen Spiegel, an diese »spiegelhafte« Konzeption des Wissens: Nach seiner Überzeugung kann das Objekt in seiner Materialität nicht von dem formalen Rahmen getrennt werden, durch den wir es sehen und den Foucault mit einem unglücklich gewählten Begriff als »Diskurs« bezeichnet. Damit sind wir beim Kern der Sache.

Diese missverstandene Konzeption von der Wahrheit als fehlende Korrespondenz mit der Realität hat zu der Annahme geführt,[7] dass in den Augen Foucaults die Verrückten nicht verrückt seien und dass das Reden über den Wahnsinn Ideologie sei. Selbst ein Raymond Aron hat *Histoire de la folie* nicht anders verstanden und sich mir gegenüber auch freimütig so geäußert. Der Wahnsinn ist nur allzu real, man braucht nur einen Verrückten zu sehen, um das zu wissen, protestierte er, und er hatte recht: Foucault selbst erklärte, dass der Wahnsinn – um nicht das zu sein, was der Diskurs über ihn gesagt hat, sagt und sagen wird – trotzdem nicht »nichts sei«.[8]

Was also versteht Foucault unter »Diskurs«? Etwas sehr Einfaches: Es handelt sich um die genaueste und gedrängteste Beschreibung einer historischen Formation in ihrer Nacktheit, um die Offenlegung ihrer letzten individuellen Differenz.[9] Bis zur *differentia ultima* einer bestimmten Singularität vorzudringen, erfordert eine intellektuelle Anstrengung an Apperzeption: Man muss das Ereignis seiner zu weiten Drapierungen, die es banalisieren und rationalisieren, entkleiden. Dies hat, wie man noch sehen wird, weitreichende Konsequenzen.

Der heuristische Ausgangspunkt in Foucaults erstem Buch

war die Herausarbeitung des Diskurses über das, was wir als
Wahnsinn (der im früheren Diskurs »Unverstand« hieß) bezeichnen. Die nachfolgenden Bücher haben anhand anderer
Themen die skeptische Philosophie exemplifiziert, die er aus
dieser Einzelanalyse hergeleitet hatte; doch er selbst hat niemals
seine Doktrin vollständig erklärt, sondern seinen Kommentato-
ren diese kritische Aufgabe überlassen.[10] Ich werde hier versuchen, mir die Denkweise des Mannes, mit dem ich sehr befreundet war und den ich für einen bedeutenden Geist halte, verständlich zu machen. Ich werde ausführlich seine *Dits et Écrits*
zitieren, da er hier häufiger als in seinen Hauptwerken auf die
Grundlagen seiner Doktrin zu sprechen kommt.

   Bevor wir uns auf dieses Wagnis einlassen, zunächst ein Beispiel. Nehmen wir einmal an, wir machten uns daran, ein Buch
über die Liebe oder die Sexualität im Laufe der Jahrhunderte zu
schreiben. Wir könnten mit unserer Arbeit zufrieden sein, wenn
wir bis zu dem Punkt kämen, wo der Leser erführe, in welchen
Variationen das wohlbekannte Thema des Sex in den Vorstellungen und Praktiken der Heiden oder auch der Christen zum Klin-
gen kam. Aber nehmen wir auch an, dass es, wenn wir dort angelangt wären, noch immer etwas gäbe, das uns keine Ruhe ließe,
so dass wir zu der Überzeugung gelangten, die Analyse noch
weiter vorantreiben zu müssen. So hätten wir z. B. gemerkt, dass
nach unserer Analyse diese oder jene Ausdrucksweise eines griechischen oder mittelalterlichen Schriftstellers, bestimmte Worte
oder Redewendungen noch nicht restlos geklärt sind, dass eine
Nuance etwas impliziert, das wir bisher übersehen haben. Und
anstatt diesen ungeklärten Rest als ungeschickten Ausdruck, als
Ungenauigkeit oder tote Textpartie zu werten und zu vernach-
lässigen, würden wir eine weitere Anstrengung unternehmen, um
die offenbar vorhandene Implikation mit Erfolg zu erläutern.

   Dann fällt es uns wie Schuppen von den Augen: Sobald die
Variation vollständig erklärt ist, tritt das ewige Thema in den
Hintergrund und statt seiner gibt es nur noch Variationen, die

sich voneinander unterscheiden, in einer zeitlichen Abfolge stehen und die wir für die Antike als »Lüste«, für das Mittelalter als »Fleisch« und für die Moderne als »Sexualität« bezeichnen können. Hier haben wir es mit drei allgemeinen Vorstellungen zu tun, die sich die Menschen im Hinblick auf den – hinter den Ideen befindlichen – unstrittig realen, wahrscheinlich transhistorischen, aber doch unzugänglichen Kern nacheinander gemacht haben. Der Kern ist unzugänglich oder besser gesagt: Er lässt sich nicht freilegen. Wir finden ihn immer schon zwangsläufig in einen Diskurs eingebunden.

Nehmen wir einmal an, dass man dank des »Programms« einer Wissenschaft etwas Wahres und wissenschaftlich Fundiertes über die Homosexualität erführe (für Foucault waren die Wissenschaften keine leeren Begriffe); z. B., dass (eine willkürliche Mutmaßung meinerseits) die homosexuellen Vorlieben genetischen Ursprungs sind. Schon gut, aber was bedeutet dies? *And then what?* Was *ist* Homosexualität? Was fängt man mit diesem kleinen oder großen Stück Wahrheit an? Foucault wollte den Diskurs über ein unbedeutendes Detail entwickeln, das nur die Anatomie und Physiologie, nicht aber die Identität der Personen betreffen sollte. Kurzum, ein Detail, über das man nur noch im Bett oder beim Arzt spräche:

»Brauchen wir *wirklich* ein *wahres* Geschlecht? [von M. F. ironisch hervorgehoben] Mit einer an Halsstarrigkeit grenzenden Beharrlichkeit haben die modernen Gesellschaften des Westens diese Frage mit Ja beantwortet. Hartnäckig stellen sie das Problem des ›wahren Geschlechts‹ in einen Kontext, in dem man meinen könnte, allein die körperliche Realität und die Intensität der Lust spielten eine Rolle.«[11]

Die antike Liebe war ein Diskurs über aphrodisische »Lüste«, die nichts Verdächtiges an sich hatten, und über ihre ethische und bürgerliche Kontrolle; es ging dabei auch um die Gesten

der Liebe in dieser ebenso gehemmten wie sündlosen Epoche, in
der nur ein Libertin bei Nacht Sex hatte, nicht im Dunkeln, sondern beim Licht einer Lampe, einer Epoche, in der eine bürgerliche Moral weniger zwischen den Geschlechtern unterschied als
zwischen der aktiven und passiven Rolle; in der das Ideal der
Selbstbeherrschung einem Don Juan den Ruf eines verweich-
lichten Lüstlings eingebracht hätte; in der die zwanghafte Verurteilung des Cunnilingus (der dennoch praktiziert wurde) die
Umkehr einer Hierarchie der Geschlechter markierte; in der ein
Päderast belächelt wurde, weil ihn die Lust so weit trieb, dass er
immer wieder sein Herz verschenkte.

Nehmen wir ein anderes Beispiel, das nicht so erfreulich ist
wie die Liebe: das Strafrecht im Verlauf der Jahrhunderte. Es
reicht nicht aus zu sagen, dass unter dem Ancien Régime die
Strafen grauenhaft waren, was ein Beweis für die Rohheit der
Sitten sei. In den schrecklichen Folterungen dieser Zeit lässt die
Souveränität des Königs den rebellischen Untertan »ihre ganze
Macht spüren«, um allen die Ungeheuerlichkeit des Verbrechens
und das ungleiche Kräfteverhältnis zwischen diesem Rebellen
und seinem König vor Augen zu führen, eine Ungleichheit, die
durch die Folter förmlich beseitigt wird. Mit der Zeit der Aufklärung wird die Bestrafung, die durch einen darauf spezialisier-
ten administrativen Apparat fernab verhängt wird, präventiv
und korrektiv. Das Gefängnis wird zu einer Zwangseinrichtung
zur Disziplinierung des Bürgers, der ein Gesetz gebrochen hat
und dem neue Gewohnheiten eingepflanzt werden.[12] Dies ist
zweifellos ein humanitärer Fortschritt, aber man muss verstehen, dass es nicht nur eine Verbesserung ist: Es ist überdies eine
radikale Veränderung.

15 Jahrhunderte früher wurde in den Arenen des römischen
Imperiums der Verurteilte im Rahmen einer mythologischen In-
szenierung getötet. Man ließ ihn im Gewand des Herkules auftreten, der sich einen Scheiterhaufen errichten und bei lebendigem Leibe verbrennen ließ. Christinnen wurden als Danaïden

verkleidet und also vorher vergewaltigt oder auch als Dirke und
somit an die Hörner eines Stieres gebunden. Diese Inszenierungen waren ein Sarkasmus, ein *ludibrium*. Die Bürgerschaft, mit
der der Schuldige glaubte rivalisieren zu können, verhöhnt ihn
und lacht ihm ins Gesicht, um ihm zu zeigen, dass er nicht der
Stärkere ist. Jeder dieser aufeinander folgenden Diskurse findet
sich implizit in den Strafgesetzen, Gesten, Institutionen, Staats-
organen, Sitten und sogar in den Gebäuden, die den Diskurs in
Gang setzen und die das bilden, was Foucault als Dispositiv bezeichnet.

Wie man sieht, sind wir ohne vorgefasste Meinung vom Detail der »konkreten Fakten«[13] ausgegangen. Dabei haben wir so
originelle Variationen gefunden, dass jede von ihnen ein Thema
für sich darstellt. Ich habe von Thema und von Variationen gesprochen, Foucault hat es besser ausgedrückt. Im Jahre 1979
vermerkte er in seinem Notizbuch: »Nicht die Universalien dem
Hobel der Geschichte überlassen, sondern die Geschichte anhand eines Denkens aufrollen, das die Universalien verwirft.«[14]
Ontologisch gesprochen gibt es lediglich Variationen, wobei das
transhistorische Thema nur ein bedeutungsleerer Begriff ist:
Foucault ist Nominalist, so wie Max Weber und so wie jeder
gute Historiker. Heuristisch gesehen ist es besser, von den Praktiken auszugehen, von dem was man tat und sagte, und die intellektuelle Mühe auf sich zu nehmen, deren Diskurs zu explizieren; das ist ergiebiger (aber schwieriger für den Historiker und
ebenfalls für seine Leser[15]) als von einer allgemeinen und wohlbekannten Vorstellung auszugehen, da man sonst Gefahr läuft,
an dieser Vorstellung festzuhalten und die letzten und entscheidenden Unterschiede nicht wahrzunehmen, die diese Vorstellung zunichtemachen würden.

Vergessen wir die Folterungen und kommen wir lieber wieder
auf die Lüste zu sprechen. Es war für uns leicht, zwischen den
heidnischen Lüsten und dem christlichen »Fleisch« (diesem Diskurs über das sündige Fleisch und die Natur, der man folgen

muss, weil sie eine göttliche Schöpfung ist) zu unterscheiden. Weitere Diskurse sind gefolgt, der über das »Geschlecht« des modernen Menschen,[16] zu dem die Physiologie, Medizin und Psychiatrie ihren Beitrag geleistet haben. Oder vielleicht der postmoderne *gender* mit dem Feminismus und der Permissivität oder vielmehr dem Recht des Subjekts, es selbst zu sein und es zu sagen (die Psychoanalyse würde dies nicht überleben, würde Didier Éribon hier sagen). Darüber hinaus ahnt man, dass jeder »Diskurs« über die Liebe eine Fülle von mit ihr verbundenen Elementen mit ins Spiel bringt: Sitten, Worte, Kenntnisse, Normen, Institutionen. Deshalb wäre es besser, von diskursiven Praktiken zu sprechen oder auch von Dispositiven – auf diesen bedeutungsschweren Begriff werden wir noch zurückkommen.[17]

Des Weiteren: Anstelle der Banalität der Liebe waren auf diese Weise mehrere – merkwürdige, noch nie gesehene – kleine »epochenbezogene« Objekte aufgetaucht. Wir haben in der Tat den versunkenen Teil der Liebe in dem untersuchten Zeitraum ans Licht gebracht. Der sichtbare Teil, der einzige, der sich unseren Augen zeigte, hatte ein alles in allem vertrautes Aussehen; wenn es aber gelingt, den nicht sichtbaren, nicht bewussten Teil zu explizieren, erscheint ein »lückenhaftes und zerrissenes Objekt«,[18] dessen seltsame Konturen nichts Sinnvollem entsprechen und nicht mehr die weite und edle Drapierung ausfüllen, in die sie vorher gekleidet waren. Sie lassen eher an die historischen Grenzen der Nationen, die aufgrund der Zufälle der Geschichte in Zickzacklinien verlaufen, denken, nicht aber an natürliche Grenzen.

Gewiss, die Idee, die wir uns von der Sexualität oder vom Wahnsinn machen (die Idee, die von dem unbewussten, impliziten »Diskurs« ganz knapp gefasst und deren Singularität und Merkwürdigkeit, die wir nicht sehen, von ihm am genauesten beschrieben wird), diese Idee mit ihrem Diskurs bezieht sich zweifellos auf ein »Ding an sich« (um auf das Vokabular Kants zurückzugreifen), auf eine Realität, die sie darzustellen vorgibt.

Die Sexualität oder der Wahnsinn existieren natürlich, es sind keine ideologischen Erfindungen. Man könnte endlos vergeblich spekulieren, feststeht, dass der Mensch ein sexuell differenziertes Wesen ist, wie es die Physiologie und der Sexualtrieb beweisen. Alles, was man über die Liebe oder den Wahnsinn im Laufe der Jahrhunderte gedacht hat, zeigt die Existenz und gleichsam den Standort von Dingen an sich. Dennoch haben wir keine adäquate Wahrheit von diesen Dingen, da uns ein Ding an sich nur durch die Idee zugänglich ist, die wir uns von ihm in jeder Epoche gemacht haben (die Idee, deren Diskurs die letzte Formulierung ist, die *differentia ultima*). Wir nehmen das Ding an sich also nur als »Phänomen« wahr, da wir es nicht trennen von dem »Diskurs«, in dem es für uns enthalten ist. »Mit Sand bedeckt«, wie Foucault gerne sagte. Ohne diese Art von Vorannahmen könnte man nichts erkennen. Wenn es keine Diskurse gegeben hätte, würde das Objekt X, in dem man nacheinander eine göttliche Besessenheit, den Wahnsinn, den Unverstand, die Demenz usw. zu sehen glaubte, trotzdem existieren, aber in unserem Geist gäbe es nichts über seinen Standort.

Nun sind alle Phänomene singulär, jedes historische oder soziologische Faktum ist eine Singularität. Für Foucault gibt es keine allgemeinen und überhistorischen Wahrheiten, da die menschlichen Fakten, Taten oder Worte, keiner Natur und keiner Vernunft entstammen, die ihren Ursprung bilden würden und das Objekt, auf das sie sich beziehen, auch nicht wirklichkeitsgetreu reflektieren. Jenseits ihrer trügerischen Allgemeinheit oder ihrer angenommenen Funktionalität ist diese Singularität die ihres merkwürdigen Diskurses. Sie ist jedes Mal den Zufällen des Werdens entsprungen, der komplizierten Verkettung der Kausalitäten, die aufeinandertreffen. Denn die Geschichte der Menschheit gründet nicht auf dem Realen, Rationalen, Funktionalen und auch nicht auf irgendeiner Dialektik. Man muss »die Ereignisse in ihrer Einzigartigkeit und jenseits aller gleich bleibenden Finalität erfassen«,[19] außerhalb jedes

Funktionalismus. Die unausgesprochene Empfehlung, die Foucault den Soziologen und Historikern gibt (parallel zu ihm setz-
ten sie manche von sich aus in die Praxis um),[20] besteht darin,
die Analyse der historischen oder sozialen Formationen so weit
voranzutreiben, bis ihre singuläre Merkwürdigkeit offen zu
Tage tritt.

Jeder Epoche ihr eigenes Fischglas

Foucault, dessen Denken sich im Laufe der Jahre präzisiert hat
und dessen Terminologie lange Zeit schwankte, hat diesen Singularitäten die Begriffe »Diskurs«, aber auch »diskursive Praktiken«, »Präsuppositionen«, »Episteme« und »Dispositiv« beige-
legt. Doch anstatt auf diese verschiedenen Vokabeln näher ein-
zugehen, wollen wir uns lieber an das Wesentliche halten: Wir
ermessen die menschlichen Dinge anhand allgemeiner Ideen, die
wir für adäquat halten, während nichts Menschliches adäquat,
rational oder universal ist – was unseren gesunden Menschenverstand überrascht und beunruhigt.

Daher lässt uns eine tröstliche Illusion die Diskurse durch die
allgemeinen Ideen wahrnehmen, so dass wir ihre Verschiedenheit und ihre jeweilige Singularität verkennen. Wir denken gewöhnlich in Schablonen, in Allgemeinheiten, weshalb die Diskurse für uns »unbewusst« bleiben und sich unserem Blick entziehen. Kinder nennen alle Männer »Papa« und alle Frauen
»Mama«, heißt es im ersten Satz von Aristoteles' *Metaphysik*. Es
bedarf einer historischen Analyse, die Foucault als Archäologie
oder Genealogie bezeichnet (ich verzichte auf nähere Einzelheiten), um den Diskurs herauszuarbeiten. Diese Archäologie aber
liefert eine ernüchternde Bilanz.

Jedes Mal nämlich, wenn man bei dieser *differentia ultima*
des Phänomens, d. h. dem Diskurs, der das Phänomen beschreibt, angelangt ist, entdeckt man unweigerlich, dass das
Phänomen seltsam, willkürlich und unmotiviert ist (wir haben

oben den Vergleich mit dem Verlauf der historischen Grenzen gezogen). Fazit: Wenn man auf diese Weise auf den Grund einer gewissen Anzahl von Phänomenen vorgedrungen ist, konstatiert man die Singularität eines jeden und die Beliebigkeit von ihnen allen und kommt qua Induktion zu einer philosophischen Kritik der Erkenntnis, zu der Feststellung, dass die menschlichen Dinge der Grundlage entbehren, und zu einem Skeptizismus im Hinblick auf die allgemeinen Ideen (aber nur im Hinblick auf sie, nicht betroffen sind Singularitäten wie die Unschuld von Dreyfus oder das genaue Datum der Schlacht im Teutoburger Wald).

Selbstverständlich enthalten die Geschichts- und Physikbücher, die sich nicht auf allgemeine Ideen berufen, eine Fülle von Wahrheiten. Dennoch bleibt es dabei, dass der Mensch, das Subjekt, von dem die Philosophen reden, nicht souverän ist: Er ist weder Herr der Zeit noch des Wahren. »Jeder kann nur so denken, wie man zu seiner Zeit denkt«, schreibt Jean d'Ormesson, ein Kommilitone Foucaults an der École normale und Mitbewerber bei der Agrégation in Philosophie, und er ist in diesem Punkt mit unserem Autor einer Meinung: »Aristoteles, der heilige Augustinus und sogar noch Bossuet sind nicht in der Lage, die Sklaverei zu verurteilen. Einige Jahrhunderte später erscheint diese Verurteilung als selbstverständlich.« Um Marx zu paraphrasieren: Die Menschheit stellt sich Probleme in dem Augenblick, in dem sie sie löst. Denn wenn die Sklaverei zusammenbricht und mit ihr das gesamte legale und mentale Dispositiv, das sie stützte, dann wird auch ihre »Wahrheit« hinfällig.

So sind in jeder Epoche die Zeitgenossen in Diskurse wie in vermeintlich transparente Fischgläser eingeschlossen, sie wissen nicht, um welche Fischgläser es sich handelt, und sind sich nicht einmal darüber im Klaren, dass ein solches Glas existiert. Die falschen Allgemeinheiten und die Diskurse variieren im Laufe der Zeit, gelten jedoch in jeder Epoche als wahr. Infolgedessen beschränkt sich die Wahrheit auf das *Wahrsagen*, d. h. auf die

Man findet bei ihm tatsächlich so etwas wie einen hermeneutischen Positivismus: Wir können nichts Sicheres wissen über das Ich, die Welt und das Gute, aber wir verstehen uns untereinander, zu unseren Lebzeiten und über den Tod hinaus. Dass wir uns gut oder schlecht verstehen, steht auf einem anderen Blatt (ein gutes Verständnis setzt voraus, dass man in eine Tradition eingebettet ist oder dass man sich eine fremde Tradition angeeignet hat; man wird nicht von einem Tag auf den anderen zum Gräzisten). Aber letztendlich kann es uns gelingen, uns gegenseitig zu verstehen.

Es handelt sich um eine Hermeneutik und zwar aufgrund des »Prinzips der Irreduzibilität des Denkens« (vergessen wir hier nicht, dass das Bewusstsein nicht die Basis des Denkens ist); es gibt »keine Erfahrung, die nicht eine Weise des Denkens ist«; die historischen Fakten »können durchaus Abhängigkeiten von konkreten Bestimmungen des gesellschaftlichen Daseins aufweisen«, dennoch kann der Mensch diese nur »durch das Denken« erfahren. Das Klasseninteresse oder auch die ökonomischen Produktionsverhältnisse können »universale Strukturen«, die Produktionskräfte und die Dampfmaschine können »konkrete Bestimmungen des gesellschaftlichen Daseins« sein:[23] Sie müssen dennoch einem Denkprozess unterworfen werden, um erlebt und zum Ereignis zu werden. Dies kann den Begriff »Diskurs« einigermaßen rechtfertigen, obwohl das Denken natürlich mehr Nähe zum Wort als zu einer Lokomotive aufweist.

Die Methode dieser Hermeneutik ist die folgende: Anstatt von den Universalien als Raster für die nur durch den Intellekt wahrnehmbaren »konkreten Praktiken« auszugehen, die gedanklich erfasst und verstanden werden, selbst wenn sie sich stillschweigend vollziehen, beginnt man mit diesen Praktiken und dem singulären und bizarren Diskurs, den sie voraussetzen, um »gewissermaßen die Universalien in das Raster dieser Praktiken ein[zu]ordnen«; dann entdeckt man die reine Wahrheit der Vergangenheit und die »Nichtexistenz der Universalien«.[24] Um Foucault selbst zu zitieren: »Ich gehe von der zugleich theoretischen und methodologischen Entscheidung aus, die in Folgendem besteht: Nehmen wir einmal an, dass es keine Universalien gibt«; nehmen wir z. B. an, dass der Wahnsinn nicht existiert oder vielmehr nur ein falsches Konzept ist (selbst wenn ihm eine Realität entspricht). »Was ist dann die Geschichte, die man anhand dieser verschiedenen Ereignisse, dieser verschiedenen Praktiken schreiben kann, die sich anscheinend um diese unterstellte Sache, den Wahnsinn, gruppieren?«[25] Und die bewirken, dass der Wahnsinn schließlich als tatsächlicher Wahnsinn in unseren Augen existiert, anstatt eine völlig reale, aber unbekannte, unbemerkte, unbestimmte und namenlose Sache zu bleiben. Entweder unbekannt oder verkannt: Eine andere Möglichkeit gibt es für den Wahnsinn genauso wenig wie für alle menschlichen Dinge, es sei denn, sie sind Singularitäten.

Apropos Singularität: Die Diskurse der Phänomene sind im doppelten Wortsinn einzigartig. Sie sind fremd und sie gehören zu keiner Allgemeinheit, da jeder der Einzige seiner Art ist. Um sie herauszuarbeiten, müssen wir uns also an die Details halten und, ausgehend von den konkreten Praktiken der Macht, ihren Verfahrensweisen, ihren Instrumenten usw., die Dinge rückläufig entwickeln.[26] Dann kann man einen Diskurs explizieren – ein Ensemble von realen Praktiken –, der im 18. Jahrhundert seine endgültige Form annimmt, den Foucault mit dem Begriff der Gouvernementalität beschreibt und der sich vom mittelalterlichen Diskurs des Rechtsstaates nicht weniger unterscheidet als von dem des Verwaltungsstaates der Renaissance. Ein weiteres Beispiel für diese Methode: In *Surveiller et punir* spürte er weniger eine Kontinuität im Strafsystem auf als vielmehr einen unausgesprochenen Unterschied zwischen den Strafen des Ancien Régime, wo der Souverän »sich mit all seiner Macht« auf den Gefolterten »stürzte«, einerseits und unserem Gefängniswesen andererseits.

Eine Freudsche Analogie nutzend oder ausnutzend, sagt Foucault, er habe »versucht, einen autonomen Bereich zu bestimmen, der das Unbewusste des Wissens darstellt« und sich bemüht, »in der Geschichte der Wissenschaften, der Erkenntnis und des menschlichen Wissens etwas zu finden, das gewissermaßen deren Unbewusstes darstellt«.[27] »Das Bewusstsein ist niemals präsent in einer solchen Beschreibung«[28] der Diskurse; die Diskurse sind »unsichtbar geblieben«, sie sind »das Unbewusste [...] nicht des sprechenden Subjektes, *sondern des ausgesagten Dings* (Hervorhebung P. V.)«,[29] »ein *positives Unbewusstes* (im Original Hervorhebung M. F.) des Wissens: eine Ebene, die dem Bewusstsein« der Forscher »entging« und die sie nutzten, »ohne sich ihrer bewusst zu sein«.[30]

Das »Unbewusste« ist natürlich nur eine Metonymie: Ein Freudsches oder anderes Unbewusstes gibt es nur in unseren Hirnen; »unbewusst« kann auch durch »implizit« ersetzt werden. Dazu ein ganz banales Beispiel: Ludwig XIV. wurde als großer Eroberer gerühmt. Dies setzt voraus und impliziert, dass zu seiner Zeit das Ansehen und die Macht eines Herrschers sehr wichtig waren und am Umfang seiner Besitzungen gemessen wurden; dass von einem König erwartet wurde, sein Reichsgebiet durch Kriege weiter auszudehnen. Nach dem Untergang Napoleons wird Benjamin Constant darlegen, dass dieser »Eroberungsgeist« nicht mehr zeitgemäß sei.

Der Diskurs – der Begriff ist nicht sehr glücklich gewählt –, diese Art Unbewusstes, ist genau das, was nicht ausgesprochen wird und implizit bleibt. Fügen wir mit Roger-Pol Droit hinzu, dass die Grenzen zwischen dem Bewussten und Unbewussten »bei der Abtrennung, die sie definiert, noch nicht existieren«,[31] da sie nichts anderes sind als der Verlauf einer historischen Grenze: Sie stammen aus der Zeit, als diese Grenze gezogen wurde, sie sind zeitgleich mit dem singulären Ereignis, das sie lediglich zu erkennen geben, sie entspringen nicht dem Unbewussten als permanenter Struktur der Psyche.

Der Diskurs ist dieser unsichtbare Teil, dieser ungedachte Gedanke, in dem sich jedes Ereignis der Geschichte von all den anderen abhebt. Einige Zeilen lassen erahnen, worin die Anstrengung der Apperzeption der Diskurse besteht:

> »Nun ist die Aussage, auch wenn sie nicht verborgen ist, nicht deshalb bereits sichtbar. Sie bietet sich der Wahrnehmung nicht als der manifeste Träger ihrer Grenzen und Merkmale. Man bedarf einer bestimmten Wendung des Blicks und der Haltung, um sie zu erkennen und in sich selbst betrachten zu können. Vielleicht ist sie dieses zu Bekannte, das sich unaufhörlich entzieht; vielleicht ist sie wie jene vertrauten Transparenzen.«[32]

Ja, man braucht einen durchdringenderen Blick, um dies wahrzunehmen, und deshalb bedeutet der methodologische Fortschritt, der in der Historiographie Foucaults liegt, zugleich auch ein Fortschreiten der Kunst – denn die Geschichte ist auch eine Kunst. Ein Fortschritt in der Schärfe, in der Genauigkeit, die an den Fortschritt des *disegno* in der florentinischen Kunst der Renaissance denken lässt.

Eine Kunst, die Individualität zu erfassen, indem man die Schablonen aufgibt. Die Wege des menschlichen Abenteuers scheinen uns markiert durch große Begriffe, die gleichfalls allesamt Schablonen sind: Universalismus, Individualismus,[33] Identität,[34] Entzauberung der Welt,[35] Rationalisierung, Monotheismus ... Unter jeden dieser Begriffe lassen sich viele Dinge subsumieren, da es keine Rationalisierung im allgemeinen Sinne gibt;[36] Bossuets *Politique tirée de l'Écriture sainte* ist auf ihre Weise ebenso rational wie Rousseaus *Contrat social*, und der Rassismus Hitlers gründet sich auf die Rationalität des Sozialdarwinismus. Bei der historischen Arbeit muss man »einen systematischen Skeptizismus gegenüber allen anthropologischen Universalien« an den Tag legen, darf die Existenz einer Konstante nur im Notfall annehmen und »nichts aus diesem Bereich zulassen [...], das nicht im strengen Sinne unerlässlich ist«.[37]

Nebenbei bemerkt: Die Diskurse, diese letzten Unterschiede jeder historischen Formation, jeder Disziplin und jeder Praxis, diese Diskurse haben, das sei ausdrücklich betont, nichts zu tun mit dem allgemeinen Denkstil einer Epoche, mit einem *Zeitgeist*[38]. Foucault, der sich über »die totalisierende Geschichte« und »den Geist eines Zeitalters«[39] lustig machte, hat mit Spengler nichts zu schaffen.

»Mag ja sein«, wird man sagen, »aber der Skeptizismus Foucaults ist nur eine idealistische Ideologie, welche die Realitäten in den Hintergrund treten lässt. Trotzdem kann es an der Existenz des Klasseninteresses und seiner Brutalität keinen Zweifel geben!« Aber ich bitte Sie! Sie dürfen doch nicht vergessen, dass dieses Interesse zu jeder Zeit eine Singularität darstellte. Das Interesse der regierenden Klasse der Römer oder der Klasse der Senatoren war mehr politisch als ökonomisch orientiert und nicht identisch mit dem der herrschenden Klasse des modernen Kapitalismus. Das Klasseninteresse hat, wie alle anderen Dinge auch, seine Geschichtlichkeit, seinen Diskurs.

Dieses »materielle« Interesse führt stets durch das Denken, wie wir gesehen haben, und durch die Freiheit, wie wir noch sehen werden. Infolgedessen gibt es Spielräume und Schwankungen: Eine kapitalistische Klasse verteidigt ihr Interesse mehr oder weniger brutal oder mehr oder weniger flexibel, und sie ist oft gespaltener Meinung hinsichtlich der Politik, die sie in ihrem eigenen Interesse verfolgen sollte.[40] Denn sie besteht ja aus leibhaftigen Menschen und nicht aus Marionetten im Dienste eines dogmatischen Schemas. Was nicht heißen soll, dass dieses Interesse »jeder universellen Form beraubt ist«, d. h., selbst der Begriff »Klasseninteresse« hat eine gewisse universelle Form, »sondern dass das Insspielbringen dieser universellen Formen selbst geschichtlich ist [...] Man könnte es damit das Prinzip einer Singularität der Geschichte des Denkens nennen«,[41] aufgrund dessen sich die Geschichte als eine Abfolge von Brüchen darstellt.

Die Aufgabe eines Historikers à la Foucault besteht darin, diese Brüche unter den trügerischen Kontinuitäten wahrzunehmen. Wenn er sich mit der Geschichte der Demokratie befasst, wird er, so wie Jean-Pierre Vernant es tat, davon ausgehen, dass die Demokratie von Athen mit der modernen Demokratie lediglich den Namen gemeinsam hat. Die Hermeneutik der Diskurse verfolgt somit einen der Wege, die von der historischen Forschung seit gut zwei Jahrhunderten eingeschlagen wurden, bis zum Schluss: Es geht darum, die lokale oder besser zeitliche Färbung nicht wegzuradieren (man müsste bis zu Chateaubriand zurückgehen und bis zu der Überraschung, die Augustin Thierrys *Récits des temps mérovingiens* auslösten, ein Werk, in dem Clovis wieder zu Chlodovig wurde). Foucault setzt das fort, was seit der Romantik[42] das große Anliegen der Historiker war: die Originalität einer historischen Formation zu erläutern, ohne dabei nach etwas Natürlichem oder Rationalem zu suchen, gemäß unserer nur allzu menschlichen Neigung zur Banalisierung um den Preis des Anachronismus.

Mehr noch: Der Philosoph Foucault praktiziert nur die Methode eines jeden Historikers, die darin besteht, jede historische Frage für sich anzugehen und niemals als Sonderfall eines allgemeinen Problems und erst recht nicht einer philosophischen Frage zu betrachten. Infolgedessen konstituieren die Bücher Foucaults eine Form der Kritik, die weniger die Methode der Historiker im Blick hat als die Philosophie selbst, deren große Probleme sich, wie er meint, in historische Fragen auflösen, denn »alle Begriffe sind geworden«.[43]

II
Es gibt nur ein historisches *Apriori*

Daher hoffte Foucault, dass sich die französische historische Schule seinen Ideen öffnen würde. Auf sie setzte er all seine Hoffnungen: War sie nicht eine aufgeschlossene Elite mit internationalem Ansehen? Würde man nicht bereitwillig einräumen, dass alles historisch war, selbst die Wahrheit, und dass es keine transhistorischen Invarianten gab? Doch zu seinem Unglück waren die damaligen Historiker von ihrem eigenen Projekt in Beschlag genommen, der Erklärung der Geschichte in Beziehung zur Gesellschaft. In den Büchern Foucaults fanden sie nicht die Realitäten, die sie in einer Gesellschaft zu suchen pflegten, und stießen auf Probleme, die nicht die ihren waren, nämlich das Problem des Diskurses und das einer Geschichte der Wahrheit.

Jene Historiker besaßen bereits ihre eigene Methode. Sie waren wenig geneigt, sich der Art Fragestellung zu öffnen, der ein Philosoph nachging, in Schriften, die sie nicht richtig verstanden und die in der Tat für sie noch schwieriger waren als für andere Leser, weil sie sie nur in Bezug auf ihr eigenes methodologisches Raster lesen konnten. Was Foucault schrieb, war in ihren Augen ein Gefüge von Abstraktionen, die mit der historischen Praxis nichts zu tun hatten. Die Begriffe, die sie in seinen Büchern fanden, waren nicht die, an die sie gewöhnt waren und die ihnen als das einzige geeignete Münzgeld des Historikers erschienen. Foucault speiste sie, so ihr Eindruck, mit philosophischem Papiergeld ab. Sie selbst sprachen, wie sie glaubten, von Realitäten. Sie hatten allesamt nicht verstanden, dass ihre eigene Prosa, ohne dass sie sich dessen bewusst waren, konzeptualisierte und dass ihre Begriffe im Grunde genommen ebenso abstrakt waren wie die Seinen. Wie kann man von einer Realität sprechen, wie eine Intrige erzählen und die beteiligten Personen beschreiben, ohne auf Begriffe zu rekurrieren? Historiographie ist Konzeptualisierung. Denkt man an die Erstürmung der Bastille (Revolte? Revolution?), konzeptualisiert man bereits.

Wie auch immer, Foucault war enttäuscht, und diese Enttäuschung provozierte ihn zu einer heftigen Reaktion. Das Zitat zeigt, mit welch provokanten Worten er die Entwicklung der historischen Schule der *Annales* in den letzten 75 Jahren zusammenfasste:

>»Die Historiker waren, es sind Jahre her, sehr stolz auf ihre Entdeckung, dass sie nicht nur die Geschichte der Schlachten, der Könige und der Institutionen, sondern auch die der Ökonomie schreiben konnten. Nun sieht man sie ganz verdutzt, weil ihnen [sic] die Pfiffigsten unter ihnen lehrten, dass man auch die Geschichte der Gefühle, der Verhaltensweisen und der Körper schreiben konnte. Dass sich die Geschichte des Abendlandes nicht von der Art und Weise trennen lässt, wie die Wahrheit hervorgebracht wird und ihre Wirkungen zeitigt, werden sie bald begreifen. So etwas spricht sich 'rum.«[44]

Das war wahrlich ein schlechter Anfang ...

Im Jahre 1978 endete ein Kolloquium zwischen einigen Historikern und ihm mit einem Eklat.[45] Leider muss ich auf die ausführliche Darstellung eines so grundlegenden und für das Lesepublikum spannenden Konfliktes verzichten. Foucault, enttäuscht und verbittert, beklagte sich bei mir: Die kausale Erklärung, der, wie er sagte, die Historiker abergläubisch anhingen, sei nicht die einzige Form des Verstehens, nicht das *Nonplusultra* der historischen Analyse.[46] »Wir müssen uns von dem Vorurteil lösen, eine Geschichte ohne Kausalität sei keine Geschichte mehr.«[47] Man kann einen ganzen Bereich der Vergangenheit auf andere Weise als durch die Aufstellung von kausalen Verbindungen rationalisieren.[48]

Vielleicht mit dem Gedanken an eine berühmte Studie Heideggers fügte er hinzu: »Sie haben nur die Gesellschaft im Kopf,

für sie ist sie das, was für die Griechen die *Physis* war.«[49] Nach
seiner Einschätzung machten die französischen Historiker die
Gesellschaft zum »allgemeinen Horizont ihrer Analyse«.[50] Ihre
Theorie leitete sich, wie ich vermute, von Durkheim und Marx
ab. Wie man uns um das Jahr 1950 in bestimmten Forschungsse-
minaren lehrte, musste man, wenn man eine wissenschaftlich
anerkannte Geschichte beispielsweise der Literatur oder der
Kunst schreiben wollte, die Kunst in Beziehung zur Gesellschaft setzen. Im Gegensatz dazu hatte Foucault bei dem Komponisten Jean Barraqué gelernt, dass die Formen der Gesellschaft oder einer Totalität (etwa dem Zeitgeist) gegenüber nicht-
transitiv sind.[51] Wenn sich auch nicht alles von der Gesellschaft
herleiten ließ, so endete in jedem Fall doch alles bei ihr. Die Gesellschaft war sowohl eine Matrix als auch das letzte Auffangbecken aller Dinge. Für einen Historiker à la Foucault hingegen
bedarf die Gesellschaft, weit davon entfernt, das Prinzip oder
das Ende jeder Erklärung darzustellen, selbst der Erläuterung.
Sie ist nicht die letzte Instanz, sondern das, was in jeder Epoche
alle Diskurse und die Dispositive, deren Auffangbecken sie ist,
aus ihr machen.

Tatsächlich war Foucault jedoch nicht so ins Abseits ge-
drängt, wie er gerne glauben wollte, und seine Art der Geschichtsschreibung fand die Sympathie all jener, die sich auf die
sog. Mentalitätsgeschichte beriefen. Er stand dem Historiker
Philippe Ariès näher als den *Annales*.[52] Michelle Perrot, Arlette
Farge,[53] Georges Duby schätzten seine Bücher. Dennoch blieb
das Ressentiment Foucaults gegenüber der Zunft der Historiker
ungebrochen.

Fassen wir zusammen: Dieser Sturm im Wasserglas entstand
durch Foucaults intellektuellen Ehrgeiz und durch die Schutz-
reaktion von Historikern, die sich selbst treu bleiben wollten.
Darf ich meine Prise Salz zu dieser pikanten Suppe hinzufügen?
Meines Erachtens stände es einem Historiker gut an, zunächst
einmal, wenn möglich, die singuläre Identität (den Diskurs) der

Personen und historischen Formationen, deren Geschichte er schreiben will,[54] zu explizieren, bevor er alle diese Helden »intrigieren« lässt (denn in unserer sublunaren Welt, in der es keinen ersten – ökonomischen oder anders gearteten – souveränen Motor gibt, ist alles Intrige), den Grund ihrer Tragödie erklärt und die Fäden dieser Intrigen entwirrt. Das ist leichter gesagt als getan: Ich habe einmal versucht, so vorzugehen, allerdings ohne großen Erfolg, da Foucaults Methode mein Abstraktionsvermögen überstieg.

Und dennoch darf man träumen, man kann sich einen jungen Historiker vorstellen, den die Lektüre eines Buches von Foucault in Begeisterung versetzt. Etwa die Lektüre von *Surveiller et punir* oder die Vorlesung über die Gouvernementalität, die sich mit den Formen und Objekten der Macht in der Moderne befasst. Nur die Liebe zur Geschichte lässt mich so sprechen. In unserer Studentenzeit zu Beginn der 1950er Jahre lasen wir mit leidenschaftlicher Hingabe Marc Bloch, Lucien Febvre und auch Marcel Mauss, und wir lauschten den Ausführungen von Jacques le Goff, der nur ein paar Jahre älter war als wir. Wir träumten davon, eines Tages die Geschichte so zu schreiben, wie sie es taten. Heute träume ich von jungen Historikern, die den Traum haben, wie Foucault zu schreiben. Das wäre keine Absage an unsere Vorgänger, sondern die Fortsetzung ihrer Anstrengungen, dieses bald zwei Jahrhunderte währenden unaufhörlichen Fortschritts in den historischen Methoden.

In diesem Zusammenhang: Man hat man mich manchmal gebeten zu erzählen, wie sich die Kooperation mit Foucault gestaltet habe, als er über die antike Liebe arbeitete. »Paul Veyne hat mir im Laufe dieser Jahre beständig geholfen«, schreibt er.[55] Worin bestand nun meine Unterstützung? In nicht allzu viel, sage ich, ohne mich zu zieren,[56] denn warum sollte ich den Bescheidenen spielen? Die Ideen stammten von ihm (was für Odysseus der Bogen, den nur er allein spannen konnte, war für ihn die abstrakte Analyse: eine Waffe, die nur er kraftvoll handhaben

konnte). Was die Fakten und Quellen anging, besaß Foucault
die Fähigkeit, sich innerhalb weniger Monate ganz eigenständig
über eine Kultur oder eine Disziplin zu informieren, ganz nach
Art jener polyglotten Begabungen, die uns in Erstaunen versetzen, wenn sie in ein paar Wochen eine weitere Sprache erlernen
(auf die Gefahr hin, sie dann wieder zu vergessen, um sich eine
andere anzueignen).

Infolgedessen beschränkte sich meine Rolle auf zweierlei: Ich
habe bisweilen seine Informationen bestätigt, und ich habe ihn
in seinem Tun bestärkt. Abends erzählte er mir, was er tags-
über ausgearbeitet hatte, um zu sehen, ob ich im Namen der
Wissenschaft Einspruch erhöbe. Als Angehöriger der Zunft der
Historiker ermutigte ich ihn vor allem durch meine konziliante
und nicht negative Einstellung zu seiner Methode. Er hatte
nämlich, mehr als man glaubt, unter der Zurückweisung gelitten, die ihm manche meiner Kollegen bezeugt hatten, auf die
er mehr Hoffnung als auf seine philosophischen Kollegen ge-
setzt hatte.

Vergessen wir die der Vergangenheit angehörende Chronik
der schlechten Beziehungen zwischen Foucault und den Historikern seiner Zeit, die allzu sehr damit beschäftigt waren,
die Geschichte auf ihre Weise zu schreiben, um für eine andere
Art der Darstellung offen zu sein. Die Methode, die also nur
von Foucault praktiziert wurde, besteht darin, die Suche nach
den Unterschieden zwischen Ereignissen, die zu ein und derselben Gattung zu gehören scheinen, möglichst weit voranzutreiben.

»Dort wo man versucht wäre, sich auf eine historische Konstante zu beziehen oder auf ein unmittelbar anthropologisches
Merkmal oder auch auf eine Evidenz, die sich allen auf die
gleiche Weise aufdrängt, geht es darum, eine ›Singularität‹ auftreten zu lassen. Zu zeigen, dass es gar nicht so ›notwendig
war‹. […]

Dass es gar nicht so evident war, die Wahnsinnigen als Geis-
teskranke zu betrachten; dass es gar nicht so evident war, dass
das Einzige, das man mit einem Delinquenten tun konnte,
darin bestand, ihn einzusperren; es war nicht so evident, dass
die Ursachen der Krankheit in der individuellen Untersuchung des Körpers zu ermitteln waren.«[57]

Um 1800, so liest man in *Naissance de la clinique*, hat man aufgrund einer Kehrtwende bei der medizinischen Beobachtung und
einer Veränderung des Diskurses der pathologischen Anatomie
damit aufgehört, in den sezierten Körpern lediglich bestimmte
»Zeichen« zu »lesen«, die allein als relevant galten und als Signi-
fikanten des Signifikats »Krankheit« gewertet wurden. Damals
konnte Laennec dem, was vor ihm als bedeutungslose Details ab-
getan wurde, Rechnung tragen, und er war der Erste, der die ganz
besondere Konsistenz einer zirrhotischen Leber *gesehen* hat,[58]
die man bis dahin sah, ohne sie richtig einzuschätzen.
Ein souveränes Subjekt, ein weniger begrenztes Wesen als der
Mensch und weniger gefangen in den Diskursen seiner Zeit, hätte diese Auffälligkeit schon immer erkannt oder könnte sie zumindest in jedweder Epoche erkennen. Doch leider »kann man
nicht in irgendeiner Epoche über irgendetwas sprechen«.[59] Die
mikroskopische Beobachtung, die im 17. Jahrhundert ihren Anfang nahm, galt erst im 19. Jahrhundert nicht mehr als anekdotische Kuriosität, die den Beobachter von der ernsthaften Realität
ablenkte (Bichat und Laennec höchstpersönlich hielten sich an
das mit bloßem Auge Erkennbare und lehnten das Mikroskop
ab).[60] Der Diskurs des Sichtbaren ist so lange »unumgänglich«
im eigentlichen Sinn dieses Adjektivs geblieben,[61] so undurch-
lässig und undurchschaubar, dass die Made lange Zeit für das
kleinste Tier gehalten wurde. Niemand rechnete mit der Existenz von noch kleineren Tieren, die so winzig wären, dass man
sie nicht sehen könnte. Im anderen Extrem zog man ebenso wenig in Erwägung, dass es Planeten geben könne, die sich auf-

grund ihrer zu geringen Helligkeit vom menschlichen Auge
nicht wahrnehmen ließen.

In der Geschichtsdarstellung Foucaults zeigt sich eine unausgesprochene metaphysische Sensibilität. Da wir nicht in jedem
Augenblick alles Beliebige denken können, denken wir nur in
den Grenzen des gegenwärtigen Diskurses. Alles, was wir zu
wissen glauben, ist, ohne dass wir uns dessen bewusst sind, ein-
geschränkt, wir sehen die Grenzen nicht und ahnen nicht einmal, dass es welche gibt. Wenn der *homo viator* nachts Auto
fährt, sieht er nur so weit, wie die Scheinwerfer reichen; außerdem erkennt er oft nicht, bis wohin sich ihr Lichtkegel er-
streckt, ist sich dessen jedoch nicht bewusst. Um eine andere
Metapher zu verwenden: Wir sind immer in einem Fischglas gefangen, dessen Wände wir nicht einmal bemerken. Da die Diskurse unumgänglich sind, könnte man, selbst wenn man im Besitz der Gnade Gottes wäre, nicht die reine Wahrheit erfassen
und auch eine künftige Wahrheit nicht oder eine, die man dafür
hält.

Gewiss, ein Diskurs mit seinem institutionellen und sozialen
Dispositiv ist ein *Status quo*, der nur so lange gültig ist, bis die
historische Situation und die menschliche Freiheit ihn durch einen anderen ersetzen. Wir verlassen unser provisorisches Fischglas unter dem Druck neuer Ereignisse oder aber, weil jemand
einen neuen Diskurs erfunden hat und weil dieser erfolgreich
war.[62] Allerdings wechseln wir nur das Fischglas, um uns in einem neuen wiederzufinden. Dieses Glas oder dieser Diskurs ist,
kurz gesagt, das, was man ein »historisches *Apriori*« nennen
könnte.[63] Gewiss, dieses *Apriori* – weit davon entfernt, eine un-
verrückbare Instanz zu sein, die das menschliche Denken tyran-
nisiert[64] – ändert sich, und wir selbst ändern uns durch es. Aber
es ist unbewusst: Die Zeitgenossen wussten niemals, wo ihre eigenen Grenzen lagen, und wir selbst können die unseren ebenso
wenig wahrnehmen.

Drei Fehler, die es zu vermeiden gilt

An diesem Punkt unserer Ausführungen wollen wir zwei oder drei Missverständnissen vorbeugen. Der Diskurs ist keine Infrastruktur, und er ist auch keine andere Bezeichnung für Ideologie, sondern eher das Gegenteil, was auch immer man täglich zu lesen oder zu hören bekommt. So konnte man kürzlich nachlesen, dass das bekannte Buch von Edward Said über den Orientalismus diese Wissenschaft denunziere: Es handele sich gewissermaßen nur um einen »Diskurs«, der den westlichen Imperialismus legitimiere.[65] O nein und nochmals nein! Der Begriff »Diskurs« ist hier nicht angebracht, und der Orientalismus ist keine Ideologie. Die Diskurse sind die Brillen, durch die die Menschen in jeder Epoche alle Dinge wahrgenommen, gedanklich erfasst und betrieben haben. Sie sind für die Herrschenden genauso wichtig wie für die Beherrschten, es sind keine Lügen, die von jenen erfunden wurden, um diese zu täuschen und um ihre Herrschaft zu rechtfertigen. »Diese Ordnung [der Wahrheit, Ergänzung P. V.] ist nicht einfach nur ideologisch oder überbauhaft; sie ist eine Bedingung für die Ausbildung und Entwicklung des Kapitalismus gewesen.«[66]

Foucault selbst dachte wahrscheinlich an Saids Buch, das großes Aufsehen erregt hatte, als er schrieb: »Wir alle wissen, dass die Ethnologie aus dem Kolonialisierungsprozess hervorgegangen ist (was nicht heißt, dass sie eine kolonialistische Wissenschaft ist).«[67] Wenn man die einzelnen Unterschiede expliziert, bedeutet das nicht, dass man die Unterwerfung des Intellekts anprangert, eine Unterwerfung, die etwa den Ideologien als Funktion zugeschrieben wird.[68] Falls denn diese »Funktion« tatsächlich funktionierte und der Mensch ein cartesianisches Wesen wäre, ausreichend intellektuell, um sein Verhalten von seiner Intelligenz diktieren zu lassen, und der seinen Lehrern nur dann gehorchte, wenn man ihm dafür mehr oder weniger gute Gründe an die Hand gäbe.[69] Die Diskurse, von verlogenen Ideologien weit entfernt, kartographieren, was die Menschen, ohne es zu wissen, tatsächlich tun und denken. Foucault hat niemals einen wie auch immer gearteten Ursache-Wirkung-Zusammenhang zwischen den Diskursen und dem Rest der Wirklichkeit konstruiert.[70] Das Dispositiv und die in ihm ablaufenden Intrigen sind auf derselben Ebene angesiedelt.

Das zweite Missverständnis besteht darin, den Diskurs für eine Infrastruktur im marxistischen Wortsinne zu halten. Wie wir oben gesehen haben, ist der Diskurs, der zunächst eine heuristische Rolle spielte, ein sozusagen negativer Begriff: Er geht aus von der Feststellung, dass man die Beschreibung eines Ereignisses oder eines Prozesses meist nicht weit genug treibt und nicht bis zu deren singulärem und bizarrem Charakter vordringt. So nennt man, wie die Kinder, alle Männer »Papa«. Das Wort »Diskurs« ist eine Aufforderung, tiefer zu graben, um die Singularität des Ereignisses zu entdecken, und in einer abschließenden Analyse grenzt der Diskurs diese Singularität ein. Dennoch haben, als das Werk *Les Mots et les Choses* erschien, manche Leser die Entität, die Foucault als Diskurs bezeichnete, als eine materielle Instanz gesehen, eine Infrastruktur, ähnlich den Produktionskräften und -beziehungen, die bei Marx den politischen und kulturellen Überbau bestimmen.

Ein Kritiker schrieb beunruhigt, dass man das historische Werden, wenn man es so von Strukturen oder Diskursen abhängig machte, dem menschlichen Handeln entzöge. Er verkannte, dass der Diskurs mitnichten eine eigene Instanz ist, die die historische Entwicklung bestimmt. Es geht einfach nur um *die Tatsache, dass* sich jedes historische Faktum in den Augen des scharfsinnigen Historikers als Singularität enthüllt; das Faktum ist einzigartig im doppelten Wortsinn, weil es eine bizarre Form aufweist, die eines Gebietes, dessen »historische Grenzen« nichts Natürliches und nichts Universelles an sich haben. Der Diskurs ist die Form dieser Singularität, er ist mithin Teil dieses singulären Objekts, er ist ihm immanent, er ist nichts anderes als der

Verlauf der »historischen Grenzen« eines Ereignisses. Und so wie das Wort »Landschaft« sowohl eine Realität in der Natur bezeichnet als auch das Bild, auf dem ein Maler diese Realität nachgestaltet, so kann auch das Wort »Diskurs« durchaus für das Blatt Papier stehen, auf dem der Historiker dieses Ereignis in seiner Einzigartigkeit beschreibt. In beiden Fällen bezeichnet das Wort »Diskurs« keine Instanz, sondern eine Abstraktion, d. h. die Tatsache, dass das Ereignis singulär ist. So wie die Funktionstüchtigkeit eines Motors nicht ein Teilstück dieses Motors ist, sondern die abstrakte Idee, dass der Motor funktioniert.

Unser Autor wurde noch auf eine andere – und schmerzlichere – Weise kritisiert. Im Zuge dieser Argumentation warf man seiner Diskurstheorie vor, sie sei fehlerhaft und entmutige die Menschen, indem sie die Geschichte als einen anonymen, verantwortungs- und trostlosen Prozess erscheinen lasse. Man ist in der Tat geneigt zu glauben, dass nur das, was entmutigt, wahr sein könne, wie wenn der Hunger bewiese, dass ein Nahrungsmittel auf ihn warte.[71] Man verurteilt bisweilen eine Philosophie, bloß weil sie die Welt so beschreibt, wie sie ist, ohne nützlich zu sein und ohne uns ein Ideal oder irgendwelche Werte zu suggerieren. Wie Jean-Marie Schaeffer sagt, hat diese Liebe zu den Werten ihren Grund in dem »Bestreben, die Menschen hinsichtlich der reichen Fülle des Seins in Sicherheit zu wiegen, einer Fülle, die ihnen, wie sie meinen, geschuldet ist«.[72]

Jetzt versteht man, dass manche Leser eine wahre Abneigung gegenüber dem Foucaultschen Skeptizismus verspürt haben, der so resolut ist, dass er mit seiner Radikalität beinahe linksradikal erscheint. Zu Unrecht, denn in der Praxis hat auch die demoralisierendste Theorie niemals jemanden demoralisiert, nicht einmal ihren Verfasser: Man muss ja leben, Schopenhauer ist alt geworden, und Foucault liebte, als guter Nietzsche-Schüler, das Leben und spricht von der unbezwingbaren menschlichen Freiheit. Ich werde nicht so weit gehen, aus seinem Skeptizismus eine Philosophie mit einem erbaulichen *happy end* zu machen (er selbst hat sich seiner Theorie wie einer Kritik bedienen wollen), aber schließlich wird man sehen, dass die Philosophie dieses Kämpfers zu einem durchaus ermutigenden Schluss kommt.

Genug des Sermons. Kehren wir zu den positiven Dingen zurück. Im Zusammenhang mit dem Diskurs des Wahnsinns führt Foucault aus, dass im 17. Jahrhundert der Diskurs des Unverstandes ein ganzes Dispositiv ins Spiel brachte, d. h., so schreibt er,

> »eine entschieden heterogene Gesamtheit, bestehend aus Diskursen, Institutionen, architektonischen Einrichtungen, reglementierenden Entscheidungen, Gesetzen, administrativen Maßnahmen, wissenschaftlichen Aussagen, philosophischen, moralischen und philanthropischen Lehrsätzen, kurz, Gesagtes ebenso wie Ungesagtes«.[73]

Dieses »Dispositiv« sind also die Gesetze, Taten, Worte oder Praktiken, die eine historische Formation konstituieren, ob es sich nun um die Wissenschaft, das Krankenhaus, die sexuelle Liebe oder die Armee handelt. Der Diskurs selbst ist dem Dispositiv immanent, das sich an ihm orientiert (man liebt oder führt Krieg immer nur nach den Gepflogenheiten seiner Zeit, außer wenn man erfinderisch ist) und das ihn in der Gesellschaft verkörpert. Der Diskurs macht die Einzigartigkeit, die Fremdheit der Epoche aus, die lokale Färbung des Dispositivs.

In den Dispositiven erkennt ein Historiker sofort diese Formationen, in denen er dann für gewöhnlich das Netz der ineinander verschlungenen Kausalitäten sucht, die dazu führen, dass es ein Werden gibt. Die fortwährende Veränderung, die Verschiedenheit und die Variabilität ergeben sich aus der *concatenatio causarum*, aus dem Knäuel aus Innovationen, Revolten (trotz Nachahmung und Herdentrieb), Wechselbeziehungen mit der Umwelt, Entdeckungen, Rivalitäten zwischen den menschlichen Gruppen untereinander usw.

Aber, schreibt Foucault unter Bezugnahme auf die 1950er Jahre, die Erklärungen für die Veränderung, die »man zu jener Zeit vorschlug, die man mir nahegelegt und deren mangelnde Verwendung man mir vorgeworfen hat, befriedigten mich nicht. Mir scheint, dass man dieses Problem nicht durch den Hinweis auf Produktionsverhältnisse oder auf die Ideologie einer herrschenden Klasse lösen kann«,[74] das Problem, das die verschiedenen Komponenten des Dispositivs in Gang setzte.[75] Wie ich unlängst erfahren habe, führen heutzutage manche Ärzte (darunter ein Mitglied unserer Ethikkommission), die sich um die Zukunft ihrer Kunst Sorgen machen, ständig die Begriffe »Wissen«, »Macht« und »Dispositiv« im Munde, weil sich diese Termini ihres Erachtens für die Analyse der gegenwärtigen Bedrohungen sehr gut eignen. Diese Bedrohungen gehen nicht mehr von der Psychiatrie aus, auch nicht von der Psychoanalyse, sondern von der nachlassenden Bedeutung der klinischen Untersuchung zugunsten der Maschinen, des Scanners oder der Interferenzreflexionsmikroskopie (IRM), insbesondere aber von der Genetik und einer möglichen Eugenik. Denn das ist der aktuelle »Diskurs«. Das medizinische Wissen rechtfertigt die Existenz einer Macht, diese Macht setzt das Wissen und ein ganzes Dispositiv von Gesetzen, Rechten, Reglementierungen und Praktiken in Gang und institutionalisiert das Ganze, so als sei es die Wahrheit selbst.

Wissen, Macht, Wahrheit: Diese drei Vokabeln haben bei den Lesern Foucaults Eindruck hinterlassen. Versuchen wir jetzt einmal, ihre gegenseitigen Beziehungen genauer zu fassen. Im Prinzip ist das Wissen neutral, frei von aller Macht. Der Weise ist der Antipode des Politikers, für den er nichts als Verachtung übrig hat. In der Realität wird jedoch das Wissen häufig von der Macht genutzt, die ihm immer wieder zu Hilfe kommt. Natürlich geht es nicht darum, das Wissen und die Macht als eine Art Höllenpaar zu stigmatisieren, sondern darum, in jedem Einzelfall ihre Beziehungen zu präzisieren und dabei zunächst zu zeigen, wie sie sich, wenn es sie denn gab, gestaltet haben. Wenn diese Beziehungen existieren, sind sie im selben Dispositiv zu finden und stützen sich gegenseitig, da die Macht in ihrem Bereich über Wissen verfügt, was wiederum manchen Kenntnissen Macht verleiht.

Seit dem 16. Jahrhundert wurden dem Fürsten immer mehr Ratschläge erteilt, und eine ganz eigene reflektierte Literatur über die Kunst des Regierens nahm ständig an Umfang zu. Was ist Machiavellis *Fürst*? Die erste hellsichtige und amoralische Philosophie der Macht? Nein, die Schrift ist nichts weiter als ein Lehrbuch, das jedem Prinzen zeigen will, was er tun muss, um die Macht, die er in seinem Fürstentum innehat, nicht zu verlieren.[76] Seit drei oder mehr Jahrhunderten stellen die militärischen Techniken der Disziplinierung ein Wissen dar, das man erwerben muss und das sich vermitteln lässt. Heutzutage ist das Regieren zu einer ganzen Wissenschaft geworden. Der moderne Fürst braucht ökonomische Kenntnisse, er zieht Wirtschaftsexperten und sogar Soziologen zu Rate. Die westliche Rationalität (Rationalität der Mittel natürlich, nicht der Zwecke) nutzt Wissen und technische Erkenntnisse. Selbstverständlich werden diese Kenntnisse und Techniken sowohl von denen, die sie anwenden, als auch von den Untertanen (außer im Falle einer Revolte) für vertrauenswürdig und korrekt gehalten. Zu den Komponenten eines Dispositivs gehört also auch die Wahrheit selbst. Kurzum, sagt uns Foucault,

>»die Wahrheit ist von dieser Welt. Sie wird in ihr dank vielfältiger Zwänge hervorgebracht. Und sie hat in ihr geregelte Machtwirkungen inne. Jede Gesellschaft hat ihre Wahrheitsordnung, ihre allgemeine Politik der Wahrheit.«[77]

Man könnte also eine Geschichte der verschiedenen Wahrheitskonzeptionen schreiben.[78] Eine sehr spannende Geschichte im juristischen Bereich. Man denke z. B. an die mittelalterlichen

Gottesurteile, von denen man erst im 12. Jahrhundert Abstand
nehmen wird: Je nachdem, ob man in der Lage (oder bereit) war
oder nicht, ein glühendes Eisen in die Hand zu nehmen und
neun Schritte zu gehen oder einen Gegenstand aus einem Kessel
mit kochendem Wasser herauszuholen, hatte man in den Augen
des Gerichts die Wahrheit gesagt oder gelogen.[79] Das historische
Problem bestände darin zu zeigen, »wie sich bestimmte Formen
von Wahrheit auf der Grundlage der strafrechtlichen Praxis definieren lassen«.[80] Foucault hat einen langen Entwurf für eine
solche Arbeit verfasst,[81] den er, wie er ein oder zwei Jahre vor
seinem Tod erklärte, gern ausführlich ausgearbeitet hätte.

Das Dispositiv verbindet also ungeniert Dinge und Ideen
(darunter auch die Idee der Wahrheit), Vorstellungen, Doktrinen
und sogar Philosophien mit Institutionen, sozialen und ökonomischen Praktiken usw.[82] Der Diskurs durchdringt all dies. Wir
kennen bereits seine bizarren Formen, seine eher historischen
als natürlichen Grenzen: Diese epochenabhängige Entität hat
eher die Form einer Scherbe oder eines Kiesels als die einer in
sich geschlossenen Beweisführung. Wir wagen es deshalb mit
den Begriffen der Stoa von einer *Materialität des Unkörperlichen* zu sprechen.[83]

Erfreut stellt man fest, dass Foucault, den Unklarheiten des
linguistic turn[84] der 1960er Jahre entkommend, seine Doktrin auf
die Gesellschaft (»In meinen Büchern kann ich auf die Gesellschaft nicht verzichten«, hat er mir gegenüber einmal geäußert)
und die gesamte historische Realität ausweitet. Für Foucault hatte seit langem, das ist wahr, das Denken einer Epoche nicht mehr
seinen bevorzugten Ort in seinen verdoppelten Formen, in der
Philosophie. Die einfache Ideengeschichte selbst war weit davon
entfernt, ihren bevorzugten Platz in den kanonischen Texten zu
finden, in der Philosophie. Eine Verwaltungsvorschrift konnte
aufschlussreicher sein[85] als der *Discours de la méthode*. Der ato-
mare Schrecken und die Beherrschung der modernen Welt durch
die Technik (durch das Heideggersche *Gestell*) sind nicht einem

misslichen Satz von Descartes über die Beherrschung der Welt durch den Menschen entsprungen. Wir sind hier von einer Geschichte des Seins im Sinne Heideggers weit entfernt.[86]

Einem transzendentalen Ursprung des Denkens nach Kant und Husserl stellt Foucault einen empirischen und kontextuellen Ursprung entgegen: Das Denken, dieser immaterielle Vorgang, bildet sich im Inneren eines ganzen »Dispositivs«, das es durchwirkt, und es drängt sich durch das Dispositiv auf. Der Diskurs wird nämlich nicht allein durch das Bewusstsein gestützt, sondern durch die gesellschaftlichen Klassen, die ökonomischen Interessen, die Normen, Institutionen und Vorschriften. Das Auftauchen des psychiatrischen Diskurses im 19. Jahrhundert umfasste psychologische und juristische Ideen, gerichtliche, medizinische, polizeiliche und klinische Institutionen sowie familiäre oder professionelle Normen.

Aber wenn ich näher darüber nachdenke, scheint der Diskurs, von dem Foucault spricht, Ähnlichkeiten aufzuweisen mit einem Begriff, der in der Soziologie und der Geschichtswissenschaft klassisch geworden ist, dem von Max Weber geprägten »Idealtypus«, dieser Schematisierung einer historischen Formation in ihrer Spezifität. Worin könnte der Unterschied zum Diskurs bestehen? Was ist die Beschreibung oder der Diskurs der »Liebeslüste« in Griechenland? Was ist die »Gouvernementalität« des Ancien Régime? Foucault konstruiert sehr wohl einen Idealtypus, wenn er schreibt, dass vor dem 18. Jahrhundert das Regieren der Menschen darin bestand, die Regeln, die Gott den Menschen auferlegt hatte oder die durch seine böse Natur notwendig geworden waren, bis auf das Verhalten der Untertanen auszudehnen; in der Ära der Aufklärung und der Physiokraten bestand das Regieren dann darin, das natürliche Auf und Ab zu meistern (Demographie, Geld, Freiheit des Kornumlaufs …) und ansonsten »den Dingen ihren Lauf zu lassen«.[87]

Dabei handelt es sich um ganz besonders ausgefeilte Idealtypen, die versuchen, bis zur *differentia ultima* vorzudringen.

Doch bei Foucault ebenso wie bei Weber ging es darum, die
Komponenten einer beliebigen historischen Formation, eines
Dispositivs, genau zu bezeichnen, die Verbindungen zwischen
diesen Komponenten aufzuzeigen und die Singularität des Ganzen herauszustellen. Warum hat sich Foucault wie der Teufel[88]
gegen eine Nähe zu Weber gewehrt? Weil er bei Weber das Singularitätsprinzip vermisste und der Meinung war, dass Weber
nach den Essenzen suche. Er machte sich von Weber, so befürch-
te ich, nur eine ungenaue Vorstellung.[89] Er erkannte nicht, dass
dieser ebenso nominalistisch war wie er selbst, dass er Nietzsche
gelesen hatte, dass er seinen hochmütigen Skeptizismus teilte
und den Himmel der Menschen »zwischen den Göttern hin- und
hergerissen« sah, hin- und hergerissen zwischen den Werten.

Und ein Letztes: Da der Diskurs den historischen Fakten immanent ist, dem gesamten Dispositiv – dessen letzte Formation
er lediglich darstellt –, lenkt er nicht die Geschichte, sondern
wird zusammen mit seinem untrennbar mit ihm verbundenen
Dispositiv von ihr gelenkt. Das ist die Antwort auf eine oft zu
hörende Frage: Woher stammt diese vorgeblich blinde Determi-
nation des Diskurses? Wodurch wird er erzeugt? Woher kommen die geheimnisvollen Veränderungen, denen der Diskurs im
Laufe der Jahrhunderte unterworfen ist? Sie basieren ganz einfach auf der gewöhnlichen und wohlbekannten historischen
Kausalität, die ständig Praktiken, Gedanken, Sitten, Institutionen, kurzum das gesamte Dispositiv, lenkt und modifiziert, zusammen mit den Diskursen, die nur die Grenzen abstecken. Wir
erwähnten den Diskurs der »heidnischen« Lüste, dann den des
christlichen »Fleisches«. Der Platonismus, die Stoa als »in jeder
Hinsicht gute« Doktrin (was sie für die Klasse der Notabeln
und Herrschenden attraktiv machte), der demokratische oder
oligarchische Bürgersinn des antiken Stadtstaates, verbunden
mit der Pflicht zur Selbstbeherrschung, die Idee der *physis*, der
zu einer göttlichen Schöpfung gewordenen Natur usw., haben,
wie ich vermute, einiges dazu beigetragen.

Nun wird, wie man sich erinnert, das Dispositiv in seiner Endlichkeit durch die historischen Grenzen eines Diskurses limitiert. Daraus muss man folgern, dass das, was unser skeptischer Denker von der Geschichte der Wissenschaften sagt, auch für die Geschichte im Allgemeinen Gültigkeit besitzt:

»Die Geschichte der Wissenschaften, die Geschichte der Erkenntnisse gehorcht nicht einfach dem allgemeinen Gesetz des Fortschritts der Vernunft; das menschliche Bewusstsein oder die menschliche Vernunft sind nicht gleichsam Besitzer der Gesetze ihrer Geschichte.«[90]

Und wie die Diskurse nicht gemäß der Logik einer Dialektik aufeinander folgen, sich auch nicht aus guten Gründen verdrängen und nicht durch ein transzendentales Gericht gegeneinander abgewogen werden, so haben sie untereinander nur faktische, nicht aber rechtliche Beziehungen, sie schalten sich (ohne gute Gründe) gegenseitig aus, ihre Beziehungen sind die von Fremden, von Rivalen. Der Kampf und nicht die Vernunft ist eine essentielle Relation des Denkens.[91]

III
Der Skeptizismus Foucaults

Wenn es gelingt, diese datierten und erklärbaren Ereignisse, die als Diskurse bezeichneten letzten Unterschiede, auszuformulieren, bringt man die Leser zu kritischen Schlussfolgerungen. Als Produkte einer Geschichte und als nicht adäquate Reflexe ihres Objekts unterscheiden sich die aufeinander folgenden Diskurse je nach den Jahrhunderten, was ausreicht, um ihre Inadäquatheit deutlich zu machen. Sobald man einen Diskurs expliziert, treten seine Willkür und seine Grenzen zu Tage. Aufgrund einer solchen Stichprobe und eines numerisch singulären Urteils vermuten wir, ein »kollektives« (allgemeines, wenn nicht universelles) Urteil fällend, dass es sich bei jedem anderen Diskurs genauso verhalten muss. Die Erläuterung einiger Singularitäten führt so qua Induktion zu einer Kritik der Erkenntnis und des Laufs der Welt.

Ich habe nicht gesagt: zur Negation der empirischen Wahrheiten (wir kommen darauf noch zurück). Wenn es andererseits gelingt, die datierten Singularitäten, also die Diskurse, zu erklären, gelangt man, ohne es ausdrücklich zu sagen, zu philosophischen Schlussfolgerungen. Daher sagte Foucault, er sei kein Historiker. Aber da er diese impliziten Schlussfolgerungen mit Bedacht im Dunklen ließ, bezeichnete er sich auch nicht als Philosoph. In seinem Todesjahr definierte er seine Bücher als »eine kritische Geschichte des Denkens«:[92] Geschichte, weil sie nicht *modo philosophico* vorgeht: »[...] einer empirischen Forschung, einer kleinen historischen Arbeit [wird] das Recht zugestanden, die transzendentale Dimension in Frage zu stellen.«[93]

Foucaults Skeptizismus ist also eine Kritik im doppelten Wortsinn. Nach der Wortbedeutung bei Kant ist er eine Kritik der Erkenntnis, die hier auf der Basis einer historischen Hermeneutik funktioniert und nicht, wie bei Kant, auf der Basis der Newtonschen Physik. Sie interessiert den Philosophen und den

Historiker und beruht auf dem, was der Autor von Salammbô im Jahre 1859 als »sens historique« (Geschichtsverständnis) bezeichnete. Dieses Verständnis ist, wie er in einem Brief schreibt, »ganz neu« und »es ist die Glorie unseres Jahrhunderts«.[94] Diese historische Kritik kann jedoch auch den Menschen und Bürger betreffen und ihnen als politische Kritik Dienste tun (dabei handelt es sich nach Meinung unseres Autors nur um eine Frage der persönlichen Wahl, denn unter Berufung auf welche Vernunft, auf welches Gut oder welches Geschichtsverständnis könnte man diese Wahl vorschreiben?). Und diese Kritik führt auch zum Handeln, wenn man sich denn für den Kampf entscheidet.

Wenn man die Idee der Macht im Allgemeinen einer historischen Kritik unterzieht, stellt man beispielsweise fest, dass, je nach Jahrhundert, in Wahrheit die Menschen etwa Bürger sein konnten, von denen jeder ein ziviler Kämpfer und ein kleiner Erzieher seiner Stadt war.[95] Oder aber sie gehörten zu einer menschlichen Fauna, die das Gebiet des Fürsten besiedelte; dieser konnte die Fauna zwar ausbeuten, musste aber wissen, wie er, die Ratschläge Machiavellis beherzigend,[96] ihr Herr und Meister blieb. Oder die Menschen bilden eine Population, die von der Macht verwaltet wird wie von einem Forstmeister, der die Bewässerung und die Bepflanzung regelt und in die rechten Bahnen lenkt. Oder man befindet sich gleichsam auf einem Kreuzfahrtschiff, das über ein manchmal stürmisches Meer fährt, wobei die Macht über das Wohlergehen der Passagiere wacht.

So lässt eine ruhige, nur theoretische und kontemplative Kritik Zweifel aufkommen an der *Wahrheit* der allgemeinen Aussagen über die Macht oder die Liebe als solcher. Man kann dann zu einer aktiven Kritik übergehen, die über die so wechselnden Realitäten dieser trügerischen Allgemeinheiten Bescheid weiß und deren politische Legitimität bestreitet. Man kann sich auch, wie Montaigne, für den umgekehrten Schluss entscheiden: Lohnt die Mühe eines Regierungswechsels? Diesem würde, ich sage es noch einmal, eine persönliche Entscheidung zugrunde liegen, denn die gewählte Neuerung wäre genauso willkürlich wie die vorhergehende: Doch von dieser Überlegung hat sich noch nie jemand zurückhalten lassen. So ist das Leben, Nihilismus oder nicht.

Foucault, der die Vergangenheit als Friedhof der Wahrheiten betrachtete, folgerte daraus nicht verbittert, dass alles eitel sei, sondern schloss auf die Positivität des Werdens: Mit welchem Recht könnte man darüber ein Urteil fällen? Er hat niemals, mit keinem einzigen Wort, irgendwelche Lehren verdammt, mochten sie auch noch so absurd sein. Er widmet sich ihnen allen mit einer Heiterkeit und Ausführlichkeit, die ihrerseits eine Form des Respekts darstellen. Nichts ist eitel, die Erzeugnisse des menschlichen Geistes sind, da sie existiert haben, immer positiv. Sie sind interessant und ebenso bemerkenswert wie die Schöpfungen der Natur, die Blumen, die Tiere, die zeigen, wozu die Natur imstande ist. Ich habe noch im Ohr, wie sich Foucault mir gegenüber mit Freude, Sympathie und Bewunderung über den heiligen Augustinus und seine ständigen Ideenblitze äußert. Er schätzte diese Ideen offenkundig umso mehr, als sie, obwohl ihm für solche Gedanken der Glauben fehlte, zeigen, wozu der menschliche Geist fähig ist.

Dies war bei ihm kein leichtfertiger Ästhetizismus, sondern eine wohlfundierte Haltung. Es war auch kein Amoralismus. Die grausame Hinrichtung von Robert-François Damiens war selbstverständlich eine Schreckenstat, allein die Darlegung der Fakten ist beredt genug. Ebenso verurteilt die Flaubertsche Objektivität gegenüber den karthagischen Gräueln diese durch Paralipse. Und man denke an die Objektivität von Jonathan Littell, dessen Werk *Les Bienveillantes*[97] an einen Caravaggio erinnert. Hinter dem rhetorischen Schweigen der Schrift ahnt man eine Bitterkeit, die sich bei Foucault im Gespräch durch dieselben Worte ausdrückte, die uns bei den Entsetzlichkeiten, zu denen unsere Spezies fähig ist, über die Lippen kommen.[98]

Foucault war ebenso wenig Nihilist wie Subjektivist, Relativist oder Historist. Nach seinem eigenen Bekenntnis war er Skeptiker. Ich komme nun zu einem entscheidenden Zitat. 25 Tage vor seinem Tod hat Foucault sein Denken in einem Wort zusammengefasst. Als ein etwas zudringlicher Interviewer ihn fragte: »Sind Sie, insofern Sie keine universelle Wahrheit [...] behaupten, ein skeptischer Denker?«, war seine Antwort: »Unbedingt.«[99] Da haben wir das entscheidende Wort: Foucault zweifelt an jeder zu allgemeinen Wahrheit und an allen unseren zeitlosen großen Wahrheiten, nichts mehr, nichts weniger. Wie er am Anfang von *Naissance de la biopolitique* schreibt, gibt es keine Universalien, das Einzige, was existiert, sind Singularitäten. Als wir eines Abends über den Mythos sprachen, sagte er mir, für Heidegger sei die große Frage, was der Kern der Wahrheit sei, für Wittgenstein, was man sage, wenn man Wahres sage. »Doch meines Erachtens ist die eigentliche Frage: Woher kommt es, dass die Wahrheit so wenig wahr ist?« Die Wahrheit oder zumindest die großen Wahrheiten jeder Epoche.

In *Surveiller et punir* will Foucault nicht unterstellen, dass unser Gefängnissystem auch nicht besser sei als die entsetzlichen Strafen unseres Ancien Régime. Er ist nicht so zynisch, alles über einen Kamm zu scheren (er hat gegen die Todesstrafe gekämpft), aber er will zeigen, dass diese beiden Strafsysteme heterogen sind und dass das eine genauso singuläre und willkürliche Ziele verfolgt wie das andere. Er hatte von Anfang an eine Verschiedenartigkeit vermutet und sogleich einen Unterschied wahrgenommen. Einen Unterschied im Hinblick worauf? Im Hinblick auf andere Diskurse oder auf unseren eigenen Strafdiskurs. Denn woran sonst könnten wir einen Unterschied messen? Es gibt keine abgeschlossene Typologie der menschlichen Verhaltensweisen (und es kann auch keine geben), auf die man sich nur zu beziehen brauchte.

Es ist unmöglich, aufgrund der Abfolge sämtlicher Diskurse und Dispositive des Wahnsinns im Laufe der Geschichte zu erschließen, worin das Wesen des Wahnsinns eigentlich besteht. Andererseits sind diese Diskurse und Dispositive dennoch historische Fakten, die man, als Historiker, einer strengen Analyse unterziehen kann. Darf ich auf Spinoza verweisen, für den jeder Körper, jede Seele und jeder Gedanke ein singuläres Produkt der universellen Verkettung ist und keiner Spezies und Gattung angehört? Genauer gesagt: Diese Phänomene scheinen nur in unserer Vorstellung, die sich von oberflächlichen Ähnlichkeiten[100] täuschen lässt, einer solchen Kategorie anzugehören (Spinoza sprach, das ist richtig, von den Modi der Substanz Natur, d. h. von dir und mir, und nicht wie Foucault von den Entitäten der Diskurse).

Die Konsequenzen sind schwerwiegend: Wir können nicht mehr entscheiden, was der wahre Weg der Menschheit ist, der Sinn ihrer Geschichte, und wir müssen uns an den Gedanken gewöhnen, dass die Überzeugungen, die uns heute eine Herzenssache sind, schon morgen nicht mehr gelten. Wir müssen auf die allgemeinen und endgültigen Wahrheiten verzichten: Die Metaphysik, die philosophische Anthropologie oder die moralische und politische Philosophie sind ebenfalls nur leere Spekulationen. Das Absolute ist für uns nicht zugänglich,[101] zumindest nicht zum gegenwärtigen Zeitpunkt. Eines Tages vielleicht »werden wir alles wissen: Das Grab ist gemacht, um zu wissen« (V. Hugo). Ein Skeptiker hält es nicht für unmöglich, dass die Welt sehr anders ist, als wir sie wahrnehmen.

Doch wir wollen den Leser sogleich wieder beruhigen: Dieser Skeptizismus betrifft nicht die Realität der historischen Fakten, der Fakten, die die Bücher Foucaults füllen, sondern die großen Fragen wie z. B. »Was ist die wahre Demokratie?« Und warum ist es für uns wichtig, dies zu wissen? Seien wir uns lieber darüber im Klaren, wie wir sie haben wollen (jedenfalls werden die meisten von uns wahrscheinlich glauben, dass sie wirklich unseren Vorstellungen entspricht). Wenn man die allgemeinen Ideen kritisiert, heißt das nicht, dass man, wie manche befürchtet ha-

ben, jede Wahrheit leugnet und den Historikern die Ehre ab-
schneiden will.

Die Konsequenzen bleiben trotzdem schwerwiegend. Verweisen wir den Leser auf deren gravierendste, indem wir an den
Skandal erinnern, den Foucault an dem Tag auslöste, als er behauptete (so meinte man zumindest), dass der Mensch, die
Menschheit und die menschliche Gestalt aus unseren Hirnen
ausgelöscht werden müssten und man nicht mehr darüber sprechen sollte. Das war dennoch nur ein Sturm im Wasserglas. Die
Wahrheit der empirischen Fakten ist uns, wie gesagt, zugänglich;
man hat eine Linguistik, eine politische Ökonomie, eine Soziologie, sogar eine Psychologie und einige kognitive Wissenschaften entwickelt. Eine philosophische Anthropologie lässt sich
hingegen nicht konstruieren. Damit ist alles gesagt. Vermutlich
ahnt der Leser bereits, was als Nächstes kommt.

Ein Skeptiker, aber kein Feind der Menschheit

Was könnte man – außer Plattitüden – über den Menschen im
Allgemeinen sagen? In den anthropologischen Universalien
findet man niemals das, was ein angelsächsischer Epistemologe
als das Harte des Weichen bezeichnet hat: Man kann die Dinge
in keine Ordnung, in keine passende Form bringen. Fragen Sie
sich, wie sich die Entwicklung des Wissens und der Wissenschaft erklären lässt? Sie können *ad libitum* die Neugier heran-
ziehen, das Bedürfnis, mit Hilfe der Erkenntnis die Welt zu
beherrschen oder sie sich anzueignen, die Angst vor dem Un-
bekannten, die Reaktionen auf den bedrohlichen Charakter einer undifferenzierten Welt.[102] Darauf basiert eine der wesentlichen Thesen Foucaults: »[...] man [muss] den ›Menschen‹ oder
die ›menschliche Natur‹ [...] meiden, wenn man die Systeme
der Gesellschaft und des Menschen analysieren will.«[103] Man
muss die Geschichte, die Wirtschaft, die Gesellschaft, die Linguistik und das gesamte Dispositiv studieren, das aus dem

Menschen das gemacht hat, was er zu einem gegebenen Moment ist.

Während das anthropologische Denken annimmt, dass es jenseits der Fakten eine menschliche Allgemeinheit gibt, erforschen die Humanwissenschaften, die Linguistik, Wirtschaftswissenschaft und Ethnologie jeweils einen gesonderten Bereich, ohne den Anspruch zu erheben, auf diese Weise einen Beitrag zu einem allgemeinen Menschenbild zu leisten.[104] Es gibt viel zu sagen über die Positivitäten, die den Menschen in jedem Augenblick formen, über den *homo oeconomicus*, den *homo faber*, den *homo loquens*, doch was soll man Erhellendes über den *Homo* als solchen vorbringen? Dass das Lachen sein Spezifikum ist? Dass er weder vollkommen gut noch vollkommen schlecht ist? Dass der Mensch ein wunderbar vielfältiges und wandlungsfähiges Wesen ist und dass es Schwierigkeiten bereitet, ein konstantes und homogenes Urteil über ihn zu fällen? In diesem auf sich selbst reduzierten Menschen findet man keine Natur, er ist auf die Dispositive beschränkt, in die er momentan eingebunden ist.[105]

Wir können also voraussagen, dass man bald damit aufhören wird, sich die menschliche Natur als Studienobjekt vorzunehmen und dass »der Mensch verschwinden wird wie am Meeresufer ein Gesicht im Sand«. Man wird den verhängnisvollen Satz, der *Les Mots und les Choses* beschließt, wiedererkannt haben und sich an die Empörung erinnern, mit der diese Schlussfolgerung, die sich im Kontext als ebenso verständlich wie harmlos darstellte, in den entsprechenden politischen Kreisen aufgenommen wurde. Welch Stürme tugendhafter Entrüstung wurden durch diesen Satz ausgelöst, der Foucault den Ruf einbrachte, ein Feind der menschlichen Spezies zu sein, dieser Spezies, der so viele seiner Leser angehörten! Der zeitliche Abstand hat uns vergessen lassen, dass in jenen fernen Jahren, kurz nach den Schrecken des Krieges, jeder ein Humanist war. Es gab klassische, fortschrittliche, christliche, marxistische, personalistische, existenzialistische, thomistische und sogar stalinistische Humanismen.

In dem so heftig kritisierten Satz vermutet der gutwillige Leser weniger eine Blasphemie als vielmehr ein kraftvoll und mit elegantem Schwung – quasi wie durch einen Meißel – gestaltetes Bild des metaphysisches Empfindens für die Tragik des Lebens. Vor drei Jahrhunderten hätte man dieses Bild von einem in den Sand gezeichneten und vom Meer ausgelöschten Gesicht als eine Allegorie der »Eitelkeiten« der Conditio humana wahrgenommen, als ein Symbol für die Melancholie. Dennoch war man sich darüber einig, dass Foucault »provozieren« wollte und nichts weiter war als ein Provokateur. Das Wort war schlecht gewählt, da Foucault nicht von Natur aus zur Provokation neigte, sondern es ging ihm darum, dem Irrtum oder der Dummheit den Kampf anzusagen. Man greift zu leicht auf die Psychologie der Provokation zurück. Es wäre nicht weniger leicht, den naiven Glauben an die Provokation psychologisch zu analysieren, einen naiven oder eitlen Glauben: So fühlte sich etwa der Bourgeois des Jahres 1925 geschmeichelt angesichts der Vorstellung, dass die »kubistischen Maler« ausreichend an ihm interessiert seien, um nichts anderes im Sinn zu haben, als den Bourgeois zu verblüffen. Tatsächlich ist jemand, der sich provoziert fühlt, *eo ipso* nicht würdig, provoziert zu werden.

Foucaults verhängnisvoller Satz bedeutete schlicht und einfach, dass sich zwar sagen ließ, woraus der Mensch *gemacht* sei,[106] dass man aber nicht wie Heidegger nach »dem Sein des Menschen« (wo ist der Platz des Menschen im Ganzen und in der Zeit?) oder wie Sartre nach seinem Inneren (welche Aufrichtigkeit, welche Unaufrichtigkeit gibt es in ihm) fragen könne. Mehr noch als er 1971 glaubte, war Foucault im Recht, denn um das Jahr 1980 entdeckte er, dass

»die Menschen im Laufe ihrer Geschichte niemals aufgehört haben, sich selbst zu konstruieren, das heißt ihre Subjektivität beständig zu verschieben, sich in einer unendlichen und vielfältigen Serie unterschiedlicher Subjektivitäten zu konstituieren. Diese Serie von Subjektivitäten wird niemals zu einem Ende kommen und uns niemals vor etwas stellen, das ›der Mensch‹ wäre.«[107]

Von nun an wird Foucault an den stets leeren Platz des Menschen, dieses Helden zahlreicher Sprichwörter, den Konstitutionsprozess stellen oder manchmal auch den Akt der Selbststilisierung eines freien, wenn nicht gar allmächtigen menschlichen Subjekts: Wir werden darauf zurückkommen.

Trotz allem ahnt man den Grund für diesen kleinen Skandal: Der verhängnisvolle Satz hatte das schwarze Licht des Misstrauens auf sich gezogen, in das Foucault aufgrund seines Schreibstils und seiner Haltung als Schriftsteller geraten war. Seine bissigen Bücher sind nicht die eines Aufrührers, aber sie wenden sich auch an eine andere Zielgruppe. Außerdem wurden sie nicht geschrieben, um Leser jedweder Couleur wie um einen warmen Ofen um sich zu scharen. Sie sind nicht kommunikativ und nicht geeignet, die Lebensgeister ihrer Leser zu beflügeln. Sie sind mit dem Schwert geschrieben, mit dem Säbel eines Samurai, eines durch und durch nüchternen und grenzenlos kaltblütigen und reservierten Mannes. Sie selbst sind Schwerter, deren Handhabung einen Leser voraussetzt, der von sich aus den erforderlichen Lebensschwung besitzt. Die Virtuosität dieses Fechtstils begeisterte den jung gebliebenen Leser und machte den Erfolg dieser Bücher aus, ob sie nun verstanden wurden oder nicht. Doch, verstanden oder nicht, weckten sie in anderen Lesern Misstrauen, Abwehr oder sogar Abneigung, wenn sie aufgrund des Stils erahnten, mit welchem Mann und mit welchen Einstellungen sie es zu tun hatten.

Ein Samurai, wie gesagt. (Den Ausdruck verdanke ich Jean-Claude Passeron. Das Wort trifft sehr gut die schmale elegante Silhouette unseres Helden, nur sein fröhliches lautes Lachen bleibt dabei ausgespart.) Nun aber ist ein Samurai, ein Krieger, nicht »der Geist, der stets verneint«. Foucault gehörte nicht zu diesen verbitterten Pessimisten, die davon träumen, den Planeten in die Luft zu jagen. Und als billig und suspekt empfand er die Schriften der Essayisten oder Soziologen, die die literarische Gattung der lateinischen Satire kultivieren und die Laster der Zeit aufs Korn nehmen: *panem et circenses*, Spaßgesellschaft, Konsumgesellschaft: schwer zu vermeidende Plattitüden, da es fast unmöglich ist, auf ernsthafte Weise eine Anthropologie der Gegenwart zu erstellen.

Was bei den Surrealisten noch heiß auf den Tisch kam, ist jetzt nur noch ein aufgewärmtes Gericht. Als Historiker vernachlässigte Foucault diese wehleidigen Auslassungen. Als Schüler Nietzsches vermutete er in diesen selbstgefälligen Klagen das Symptom einer Krankheit. Er seinerseits kannte weder Überdruss noch Ekel noch Müdigkeit noch Verfall (das ist es, was Nietzsche mit seinem Mythos von der ewigen Wiederkunft meint, wenn er schreibt, dass er bereit sei, die gegenwärtige Welt beliebig oft noch einmal zu erleben).

Die Grenzen dieses Skeptizismus

Nun wollen wir noch rasch auf einen ganz anderen Einwand eingehen, mit dem man uns ständig in den Ohren liegt und der doch nur ein sophistisches *gadget* ist. Foucault, so sagt man, würde sich widersprechen, wenn er behaupte, die Wahrheit sei, dass es keine Wahrheit gebe: Sein Skeptizismus würde mit ihm durchgehen und schließlich sogar den Zweifel bezweifeln. Nein, das ist nicht der Fall, da sein Skeptizismus nicht aus Prinzip alles in Zweifel zieht. Damit wird dieser Einwand hinfällig, da er in sophistischer Manier ein universelles Urteil mit dem kollektiven Urteil, das jedes einzelne Faktum berücksichtigt, verwechselt. Wenn ein Denker die allgemeinen Ideen bezweifelt, fällt er deshalb noch kein universelles Urteil (womit er sich dann zu seiner eigenen Verurteilung hinreißen ließe), sondern ein numerisch kollektives: Er weiß nicht im Voraus, und das aus Prinzip, dass es keine allgemeinen Wahrheiten gibt, sondern er hat die Wahrheiten, die auf dem Markt sind, einer kritischen Bilanz unterzogen und festgestellt, dass alle von ihm geprüften Muster kritikwürdig sind. Daraus schließt er, dass alles auf dem Markt kritikwürdig ist. Foucaults Feststellung aber, dass die einzeln betrachteten Elemente einer Bilanz verheerend sind, lässt diese düstere Bilanz noch nicht als solche hinfällig werden. Ganz im Gegenteil, sie wird bestätigt, da die Bilanz und der Markt zwei verschiedene Dinge sind und die Bilanz zweifellos verheerend ist.

Man widerspricht sich auch nicht selbst, wenn man nach der Negierung der allgemeinen Wahrheiten auf diese Weise eine allgemeine Kritik übt: Diese illusionslose Kritik gibt nicht vor, ein bestimmtes Objekt adäquat zu kennen; sie bedarf bloß leerer Begriffe wie »Diskurs«, »Objekt«, »Referent«, »Prinzip«, »kollektives Urteil«, »Singularitäten« oder »Universalien«. Diese leeren Schalen sind lediglich Hilfsmittel des Denkens; sie sind weder adäquat noch inadäquat,[108] da sie keinem bestimmten Objekt, das untrennbar mit einem Diskurs verbunden wäre, entsprechen. Dennoch eignen sie sich für viele singuläre Referenten,[109] deren genealogische Kritik den »Diskurs« erklären, was wiederum zu der desillusionierenden Bilanz führt, auf die wir gerade einen Blick geworfen haben.

Friede den kleinen Fakten, Krieg den Allgemeinheiten. Da sich Foucault, der sich überraschenderweise als Positivist erweist, nicht weiter dazu geäußert hat, wollen wir einmal unser Glück versuchen. Natürlich existieren die historischen Fakten nicht als fertig vorgegebene, sie sind, wie Marc Bloch schreibt, Konstruktionen, doch sie basieren auf Diskursen, die ihre Wahrheit nicht gefährden. Die völlig unbedeutende Tatsache, dass in manchen Zeiten und an manchen Orten der Frisör für einen Haarschnitt mit einem Dutzend Eiern und nicht mit einem Geldstück entlohnt wurde, ist im 20. Jahrhundert zu einem ökonomischen Faktum geworden, würdig des historischen Diskurses. Die Auferstehung des Lazarus und der Hexensabbat galten im 17. Jahrhundert nicht mehr als glaubhafte übernatürliche Ereignisse (andererseits verdanken wir dem berühmten Arzt Pierre Janet[110] den Beweis dafür, dass die Stigmatisierung, wie die des heiligen Franziskus von Assisi, nicht ins Reich der Legende gehört). Ein Urteil über die empirischen Fakten kann der Wahrheit entsprechen: Der kambodschanische Völkermord hat stattgefunden, Jesus von Nazareth hat tatsächlich existiert, aber ist er wirklich über die Wasser gewandelt? Hat man jemals ein einziges Wunder feststellen können?

Um jedoch zu beweisen, dass – so die Behauptung einer Handvoll perverser Geister – der Genozid Hitlers nur eine Legende ist, bräuchte man einen ganzen Diskurs, der zeigt, dass unsere Welt (wie einst die der Gnostiker) von trügerischen Mächten beherrscht und missbraucht wird, Mächten wie dem Imperialismus, Kapitalismus oder der jüdischen Weltverschwörung, die daran interessiert sind, diese Legende ins Leben zu rufen. Sechs Millionen ermordete Juden sind ein Faktum, und die Fakten sind störrisch, sagte Foucault, als er nach den Verbrechen Stalins gefragt wurde.[111] Andererseits sind die Zahlen im Alten Testament sagenhaft übertrieben: 100 000 getötete Feinde, Frauen und kleine Kinder nicht gerechnet. Doch wir leben nicht mehr im Zeitalter der Legenden und der aufgebauschten Zahlen. Man kann darüber diskutieren, wie der Genozid zu interpretieren ist (universelle Banalität des Bösen? tragische Folge eines deutschen *Sonderweges*[112]? bürgerlicher und militärischer Gehorsam gegenüber der Autorität, der sattsam bekannten *Obrigkeit*[113]?) Man wird darüber wissenschaftlich diskutieren, indem man, wie wir noch sehen werden, Idealtypen herausarbeitet: Doch das Faktum des Völkermordes bleibt bestehen, Tag für Tag, und nur ein gnostischer Diskurs könnte ihn bestreiten.

Hier klärt sich nun alles, wir kommen zum Abschluss unseres Problems und kehren zugleich zu seinem Ursprung zurück: Wir haben lediglich eine der großen Richtungen des griechischen

Denkens fortgeführt. Auf der einen Seite gibt es die Fakten, die kleinen Fakten des täglichen Lebens, die einzigen, an denen die griechischen Skeptiker nicht zweifelten, was zeigt, dass das Leben siegt (der erste Skeptiker, Pyrrhon, hatte Angst vor Hunden: Er wusste, dass sie beißen[114]). Auf der anderen Seite gibt es den gesamten Rest, die enorme Inflation der auf dem »Friedhof« versprochenen Wahrheiten. Dennoch wollen wir den Entdeckungen der Naturwissenschaften und den Idealtypen der Historiker und Soziologen einen sicheren Platz vorbehalten, so wie es der Skeptiker Sextus Empiricus für die empirische Medizin getan hat. In der Tat beruhen die Entdeckungen und Idealtypen auf Fakten, die denen ähneln, deren Realität wir in jedem Augenblick wahrnehmen, wenn wir etwas tun oder erleiden; diese Fakten, mit denen sowohl die Tiere wie auch wir Menschen zurechtkommen müssen.

Die auf diese Fakten gegründeten Schlussfolgerungen erlauben uns, die Existenz vergangener Fakten zu erkennen und die Zukunft mehr oder weniger gut vorauszusehen. Die »historischen« Ereignisse, so großartig sie auch sein mögen, zerfallen für die Kritik in Fakten und alltägliche Gesten dieser Art (Waterloo in den Augen von Fabrice del Dongo,[115] der sich fragt, ob die kriegerischen Aktionen, an denen er teilgenommen hatte, eine Schlacht gewesen seien). Man kann also die materielle Realität dessen, was sich bei den Gaskammern ereignete und was man dort tat, ermitteln. Darüber hinaus können wir Menschen uns untereinander mehr oder weniger gut verstehen, es gibt eine hermeneutische Beziehung. Deshalb kann man, in Ermangelung metaphysischer Spekulationen der Vernunft, die Natur wahrheitsgetreu entziffern, die Geschichte erzählen und die Gesellschaft beschreiben. Hume hätte dieser Philosophie der einfachen Erkenntnis vermutlich zugestimmt.

Andererseits werden diese kleinen Fakten, die außer Zweifel stehen, dennoch stets nur unter einem bestimmten Gesichtspunkt und durch einen Diskurs erfasst. Das ist das Verhängnis,

das auf der menschlichen Erkenntnis lastet.[116] Der Grasfresser
sucht nach Gras, diesem singulären Objekt, das es in unendlichen Wiederholungen gibt – etwas Singuläres ist trotzdem numerisch wiederholbar[117] –, aber dieses Gras ist nicht das Gras an
sich, das Gras als solches, unabhängig von jedem Blickwinkel:
In den Augen eines Tieres (zum Beispiel einer Kuh) handelt es
sich um lange grüne Stängel, die aus der Erde wachsen. Dies ist,
aus der Perspektive eines Rindes, der Diskurs des Grases, der
sich von dem nicht weniger parteiischen und selektiven Diskurs
eines Botanikers oder Spaziergängers unterscheidet. Was das
Gras an sich ist, außerhalb jeder Perspektive, werden wir niemals wissen (diese Wörter haben für uns nicht einmal einen
Sinn; nur eine göttliche Intelligenz kann das Geometral des Grases erfassen). Der Diskurs der Botaniker, die über das Gras »alles zu wissen« glauben, entspricht nicht dem Diskurs des Gras-
fressers. Wir können nicht wissen, was das Gras, die Macht oder
das Geschlecht außerhalb eines Diskurses tatsächlich sind. Es ist
uns unmöglich, die Fakten von der Schicht ihrer Diskurse zu
befreien (zu »entsanden«). Dabei handelt es sich weder um Relativismus noch um Historizismus, sondern um Perspektivis-
mus.

Oder um eine Feststellung Foucaults zu zitieren, die ich, ich
weiß nicht mehr wo, gelesen habe: Man findet nirgends die Sexualität »im Naturzustand«; diesem Phänomen begegnet man
nur in einem im Diskurs kultivierten Zustand, es ist zugleich
Gefangener und Kerkermeister eines Dispositivs, dem der Diskurs, dieses vergängliche historische *Apriori*, immanent ist. Es
handelt sich hier selbstverständlich nicht um etwas, das den
Apriori-Formen der Wahrnehmung bei Kant vergleichbar wäre!
Ich versuche lediglich, so gut es geht, verständlich zu machen,
dass man nichts sehen kann, ohne »sich davon eine Vorstellung
zu machen«. Angesichts eines Fremden sagt das Kind gemäß
seinem anthropologischen Diskurs: »Das ist ein Papa.« Wir haben es niemals mit der »ursprünglichen, fundamentalen, dump-

fen, kaum artikulierten Erfahrung«[118] eines Objektes ohne vorausgehenden Diskurs zu tun, eines prädiskursiven Referenten. Jene rätselhafte Gestalt würde sofort einen Sinn sowie einen Namen erhalten und wäre er der des Rätsels.

Ich vermute also – ob zu Recht oder zu Unrecht, sei dahingestellt[119] –, dass wir nach Meinung Foucaults die Dinge immer interpretieren, und dies von Anfang an, aber nicht lange auf ein und dieselbe Weise.[120] Der männliche Erwachsene wird von vornherein als ein Papa interpretiert, aber nur für kurze Zeit. Eine Erforschung des bloßen Gegenstandes, des prädiskursiven Referenten, ist vielleicht nicht unmöglich,[121] würde jedoch nicht sehr weit führen: Die Menschen haben es niemals mit dem bloßen Referenten zu tun. Das Phänomen, das sich in die Gesellschaft und in die Geschichte einschreibt, so wie es erlebt, erlitten, toleriert, hofiert und institutionalisiert worden ist, wurde immer von vornherein interpretiert, um sich in ein ganzes Dispositiv einzugliedern, dem das Phänomen selbst in seinem Sinne Informationen liefert.

Nur ein Gott könnte wissen, was der prädiskursive Wahnsinn oder das Gras an sich tatsächlich sind.[122] Wie mir der kluge Jean-Marie Schaeffer geschrieben hat: »Was ist die Erkenntnis anderes als eine Interaktion zwischen zwei raumzeitlichen Realitäten, dem Individuum und seinem Milieu, d. h. ein empirischer Prozess, aber kein Spiegel?« Sie könnte diese wahrheitsgetreue Gleichung, dieser Spiegel, dieses reine Licht nur sein, wenn ein transzendentaler oder transzendenter Grund (die durch die Existenz Gottes gegebene Garantie) ihren Erfolg auf wunderbarer Weise bestätigte. Ein Wunder, an das die Philosophie bis zu Nietzsche geglaubt hat (man könnte auch auf den antiken Skeptizismus und Karneades verweisen). Leider kann kein Diskurs diese erhabene Aufgabe erfüllen, denn, so fährt Schaeffer fort, »da die verschiedenen Diskurse äquipotent sind, könnte nur eine überlegene, eine mit den menschlichen Diskursen inkommensurable Diskursordnung eine solche Subtraktion durchführen«.

Und Jean-Marie Schaeffer schreibt mir auch Folgendes:

»Die epistemologische Einstellung Foucaults bestand nicht
darin, das Reale auf den Diskurs zu reduzieren, sondern daran zu erinnern, dass etwas Reales, sobald es ausgesprochen
wird, immer bereits diskursiv strukturiert ist. In diesem Sinne
implizierte die Behauptung der irreduziblen Verschiedenheit
der Einbettungen in Diskurse keinen Idealismus, der die Realität auf das Denken reduziert, keinen ontologischen Relativismus.«

Ganz im Gegenteil, möchte ich sagen. Der Historiker hat Zugang zu den Ereignissen, und der Physiker gelangt zu technischen Anwendungen und zu Voraussagen. Aber das ist auch alles, denn »man kann nicht die Zugangsmodalität abziehen von
dem, dem sie Zugang verschafft«.
   Wir merken, wenn wir einen Diskurs abwägen, welches Ge-
wicht an Realität der schwarze Kern[123] hat, den er umhüllt
(und möglicherweise merken wir auch, welche Macht etwa das
soziale, institutionelle, traditionelle oder theoretische Dispositiv, dem der Diskurs immanent ist, über uns hat). Es ist uns jedoch unmöglich, die Spreu vom Weizen zu trennen, da der
Diskurs den Kern, der sein Objekt ist, zerlegt und nach seinem
eigenen Vorbild umstrukturiert. Alles wird vom Diskurs abhängen, den der Wille zum Wissen überprüft. Drei Fälle sind
zu unterscheiden: Die Humanwissenschaften, insofern sie aus
einer Reihe von Einzelfällen den Idealtypus herausarbeiten
wollen; die Naturwissenschaften, die Regelmäßigkeiten entdeckt haben, und schließlich der Anspruch der Theoretiker, mit
Allgemeinheiten umzugehen, wobei sie sich zu viel vornehmen
und nichts richtig durchführen.
   Die Geschichte des Denkens enthüllt keinerlei transzendentales Moment,[124] so wie auch die politische und soziale Geschichte
keinen immanenten Sinn der Geschichte zum Vorschein bringt.

Es ist durchaus legitim,[125] sich zum Spaß einen Foucault vorzu-
stellen, der aus unerfindlichen Gründen Metaphysiker gewesen
wäre. Er hätte als Substanz nicht die notwendige Gott-Natur
Spinozas gewählt, sondern vielmehr das Chaos, dieses »Chaos
der Genauigkeit«, von dem bei René Char die Rede ist. Das
Chaos hätte nur *res singulares*, nicht aber Universalien erzeugt.
Infolgedessen verweigert Foucault dem menschlichen Geist die
Fähigkeit zu allgemeinen Wahrheiten, die ja nur hohl sein können.

Und wenn Foucault Ontologe gewesen wäre, würde sich für
ihn das Sein auf die Aufeinanderfolge diskursiver Praktiken des
Wissens, der Dispositive der Macht und der Formen der Subjektwerdung reduzieren, »alle diskontinuierlichen Prozeduren,
deren Grund nur die Indetermination sein kann«, wie François
Wahl schreibt.[126] Die Leser, die die Abwesenheit eines transzendenten Wesens bedauern, brauchen sich keine Sorgen zu machen: Der Glaube ist ein Faktum oder eine Gnade, die beide keiner Beweise bedürfen, während der Ungläubige, falls er ein
Skeptiker ist, weder für noch gegen Gott Argumente ins Feld
führen kann. Montaigne folgerte daraus im Interesse des öffentlichen Friedens, dass man nur ruhig weiter zu glauben brauche
wie zuvor.

Doch kehren wir zurück auf die Erde. In der physischen Natur, die von den exakten Wissenschaften erforscht wird, stellen
die Gegenstände des wissenschaftlichen Diskurses, wie jedermann weiß, Regularitäten dar. Hingegen gibt es und kann es bei
den menschlichen Dingen nur Singularitäten eines Augenblicks
(die Lüste, dann das Fleisch usw.) geben, da das Werden der
Menschheit ohne Grundlage ist, ohne Berufung und Dialektik,
die es ordnen könnten. In jeder Epoche herrscht nur ein Chaos
von willkürlichen Singularitäten, die aus der vorausgegangenen
chaotischen Verkettung hervorgegangen sind. Der letzte Satz
bringt wahrscheinlich das Prinzip zum Ausdruck, von dem sich
die Lehre Foucaults herleitet. Ebendeswegen konnte Foucault

auf eine Frage seines Interviewpartners antworten, dass es für ihn im menschlichen Bereich keine universelle Wahrheit, sondern nur einzelne Wahrheiten gebe. Foucault hat sich allerdings niemals auf dieses Prinzip berufen, denn in seinen Augen kam es nicht auf diesen Gemeinplatz an, sondern auf die Fakten, die sich davon ableiten ließen. Er wollte klarstellen, dass seine Forschung von diesen Fakten ausgeht, nicht aber von einem philosophischen Prinzip, und dass er keine Lust hatte, eine philosophische Diskussion zu führen, da er nicht an die Philosophie glaubte.

Hingegen hielt er die empirischen Singularitäten für durchaus glaubwürdig. Sie sind die Chance des Historikers, des Journalisten oder des Meinungsforschers: Ihre Art der Fragestellung bezieht sich exakt auf den singulären Ablauf eines Ereignisses. Der Diskurs, mit dem diese Forscher die Fakten überziehen, um sie zu erfassen, und der sie neu gestaltet, liefert dann eine modifizierte Antwort auf die von ihnen gestellte Frage: Was ist die Wahrheit dieses singulären Faktums? Wie war seine Realität? (Eigentlich setzt ihre Frage auch voraus, dass das Faktum nicht übernatürlich ist und dass es in unserem Raum und in unserer Zeit angesiedelt ist, nicht aber auf dem Olymp, Himmel und Berggipfel zugleich, noch in der Raumzeitlichkeit des Mythos.)

Vor allem aber: Wo und wann hat sich das Faktum ereignet? Wie Bernard Williams gezeigt hat,[127] beginnt unsere Geschichtswissenschaft mit Thukydides, der jedem Ereignis einen Ort und ein Datum zuweist, *illic et tunc.* Dabei wird die historische Vergangenheit mit der Gegenwart[128] homogen und ist nicht mehr die mythische oder die Zeit, in der die Tiere sprechen konnten. Danach werden sich die Historiker vielleicht allgemeinere und schwierigere Fragen stellen, Fragen nach der Rolle des Klassenkampfes, der Ökonomie als treibender Kraft, dem Konflikt der Kulturen, doch das steht auf einem anderen Blatt. Gewiss, diese Fragen nach einer historischen »Synthese« können den Sinn, den der Historiker einem Ereignis zuschreibt, verändern, dürfen jedoch niemals die Realität des Faktums anzutasten versuchen.

Mehr noch: Wenn man die Frage nach dem *illic et tunc* stellt, macht man sich selbst eher zum Historiker als zum Theoretiker, zum naiven oder militanten Gläubigen, der sich Illusionen macht. Dabei gibt es eine »wechselseitige Konstitution von Subjekt und Objekt«.[129] Denn wenn ein wissendes Subjekt der Vergangenheit die richtige Frage stellt, konstituiert sich das Subjekt dadurch als Historiker oder als investigativer Journalist. Der prüfende Diskurs, der Gegenstand, den er mit Sand bedeckt und dem er seine spezielle Prägung gibt, sowie das wissende Subjekt ergeben sich alle drei aus derselben Fragestellung. Jeder wählt frei (auf dieses Adverb, das die Soziologen beunruhigen könnte, werden wir noch zurückkommen) seinen Weg, seine Subjektwerdung.

Dies wird uns an geeigneter Stelle ein weiteres Mal beschäftigen, doch befassen wir uns zunächst noch einmal mit dem unausgesprochenen Prinzip Foucaults. Während die empirischen Singularitäten kein Problem darstellen, kann indes aufgrund desselben Prinzips eine allgemeine Idee, die über alles hinwegfliegt und vorgibt, mehrere singuläre Realitäten unter sich zu subsumieren, nur oberflächlich und trügerisch sein. Falls man in den menschlichen Dingen nach Allgemeinheiten sucht, nach Konzepten, nach einer Essenz, die einer jener »verschachtelten Pluralitäten von Objekten« eigen wäre,[130] landet man nur bei falschen und verschwommenen (weitgehend extensional und kaum intensional bestimmten) Ideen, die zu weit gefasst, oft erhaben, manchmal bombastisch oder auch erbaulich sind. Wir werden trotzdem sehen, wie Foucault sich, ohne in Widersprüche zu geraten, für Überzeugungen einsetzen oder – besser gesagt – wie er Dinge, die ihn ärgerten, bekämpfen konnte.

IV
Die Archäologie

Die Ursprünge sind selten schön, da die Vorstellungen nicht auf ein Subjekt als Basis des Wahren oder auf eine erste Komplizenschaft mit der frischen Realität der Welt zurückgehen, sondern zufälligen Ereignissen zu verdanken sind: So erklärt sich das »Singularitätsprinzip in der Geschichte des Denkens«.[131] Die Macht, der Klassenkampf, der Monotheismus, das Gute, der Liberalismus, der Sozialismus, all die großen Ideen, an die wir glauben oder geglaubt haben, sind Produkte unserer Vergangenheit. Sie existieren, sie sind real in dem Sinne, dass sich manche von ihnen bei uns durchgesetzt haben, insofern als sie geglaubt oder befolgt werden müssen. Sie sind dennoch nicht in der Wahrheit begründet. Unser Autor schließt sich hier dem spontanen Nominalismus der Historiker[132] an oder auch dem eines Max Weber.

Machen wir, was den Begriff angeht, reinen Tisch. Foucault denkt an das Wort Nietzsches, »alle Begriffe sind geworden«; er nimmt sich also vor, »soweit es eben geht, die anthropologischen Universalien [...] zu umgehen, um sie in ihrer geschichtlichen Konstitution zu befragen«,[133] in den Archiven der Menschheit zu graben, um dort die komplizierten und bescheidenen Ursprünge unserer erhabenen Überzeugungen zu finden. Unter dem von Nietzsche übernommenen Begriff »Genealogie« haben Foucaults Bücher dies getan, wobei die *Naissance de la prison* des einen auf die *Genealogie der Moral* des anderen antwortet.

Wenn die Begriffe geworden sind, dann gilt dies auch für die Realitäten; sie entstammen demselben menschlichen Chaos. Daher gehen sie nicht auf einen bestimmten Ursprung zurück, sondern haben sich durch Epigenese gebildet, durch Additionen und Modifikationen und nicht gemäß einer Präformation. Sie besitzen kein natürliches Wachstum wie die Pflanzen, entwickeln nicht das, was in einem Keim präexistent war, sondern haben sich im Laufe der Zeit durch unvorhersehbare Abstufungen, Gabelungen, Akzidenzen und Begegnungen mit anderen Zufallsreihen konstituiert und sind zu einem ebenso unvorhergesehenen Ergebnis gekommen.[134] Die historische Kausalität ist ohne ersten Beweger[135] (die Ökonomie ist, anders als im Marxismus, nicht der letzte Grund, der den gesamten Rest beherrscht; genauso wenig wie die Gesellschaft). Alles wirkt auf alles, alles wirkt auf alles zurück.

Konsequenz dieser Diskontinuitäten: Die Fragen, die wir an die Realität stellen, variieren von einer Epoche zur anderen ebenso wie die auf sie gegebenen Antworten. Auf die unterschiedlichen Fragen antworten unterschiedliche Diskurse. Die Realität, die wir wahrnehmen, ist jedes Mal eine andere. Der Erkenntnisgegenstand bleibt im Verlauf der aufeinander folgenden Diskurse nicht derselbe.[136] Um R. Rorty zu zitieren: War Aristoteles im Irrtum, als er in der Natur zwei Arten der Bewegung unterschied, eine natürliche (wie z. B. die der Sterne) und eine gewaltsame (wie der Wurf eines Speeres)? »Hat Newton die richtige Antwort auf die Fragen gegeben, auf die Aristoteles falsch geantwortet hatte? Oder aber stellten sich beide unterschiedliche Fragen?«[137] Es ist ebenso töricht und wenig philosophisch, über die Illusionen der Verliebten zu lächeln, weil das geliebte Objekt in den Augen der Liebe nicht dasselbe ist wie in den Augen der Gleichgültigen.

Infolgedessen ist der »Modus ihrer Objektivierung [...] nicht derselbe, je nach Art des Wissens, um das es geht«.[138] Bin ich im Unrecht, wenn ich hier auf Wittgenstein verweise? Foucault und er haben gemeinsam, dass sie nur an Singularitäten glauben, die Wahrheit als *adaequatio mentis et rei* ablehnen und davon überzeugt sind, dass etwas in uns (der »Diskurs« oder, nach Wittgenstein, die Sprache) an unserer Stelle weiter denkt als wir selbst. Für Wittgenstein behauptet sich das Leben mithilfe von Sprachspielen, in denen es gefangen ist. Wir denken durch die Wörter, die Verhaltenskodizes (soziale und politische Beziehungen, Magie, Einstellung zu den Künsten usw.).[139] Jedes Sprachspiel hat seine eigene »Wahrheit«, d. h., es ist abhängig von einer Norm, die die Unterscheidung erlaubt, was man über sie sagen darf oder nicht. Jede Zeit lebt auf der Basis der für sie gültigen Vorstellungen (man könnte auch sagen auf der Basis der für sie gültigen Sätze) und die unsere bildet da keine Ausnahme.[140]

Ein und dieselbe Sache kann durch mehrere Sprachspiele ins Visier genommen werden, wobei sie sich jeweils unterschiedlich präsentiert. Es gibt mehrere mögliche Arten der Objektivierung. Der Baum, von dem in einem griechischen Mythos die Rede ist – Apollon verwandelt Daphne in einen Lorbeerbaum –, ist nicht derselbe wie der Lorbeer eines Botanikers und auch nicht derselbe wie der, von dem die griechischen Gärtner sprachen und den sie anpflanzten. Der Erzähler des Daphne-Mythos war sich nicht einmal bewusst, dass sich seine Sprache von der eines Bauern unterschied und dass der Lorbeer des Mythos nicht so war wie die anderen.[141] 1984, in seinem Todesjahr, definierte Foucault, um sich von Wittgenstein abzuheben, sein Werk als eine Studie über das, was er nicht Sprachspiele, sondern Wahrheitsspiele nannte.[142] Dennoch sind für ihn ebenso wenig wie für Wittgenstein der Lorbeerbaum, d. h. das Objekt der Erkenntnis, und das Subjekt, hier also der Mythologe oder Bauer, nicht identisch, »je nachdem, ob die Erkenntnis, um die es geht, die Gestalt der Exegese eines heiligen Textes [oder] einer naturgeschichtlichen Beobachtung [...] hat«.[143]

Trotz unseres Wunsches, »objektiv« zu sein, bringt jede Veränderung des Wissens, und mag sie noch so sehr auf das Richtige abzielen, eine Veränderung des Gegenstandes mit sich und bedingt einen neuen Diskurs ebendieses Gegenstandes.[144] Wie der Leser sich erinnert, hat Laennec einen anderen menschlichen Körper *gesehen* als seine Vorgänger, die in ihm nur unverständliche Zeichen wahrnahmen. Als man eine vergleichende Grammatik der indoeuropäischen oder romanischen Sprachen aufstellte, reichte es nicht aus festzustellen, dass das griechische *mêter*, das lateinische *mater*, das deutsche *Mutter* und das indoiranische *matar* starke Ähnlichkeiten aufwiesen. Man musste auch der materiellen Beschaffenheit der Wörter, ihren Vokalen und Konsonanten, Bedeutung zumessen. Man musste zugeben, dass die Wörter sich nicht auf ihren Sinn reduzierten, auf ihre spiegelbildliche Funktion: Ihr klanglicher Charakter war mehr als ein schlichtes Detail, mehr als ein Grobkorn in der verbalen Photographie der Dinge.

Von da an war es die Aufgabe der Wissenschaft, herauszufinden, aufgrund welcher Gesetzmäßigkeiten sich die Laute eines bestimmten Sanskritwortes in die eines griechischen Wortes, gegebenenfalls mit einer anderen Bedeutung, verwandelt hatten, oder genau nachzuverfolgen, welche Stadien das lateinische *aqua* durchlaufen musste, um zum französischen *eau* zu werden. Darüber hinaus hatte man gleichzeitig entdeckt, dass inmitten des allgemeinen Chaos ein bestimmter Aspekt der Wörter – ihre Phoneme – Konstanten aufwies, sodass sich die Möglichkeit bot, Gesetze zu formulieren. Tatsächlich haben die »diskursiven und diskontinuierlichen Serien innerhalb gewisser Grenzen jeweils ihre Regelhaftigkeit«.[145] Die Physik hatte mit Galilei und Newton eine analoge Entdeckung gemacht.

So erwiesen sich die im *Kratylos* mit einer herrlichen Sorglosigkeit vorgetragenen Etymologien als infantile Phantastereien.[146] Die Geburt der vergleichenden Grammatik beruhte nicht nur auf einer besseren Kenntnis ihres Gegenstandes, sondern implizierte auch, dass man im Prinzip nicht mehr von derselben Sache sprach, weil sich »der Teil ihrer selbst, der als relevant betrachtet wird«,[147] verändert hatte. Da derselbe objektive Kern jedes Mal partiell und unterschiedlich, niemals jedoch vollständig oder in seiner Nacktheit wahrgenommen wird, ist die Erkenntnis durch ihre *Rarität* im lateinischen Sinn des Wortes charakterisiert: Sie ist lückenhaft, dürftig, sie sieht niemals alles, was sie sehen könnte. »Meine Fragestellung«, schreibt Foucault, »könnte man nun folgendermaßen formulieren: Wie kommt es, dass zu einer bestimmten Zeit bestimmte Dinge gesagt werden können, andere Dinge hingegen niemals gesagt wurden?«[148] Was in einer bestimmten Epoche und in einem bestimmten Bereich gedacht, gesehen und gesagt werden konnte, ist *rar*, eine formlose Insel inmitten einer unendlichen Leere.

Der Mensch hat keinen Zugang zur ganzen Wahrheit, die überdies nirgends existiert. Wir sind nicht in der Lage, das Wort eines immensen definitiven und totalen Diskurses zu rezipieren, der sich Gehör verschaffen möchte[149] und der in der uns umgebenden Leere auf seinen Augenblick wartet; so wie der Diskurs der Ausgeschlossenen nach einer zu barmherzigen These von Michel de Certeau im Mai 1968. Die uns umgebende Leere ist nicht ausgefüllt mit dem, was wir verstoßen haben.[150] Man würde dort kein verjagtes natürliches Phänomen finden, das im Galopp zurückkehren wollte. Es gibt keine hegelianischen Geburtswehen des Verleugneten, des Negativen, die allmählich zur totalen Wahrheit und zum Ende der Geschichte führen würden. Mit anderen Worten: Es gibt keine Dialektik, keinen fortwährenden kriegerischen Dialog zwischen den akzeptierten und den ausgeschlossenen Ideen, keine Rückkehr des Verdrängten.[151] Angesichts der unermesslichen Weite des möglichen Denkens erscheint unser kleines Denken auf einen schmalen Bereich beschränkt und äußerst beliebig, es weist überraschende Lücken auf, es füllt nicht harmonisch eine ideale Rundung, und sehr viele andere unterschiedliche Denkweisen wären ebenso vorstellbar wie unser Denken, dessen Notwendigkeit sich ebenso wenig aufdrängt wie die ihre.

V
Universalismus, Universalien, Epigenese: die Anfänge des Christentums zum Beispiel

Kurz gesagt: Die Wahrheit wird niemals vom Himmel fallen. Im Übrigen erinnern wir uns, dass wir uns vor den anthropologischen Universalien in Acht nehmen müssen, den großen Wörtern wie »Individualismus« oder sogar »Universalismus«. Dazu fällt mir ein Beispiel ein: die Anfänge des Christentums, bei denen ich mich wohl ein wenig aufhalten darf, da wir im Laufe des Textes noch auf andere methodische Probleme stoßen werden. Man weiß, dass diese Religion, die aus dem Judentum, der exklusiven Religion des einzig erwählten Volkes, hervorgegangen ist, zu universaler Geltung kam, indem sie sich für die riesigen heidnischen Massen, die sie umgaben, öffnete. Es besteht Einigkeit darüber, darin eine der großen Etappen der Universalgeschichte zu sehen, ein allgemeines Fortschreiten des Geistes.

Die Öffnung zum Universalen, aber in welchem Sinne? Das Wort kann so vieles bedeuten … Im vorliegenden Fall ist gemeint, dass die christliche Religion die einzig wahre ist und allen Menschen zu ihrem Heil gepredigt werden muss, da alle mit einer unsterblichen Seele ausgestattet sind. Aus diesem Grund ließen vor dem Jahr 1865 die Sklavenhalter in den Vereinigten Staaten ihre schwarzen afrikanischen Neuankömmlinge taufen: Ihr beschränkter Universalismus der Seele war nicht der der Menschenrechte. Sie hatten auch nicht die Vorstellung, dass es nur eine menschliche Spezies gebe und dass die Neger Menschen seien wie sie und über ihren Körper frei bestimmen könnten; dass sie über geistige Fähigkeiten verfügten, die denen der Weißen praktisch gleichkamen und dass sie sich nur im Hinblick auf den kulturellen und sozialen Habitus unterschieden.

Wie dem auch sei, könnte man nicht wenigstens die Hoffnung haben, dass – aufgrund einer religiösen Offenheit – mit Christus eine große Idee in diese Welt Eingang gefunden hat? Nein, es war kein Eindringen des Geistes, ein *Ereignis*,[152] an das Heidegger (der kein überzeugter Protestant war) nicht gedacht hat. Es war eine menschliche Reaktion, die von unten kam und unserer ganz alltäglichen Conditio humana immanent ist. Die ersten Christen wurden zu Universalisten im engen Wortsinn und ohne es bewusst gewollt zu haben.

Woher kommt dann der christliche Bekehrungseifer? Wie kommt es, dass die Frohe Botschaft der ganzen Welt verkündigt wurde? Jesus von Nazareth war ja lediglich ein jüdischer Prophet, und wir wissen nicht, was er vom Christentum, das sich erst nach seinem Tod herausbildete, gehalten hätte. Der Prophet Jesus war nicht sein eigener Held (er sprach im Namen seines himmlischen Vaters). Doch fasziniert von seinem Charisma, begründeten seine Jünger und Prediger in der Zeit zwischen 40 und 100 eine Religion, die ihn zum Helden machte.

Jeder leistete dazu seinen Beitrag. Das Christentum war ihre kollektive Schöpfung. Der Beweis dafür: Jeder Jünger pries Christus auf seine Weise. War Jesus der Messias? Der Erstgeborene aller Kreatur? Unerschaffen? War er seit jeher göttlich oder wurde er erst durch seine Auferstehung zu Gottes Sohn? (Der heilige Paulus vertrat beide Auffassungen.) Im vierten Evangelium war Jesus die Inkarnation einer personifizierten und vergöttlichten Abstraktion, das ewige Wort Gottes, ein göttliches Wesen und folglich »ein« Gott an der Seite Gottes in eigener Person. Noch um das Jahr 140 war Jesus für die zahlreichen Leser des Hermas der Heilige Geist in einem menschlichen Körper.

In einem Punkt war man sich einig: Christus, der sich seinen Aposteln gegenüber als der Prophet des Endes der Zeiten ausgab, hatte von seinem Vater eine kosmische Aufgabe zugewiesen bekommen, er würde bald in den Wolken zurückkehren, um die Lebenden und die Toten zu richten. In ihrem Kummer dehnten die Apostel ihre ungleiche, aber gegenseitige leidenschaftliche Liebesbeziehung, die sie mit diesem kosmischen Wesen verbunden hatte, bis zu den Sternen aus. Man dachte außerdem, dass er am Kreuz »sein Leben« hingegeben habe »als Lösegeld für viele«;[153] sein elendes Ende bekam dadurch einen Sinn.

Das Christentum wird so zu einer Religion, die keiner anderen ähnelt und in keine Typologie hineinpasst. Es ist wenig erhellend, sie unter die »Heilsreligionen« zu subsumieren. Wie die literarische Kreativität, so ist auch die religiöse Erfindungsgabe zu Schöpfungen imstande, die in ihrer Art einzigartig sind.

Der Geniestreich war jene Erfindung eines Gott-Menschen, eines Menschen wie du und ich, real, datierbar, ein Guru, ein Arzt, der zugleich auch die wahre Gottheit und keine mythologische Gestalt darstellte. Das Christentum wird in der Folge zu einem bewegenden metaphysischen Liebesroman, in dem sich die Gottheit und die Menschheit füreinander begeistern, wobei der springende Punkt im freiwilligen Opfer eines himmlischen Wesens besteht, das sich hingibt, um diejenigen zu erlösen, die an ihn geglaubt haben (später wird von der Erlösung aller Menschen die Rede sein). Dieses Wesen wird ständig weiter erhöht. Zum Schluss ist Jesus genauso ein Gott wie Gott selbst, ohne dieser Gott in Person zu sein: Im Laufe der Jahre 150–250 wird man die Trinität, die Dreifaltigkeit Gottes, »aufzählen«; hier wird Christus seinen Platz finden.

Durch einen weiteren Geniestreich nun hatte Jesus von Nazareth selbst, obwohl er sich nur an die Juden wendete, diesen nicht die Einhaltung des Sabbats und die anderen Vorschriften ihrer Gesetze gepredigt, sondern eine Ethik der Innerlichkeit, eine Moral der Denkweise (man begeht bereits Ehebruch, wenn man die Frau seines Nächsten heimlich begehrt); eine solche Ethik konnte zu der eines jeden Menschen werden. Im Gegensatz zum Kastengeist der Priester und Schriftgelehrten, die sich auf die Einhaltung des jüdischen Gesetzes beriefen, hatte diese Moral ihre Wurzeln im einfachen Volk.

Diese Moral scheint für alle Menschen bestimmt zu sein. Doch das lag nicht in der Absicht Jesu, der sich mit seiner Lehre

nur an die Angehörigen seines Volkes richtete. Seine erhabene
Sprache wirkt auf uns universalistisch, weil er sich damit über
den jüdischen Legalismus stellte.[154] Aber wenn sich Jesus einer
weniger erhabenen Sprache bediente, wurde er wieder zu dem
jüdischen Propheten, der er war. »Ich bin nur zu den verlorenen
Schafen des Hauses Israel gesandt«, sagte er, und: »Es ist nicht
recht, das Brot den Kindern [Israels, Ergänzung P. V.] wegzu-
nehmen und den Hunden vorzuwerfen«,[155] den Heiden.

Dennoch war es seine – äußerst populäre und völlig neue –
hehre Botschaft, nämlich die der synoptischen Evangelien, die
die Jünger nach seinem Tod ihren jüdischen Landsleuten verkündeten. Eine solche Botschaft konnte auch durch eine »Erhö-
hung der Temperatur der Seele ... das elendste Leben reich und
unschätzbar« machen.[156] Diese Prediger waren leidenschaftliche
Anhänger ihres Herrn und seiner Botschaft, die, wie sie dunkel
ahnten, teilweise ihr eigenes Werk war. Manche von ihnen waren zufrieden, im Besitz des wahren Glaubens zu sein und ihn
einer kleinen Gruppe Getreuer zu vermitteln, während andere,
die ehrgeiziger waren, diesen Glauben gern in großem Stil »ver-
kaufen« wollten. Es war verführerisch, überall den Gott bekannt zu machen, der von Israel das Privileg ererbt hatte, der
einzig Wahre zu sein, und dessen Lehre, wiewohl nur für die
Beschnittenen bestimmt, ausreichend spirituell war, um von allen Menschen akzeptiert zu werden.

Würde man irgendwelchen Heiden, die sich von dieser über-
legenen Religion angezogen fühlten und die Taufe verlangten,
diese verweigern? Der heilige Petrus war der Erste, der dieser
Versuchung nachgab: Er taufte einen Unbeschnittenen, den
Hauptmann Cornelius. Das war ein Verstoß gegen die Prinzipien: Der fromme Eifer nimmt es, wenn er ehrgeizig und impul-
siv ist, nicht immer so genau. Er kann auch herablassend sein:
Der Gott der christlichen Juden, der mehr wert war als alle
sonstigen Götter, wurde einem Heiden wie eine Lektion[157] oder
ein Almosen[158] verabreicht.

Sollte man den Bekehrungseifer als eine natürliche Neigung und eine anthropologische Universalie betrachten? Nein, es handelt sich um eine Frage des Temperaments und der Umstände. In der Seele eines jeden Jüngers vollzog sich ein unbewusster Kampf zwischen dem Ehrgeiz, der Trägheit und der Bindung an das Gesetz seines Volkes. Mal behielt das eine, mal das andere Motiv die Oberhand. Denn das tiefste Innere des Gewissens und seiner erhabenen Beweggründe wird durch Triebe bestimmt.

Nicht alle sind Proselyten. Bei den Heiden streben manche Überzeugte, ob Philosophen oder Priester fremder Götter, nicht nach dem Monopol für ihr Warenangebot und begnügen sich in aller Ruhe damit, »auf Kundschaft zu warten«. Es kommt nicht weniger häufig vor, dass man keinen Laden führt und die Lehre, zu der man den Schlüssel besitzt, als das Privileg einer Elite betrachtet. Nun aber konnten die Philosophen, von Ausnahmen abgesehen, fast nur der gesellschaftlichen Schicht der gebildeten Notablen entstammen. Manchmal fühlen sich bestimmte Leute aufgewertet, wenn sie der Elite von handverlesenen Weisen angehören und nicht zu den »Unvernünftigen« und »Mittelmäßigen« gerechnet werden (bei den griechischen Denkern wurden diese als *phauloi* bezeichnet). Andere dagegen, die aus einfachen Verhältnissen kommen oder auch Mitglieder einer organisierten und autoritären Kirche sind, haben dieses Gefühl nur dann, wenn sie ihren Mitmenschen überzeugt oder – zu seinem Besten – gezwungen haben, wie sie selbst zu denken und wenn sie überall ihr eigenes Bild wiederfinden.

Dass der Universalismus in das Christentum Eingang fand, ist nicht einem Eindringen der Vernunft oder des Geistes zu verdanken. Dafür verantwortlich war vielmehr ein Ausrutscher der ehrgeizigen und nicht elitären Naturen, ein Abdriften, das *de facto* zur Gewohnheit wurde. Der Fall des heiligen Paulus ist anders gelagert: Als selbsternannter Apostel – er hatte Jesus weder gehört noch persönlich gekannt – hatte dieser Agitator den

Mut, die Überwindung des Judentums *de jure* zur Doktrin zu erheben.[159] Aber Paulus war nur ein Missionar unter sehr vielen anderen, die in einigen östlichen Provinzen, die er selbst niemals betreten hat, Bekehrungen durchführten.

An der Taufe des Cornelius durch Petrus hatten viele Anstoß genommen, aber manche Jünger entdeckten etwas, woran sie vorher nicht gedacht hatten: Dieser gelungene Regelverstoß konnte ihnen den riesigen »Markt« des heidnischen Reiches eröffnen, während sie von ihren eigenen Landsleuten umgebracht und aus der jüdischen Gemeinschaft ausgestoßen wurden.[160] Jesus selbst hatte vorgeschrieben, zum nächsten himmlischen Mahl möglichst viele Gäste zu laden.[161] Gewisse Jünger sahen hierin eine Aufforderung, sich aus der Isolation zu befreien, in die sich das Judentum bei den Heiden begeben hatte. Statt sich, wie von Jesus aufgetragen, auf Israel zu beschränken, galt ihr Bekehrungseifer nun dem riesigen »Markt« der Heiden, der Nichtjuden, und ließ diese in organisierte, streng geführte und hierarchisch aufgebaute Kirchen eintreten. Was sich dank ihrer etabliert hatte, war nicht ein reines Ideal, sondern ein konkretes Projekt mit seinen eigennützigen Motiven und seinem Dispositiv. Ein, wenn man so will, überaus sublimes Projekt, aber präzise und eng in seinem Diskurs.

Innerhalb von drei Jahrzehnten führte die Aufnahme von Nichtjuden in das christianisierte Judentum zu einer Trennung zwischen den ethnischen Gruppen der beschnittenen Judenchristen und dieser neuen Religion, die sich an alle richtete. Die platonische Metaphysik wird ebenso wie verschiedene Formen des heidnischen oder neuen Aberglaubens (z. B. Exvotos, Gebete für den Regen bzw. Reliquien) ihren Beitrag leisten zur Bildung der christlichen Lehre und ihrer frommen Praktiken. Die Anfänge sind selten schön. Die Realitäten und Wahrheiten bilden sich nach und nach heraus, durch Epigenese, und sie sind nicht in einem Keim vorgebildet. Von den christlichen *Wurzeln* Europas zu sprechen ist kein Irrtum, sondern Nonsens: In der

Geschichte gibt es keine Präformationen. Europa besitzt aller-
höchstens ein christliches *Erbe* und wohnt in einem alten Haus,
dessen Wände alte religiöse Bilder schmücken.

Reden wir also nicht mehr von Wurzeln, sondern vielmehr
von einem Erbe. Das heutige Abendland verfügt über ein großes
und wertvolles Erbe im Hinblick auf die Architektur, Kunst, Literatur, Musik und sogar die Phraseologie, die weitgehend
christlich ist, während seine Moral und seine Werte nicht mehr
christlich geprägt sind. Falls es jemals christliche Wurzeln gegeben hat, sind sie seit langem abgeschnitten. Askese? Wir denken
nicht mehr an sie. Nächstenliebe? Die christlichen Sklaven der
Vergangenheit hatten die Pflicht, ihren Herrn zu lieben und ihm
zu gehorchen, und der christliche Herr liebte seine Sklaven, das
war alles. Noch im Jahre 1870 stand die Moderne dem Katholi-
zismus fremd oder feindselig gegenüber. In unserer Zeit praktiziert die Minderheit der Gläubigen dieselbe Moral wie die ungläubige Mehrheit (nicht alle christlichen Familien haben sechs
Kinder). Manchmal liegen die aktuellen Werte (sexuelle Freiheit,
Gleichberechtigung der Geschlechter) dem Christentum fern,
bisweilen wurden sie ihm per Gesetz auferlegt (Gewissensfrei-
heit), und das Christentum hat sich dem angepasst (Trennung
von Kirche und Staat, Demokratie), ein anderes Mal hat es moderne Werte übernommen (Abbau der sozialen Ungleichheiten):
Seit der Enzyklika von 1891 über die Lage der Arbeiter hat das
Christentum moderne Wurzeln ... Und die 2000-jährige Geschichte der Dogmen, der Frömmigkeit und der Bibelexegese
zeigt, dass das Christentum nicht aufgehört hat, sich durch Epigenese neu zu gestalten und anzupassen.

VI
Trotz Heidegger: Der Mensch ist ein intelligentes Wesen

Mir dreht sich der Kopf, wir müssen einen Moment innehalten.
Wo stehen wir denn nun? Gibt es unter unseren Füßen etwas
Echtes und Solides, auf das wir uns verlassen können? Im Ge-
birge ist man glücklich, wenn man merkt, dass die Steigeisen in
den vereisten Abhängen, auf denen die Schneeschicht ins Rutschen gerät, Halt finden. Aber ja doch, bei einem Montaigne
oder einem Hume herrscht eine solide Kälte (die Unsicherheiten
des jungen Veyne und seiner Griechen, die an ihre Mythen
glaubten, können Sie *ad acta* legen[162]): Die Metaphysik ist für
die menschliche Intelligenz nicht zugänglich, die allgemeinen
Ideen sind hohl, also falsch. Hingegen haben wir Zugang zum
empirischen Wissen über singuläre Dinge. Denn in unseren Augen gibt es und kann es lediglich Singularitäten geben, die indes
teilweise wiederholbar sind; so erklären sich unter anderem die
exakten Wissenschaften, aber auch die Praktiken und Kenntnisse unseres täglichen Lebens und unseres gegenseitigen Verständ-
nisses. So haben wir etwa erfahren, dass die Sonne jeden Tag
von Neuem aufgeht. Foucault und Hume: derselbe Kampf …[163]
  Jean-Marie Schaeffer hat es uns gesagt: Die Erkenntnis ist eine
Interaktion zwischen zwei raumzeitlichen Realitäten, zwischen
dem Individuum und seinem Milieu. Es handelt sich um einen
empirischen Prozess, nicht aber um einen himmlischen Spiegel.
Die Dinge an sich, unserer Diskurse entkleidet, die sie zuschnei-
den und nach ihrem Bilde gestalten, wären nur für eine über-
menschliche Intelligenz zugänglich. Um Alexandre Koryé zu
Wort kommen zu lassen: Der Mensch ist fähig, die Idee der
Wahrheit zu erfassen, wahrscheinlich aber unfähig, zur Wahrheit selbst zu gelangen.
  Der Mensch ist nicht der Hirte des Seins, von dem Heidegger
spricht, die Menschheit ist eine animalische Spezies unter anderen. Also sprach Nietzsche:

»In irgend einem abgelegenen Winkel des in zahllosen Sonnensystemen flimmernd ausgegossenen Weltalls gab es einmal ein Gestirn, auf dem kluge Thiere das Erkennen erfanden [...] es gab Ewigkeiten, in denen er [der menschliche Intellekt] nicht war; wenn es wieder mit ihm vorbei ist, wird sich nichts begeben haben. Denn es giebt für jenen Intellekt keine weitere Mission, die über das Menschenleben hinausführte.«[164]

Die Skeptiker haben immer an die Seele der Tiere geglaubt, und Foucault lobte mir gegenüber die Intelligenz des Katers, der die Wohnungen der rue de Vaugirard 285 abwechselnd besuchte: »Er versteht alles!« Nachdem sie mit Kopernikus nicht mehr den Mittelpunkt der Welt bildete und mit Darwin zu einer biologischen Spezies geworden war,[165] verliert die Menschheit mit Nietzsche jede Berufung und jede metempirische Rechtfertigung. Ihr philosophischer Erziehungsroman bleibt offen (doch seien wir unbesorgt: Sie wird nicht wegen einer solchen Lappalie aufhören, die Welt zu bevölkern. Der Geist geht niemals zugrunde, und die Geschichte der Menschen ist nicht von der Geschichte der Philosophie abhängig).

Nichts ist (wie mir Jean-Marie Schaeffer ebenfalls geschrieben hat) Foucault ferner als das »messianische Pathos Heideggers«, als seine Überzeugung von einer »schicksalhaften Geschichtlichkeit« des Menschen, des *Daseins.*[166] Geschichtlichkeit – denn wenn ich diesen schwierigen und zudem noch obskuren Denker (was nicht dasselbe ist) recht verstehe, ist Heidegger, ebenso sehr wie es ein Foucault sein kann, durchdrungen vom Gefühl des Werdens und der Diskontinuitäten, zumindest seit seiner berühmten »Kehre« des Denkens. Seine Bewunderer räumen lächelnd ein, dass seine Sprache bisweilen mystisch ist. Wie Dominique Janicaud noch hinzufügt, mündet seine Geschichtlichkeit in einer prophetischen Einstellung[167] und führt bei einer Elite zu dem einsamen Warten auf »den Gott, der kommt«.[168]

Bravo! Nachdem ich mir eine kugelsichere Weste übergezogen habe, erlaube ich mir die Vermutung, dass dieser originelle Denker einer Epoche, die jede Transzendenz aus den Augen verloren hat, ein ziemlich subtiles, mithin akzeptables Äquivalent geben wollte für das, was man früher als den Geist bezeichnete. Er legt einer skeptischen Epoche eine Wahrheit vor, die sich selbst enthüllt, ohne dass man weiter argumentieren müsste. Es bedarf keinerlei Dialektik, um ihrer habhaft zu werden, man erreicht sie durch einen »Sprung«.[169] Einer ungläubigen Zeit gibt er ein Absolutes zurück, das nicht das Sein der Metaphysik noch der Gott der Religionen ist; ein Absolutes, das »sich nur zeigt, indem es sich verbirgt« und sich, wenn es enthüllt ist, sofort wieder verhüllt und ausreichend gegenwärtig-abwesend ist, um glaubhaft zu bleiben. Einer Epoche, in der Geschichte und Wahrheit im Gegensatz zueinander stehen, stellt er ein Absolutes vor, dessen plötzliche und unvermutete Erscheinungen »Epoche« machen und in ihrer Diskontinuität »geschichtlich« sind.

Heideggers Philosophie ist eine unermessliche historische Landschaft, erleuchtet von Blitzen, die allesamt *Ereignisse*[170] sind.[171] Die Geschichte ist das Reich ein und desselben Ursprungs, der sich auf verschiedenartige Weise manifestiert.[172] Bei jedem dieser Blitze, die sich im Übrigen unserem Blick entziehen, präsentiert sich uns eine neue Epoche zusammen mit ihren menschlichen Gemeinschaften, ihren Werken, ihrer Kultur (die unsere ist technisch), ihren religiösen Glaubensüberzeugungen. Diese Ereignisse haben bei all ihrer Dispersion und Verschiedenheit allesamt einen gemeinsamen Ursprung, und dieser Ursprung ist ein Absolutes, das uns nicht die Wahrheit im eigentlichen Sinne aufdrängt, wohl aber ihre unwiderlegbare Präsenz, falls wir uns ihr zu öffnen wissen, anstatt uns in akademischen Spitzfindigkeiten über die Einzelheiten zu ergehen. Heidegger hat versucht, sich dem platonischen Einen zu entziehen und der Geschichte, ohne in Relativismus zu verfallen, ihren Platz zu ge-

ben, der unermesslich ist: Alle diese unsichtbaren Blitze der
Wahrheit haben denselben Ursprung. Reicht dies aus, um dem
Relativismus zu entkommen? Handelt es sich um einen philoso-
phischen Geniestreich oder um eine lediglich verbale Lösung?
Wir werden darauf noch zu sprechen kommen.

Der fundamentale Irrtum des Menschen besteht allzu oft darin, diese Präsenz in einer Art uneigentlicher Zerstreuung im Sinne Pascals zu vergessen. Der Mensch Heideggers ist vor allem
ein Wesen mit einem inneren Erleben: In diese Welt geworfen,
kennt er die Sorge, er ist »Sein-für-den-Tod«, er ist eigentlich
oder nicht, aber er hat keinen Körper, er kennt kein Verlangen,
kein Bedürfnis, keine Arbeit und keine politische Überlegung.
Dieser Mensch, oder zumindest sein *Dasein*,[173] reduziert sich auf
das, was im Menschen zu einer Art *homo religiosus* werden
kann oder was ihn dabei scheitern lässt. Wagen wir ruhig, das
Wort auszusprechen: Das *Dasein*[174] ist eine Seele. Diese Seele ist
dann eigentlich, wenn sie die wechselseitige und unmittelbare
Beziehung, die sie zum Sein hat, nicht vergisst, sie ist jedoch uneigentlich, wenn sie dies vergisst, um sich in der täglichen oder
wissenschaftsgläubigen Vielfältigkeit des Seienden zu zerstreu-
en. Diese raffinierte Gnosis ist eine Theologie ohne Gott,[175] eine
negative Theologie der Koinzidenz der Gegensätze und des Ab-
grunds ohne Boden, zugleich unfassbar und gegenwärtig in ihren *Ereignissen*,[176] die allesamt Theophanien sind.

Der Mensch ist keine Spezies wie jede andere. Es ist sein Spezifikum, dass die Wahrheit ihm zukommen kann, was für die
Tiere nicht gilt. Mit dieser Wahrheit ist nicht gemeint, dass zwei
und zwei vier ergeben, und sie entspricht auch nicht den anderen kleinen Wahrheiten, die wir im Kopf haben: Die Wahrheit
ist nicht im Menschen, sondern er ist in ihr. Sie kommt ihm zu,
sie enthüllt sich ihm, wenn er nur auf seine vorgebliche Objektivität verzichtet. Nur diese Verwurzelung (durch die sich dem
Menschen die Tatsache enthüllt, dass er von Natur aus in der
Wahrheit verwurzelt ist) macht aus dem Menschen einen Men-

schen, der diesen Namen verdient,[177] der weiß, dass das Sein und der Mensch *zu-einander-gehören*.[178] Eine vergleichbare Wahrheit besteht in dem Wissen, dass man in der Wahrheit ist. Dabei handelt es sich um kein Urteil. Im Gegenteil, nur dank der ursprünglichen Offenheit des Menschen für das Wahre können unsere unzähligen Urteile wahr oder falsch sein.[179] Dies lässt sich weder logisch noch faktisch beweisen, es ist, schreibt Heidegger, eine eigentlich philosophische Wahrheit: Sie resultiert aus einem *Akt*, demjenigen, mit dem man sich in ihr verwurzelt.[180]

Heidegger gehört nicht zu denen, für die der Horizont des Sichtbaren die Grenze dessen ist, von dem man sprechen darf. Er war einer jener Menschen, die das Gefühl für etwas Erhabenes haben, für etwas Ozeanisches und Blaues jenseits des Beweisbaren. Diese Ahnung erklärt, wieso Heidegger so glühende, manchmal aber auch so aggressive Anhänger hat. Viele Leute, wahrscheinlich die Mehrheit, kennen bis zu einem gewissen Grad diese Ahnung eines blauen Himmels jenseits des unseren. Niemand ist verpflichtet, ihnen Glauben zu schenken, doch es wäre töricht, sie zu verurteilen (man könnte sie vielmehr um diesen Reichtum beneiden). Angesichts des fortschreitenden Verfalls des Christentums wissen sie allerdings nicht mehr, wie sie ihre Sehnsucht nach dem blauen Himmel stillen können. Wenn sie versucht wären, dieser Sehnsucht in Form der Heideggerschen Philosophie Nahrung zu geben, sollten sie wissen, dass sie dafür einen hohen Preis zu zahlen hätten: Sie müssten sich mit einem Fatalismus abfinden, sie könnten im Seienden nicht mehr das Wahre vom Falschen unterscheiden (und auch nicht mehr die schöne Malerei würdigen), sie müssten an das Sein und an das Ereignis durch einen Glaubensakt glauben, wie ihn eher die Religionen als die Philosophien erfordern.

Der Intellekt spielt nämlich in der Beziehung zwischen dem *Dasein*[181] und dem Sein keine Rolle, Heidegger erwähnt nirgends irgendeine intellektuelle Intuition und spricht, wie mir

Emmanuel Faye schreibt, mehr als einmal von »unserer Glaubensüberzeugung«. Und wenn man nicht daran glaubt, ist man uneigentlich. Doch aus welchen Gründen könnten wir diesem sublimen metaphysischen Roman Glauben schenken? Es gibt keinen. Wie sich der Leser erinnert, müssen wir dafür einen Sprung machen. Und nachdem Heidegger die Herrschaft des Absoluten, des Ursprungs, der sich verbirgt und sich zeigt, behauptet hat, scheint der gesamte Rest, d. h. unsere plumpe menschliche Realität, für ihn nicht mehr zu existieren. Infolgedessen impliziert seine Lehre eine vereinfachte, amputierte Menschheit, die der Realität fremd gegenübersteht.

Dies scheint auch für seine berühmte Theorie von der Wahrheit als Entbergung zu gelten. Natürlich hat er nicht ganz unrecht: Phänomenologisch gesprochen, »sieht« man die Dinge sofort, »glaubt an sie« unmittelbar, ohne sie als wahr beurteilen zu müssen, ohne ein Urteil über das Pointillierte der Empfindung, wie Merleau-Ponty sich ausdrückt, zu fällen. Und es sind die Dinge selbst, die man »sieht«, die sich uns enthüllen: Wir ziehen nicht ein Photo, das sie abbildet, zu Rate. Dies erlaubt Heidegger, eher von Präsenz als von Evidenz zu sprechen. Die Präsenz ist jedoch nicht alles: Sie ist lediglich die Bedingung für die Möglichkeit der Wahrheit, ihr Ursprung. Wenn man nichts sähe, wäre keine Wahrheit möglich. Aber ist deshalb schon alles, was man »sieht«, auch wahr? Es reicht nicht aus, sich auf den Ursprung zu verlassen, denn, um Koyré zu zitieren,[182] der Ursprung der Wahrheit und die Essenz der Wahrheit sind nicht identisch. Indem er sich an den Ursprung hält, hat sich Heidegger, wenn ich richtig verstehe, der Möglichkeit beraubt, die Wahrheit vom Irrtum zu unterscheiden. Ist das, was ich in einem bestimmten Augenblick sehe, eine Wahrnehmung oder eine Halluzination? Präsenz oder nicht, jede Realität dieser irdischen Welt lässt sich einer kritischen Prüfung unterziehen, da die Wahrheit eine Essenz besitzt, die darin besteht, ihrem Gegenstand zu entsprechen. Vielleicht genügt »die Einfachheit des

Blicks und der Rezeption«, um alle Ideologien des 20. Jahrhunderts zu entlarven, wie Heidegger dreist behauptete,[183] doch abgesehen von dieser schönen Einfachheit wäre ihm eine etwas kritischere Einstellung gegenüber der Ideologie des Nationalsozialismus durchaus von Nutzen gewesen.

Dieselbe Vermischung von Ursprung und Essenz im Bereich der Kunst. Ja, die Sainte-Victoire-Bilder Cézannes sind Ikonen der Gottheit, die der aus Aix-en-Provence stammende Maler von ganzem Herzen verehrte, doch ohne diese im eigentlichen Sinne pikturale Qualität, die die Essenz der Malerei darstellt, wären die Gemälde keine Ikonen, sondern nichts als stümperhafte Machwerke. Dieselbe Vermischung in der Politik, die zu einer Art Fatalismus führt: Der schicksalhafte Ursprung (die weltgeschichtliche Mission Deutschlands oder das *Gestell*[184]) reicht aus, um eine Politik zu diktieren, der man sich anschließen muss, ohne dass die spezifische Essenz des Politischen in Erwägung gezogen wird. Aber nehmen wir z. B. einmal an, diese Essenz bedeute, die Menschen in Frieden miteinander leben zu lassen, was dann? Ich behaupte ja nicht, dass dies die einzig richtige Antwort ist, aber man muss eine Antwort geben und darf sich nicht auf einen angeblich schicksalhaften Ursprung berufen. Wenn das *Gestell*,[185] die Technik, durch das Geschick des *Ereignisses*[186] unser gegenwärtiges Schicksal ist, müssen wir dann resignieren und ganz fatalistisch abwarten, dass dies mit dem folgenden Geschick endet? Nein, denn wie Dominique Janicaud geschrieben hat (der im selben Atemzug aufgehört hat, an die Heideggersche Gnosis seiner Jugend zu glauben),[187] kommt das Paket nicht als Ganzes, sondern nach und nach im Laufe der gelebten Zeit, was den Menschen die Möglichkeit gibt, politisch zu reagieren. Allerdings haben die Menschen eine kritische Intelligenz, sie besitzen Vernunft oder zumindest ein gewisses Erkenntnisvermögen, und sie können, wenn sie es für richtig halten, versuchen, sich zu wehren.[188]

Im Unterschied zu Heidegger, von dem er (wie man gleich

sehen wird) ein paar Texte[189] gelesen hat, ist Foucault wenig
mystisch und mag auch nicht vom Menschen im Allgemeinen
sprechen. Dennoch hat er es einmal getan: »Das Leben«
schreibt er, »[hat] mit dem Menschen zu einem Wesen geführt
[...], das sich nie ganz an seinem Platz befindet, einem Lebewesen, das dazu verurteilt ist, zu ›irren‹ und das letztlich zum ›Irrtum‹ bestimmt ist,«[190] immer und immer wieder. *Zum Irrtum*
bestimmt insofern, als der Diskurs nur Empirisches und Phäno-
menales zu erkennen gibt und der Mensch dessen ungeachtet
allgemeinen oder metempirischen Ideen Glauben schenkt. Er ist
verurteilt zu *irren*, weil alles, was die Menschen, ihre Gesellschaften und Kulturen denken und tun, willkürlich ist und sich
von Epoche zu Epoche verändert, da nichts Transzendentes
oder gar Transzendentales das unvorhersehbare Werden der
Menschheit lenkt.

Foucaults Satz, den ich gerade zitiert habe, ist fast wörtlich
von Heidegger übernommen, hat jetzt aber einen ganz anderen
Sinn. In dem berühmten Buch *Vom Wesen der Wahrheit* spricht
der deutsche Denker von der menschlichen *Irre*,[191] um zu bedeuten, dass der Mensch (um es vereinfacht auszudrücken) fast
immer am Absoluten vorbeigeht und dass er den banalen Weg
der täglichen oder wissenschaftlichen Wahrheiten verfolgt;[192]
»jede Epoche der Weltgeschichte ist eine Epoche der Irre,«[193]
weil sie vergisst, dass das eigentliche Wesen des Menschen (das
berühmte *Dasein*[194]) darin bestehen müsste, sich dem Mysterium
des Ganzen zu öffnen. Gleichwohl passiert es uns manchmal,
dass wir, anstatt stets zerstreut in unserer Erkenntnis der Dinge
zu leben, über die *Tatsache als solche* nachsinnen, dass wir Erkenntnis besitzen, dieses einzigartige Privileg, das weder die
Pflanzen noch die Tiere ihr eigen nennen. Das macht den Menschen zu einem Lebewesen, das ihn von allen anderen unterscheidet. Wenn er dies bedenkt, wenn er dem *Dasein*[195] in sich
lauscht, wird er entdecken, dass jeder Umgang mit den Dingen –
mit den Ideen, mit den Wahrnehmungen – nur einem Wesen wie

ihm möglich ist, einem Wesen, das die Natur transzendiert und in direktem Kontakt steht mit dem Sein, mit dem Absoluten. Dies sollte der Grundgedanke einer jeden Philosophie sein.

Für einen Empiristen wie Foucault ist dieses Sein ein verbales Phantom, hervorgerufen, wie ich vermute, durch eine angebliche intellektuelle Intuition, die man sagen lässt, was man will. Die Tatsache, dass wir Dinge erkennen, ist nur eine Realität dieser irdischen Welt, und jede Wahrheit muss sich einer Kritik unterziehen. Wenn der Mensch sich unaufhörlich irrt, dann deswegen, weil er niemals zu der Wahrheit als solcher Zugang hat und weil sie, wenn er ihrer teilhaftig wird, immer vom Sand der Diskurse bedeckt ist, die von Epoche zu Epoche variieren.

Kehren wir also zu unserem Helden und seiner Vorstellung vom Menschen zurück. Aber was sagte er da eigentlich, als er von unserem ständigen Irren und unseren Irrtümern sprach? Was er formulierte, war eine allgemeine Idee und sogar die These einer philosophischen Anthropologie! Wo war denn sein Skeptizismus geblieben? Nun ja, dieser war an seine Grenze gestoßen: Der gerade zitierte Satz bringt eine tatsächliche Wahrheit zum Ausdruck, das endgültige Urteil über die Conditio humana. Es gibt eine letzte Wahrheit, und es ist genau diese, so enttäuschend sie auch sein mag. Wie wir oben gesehen haben, wird eine Bilanz, die verheerend ist, nicht deshalb als solche hinfällig, und der Zweifel bezweifelt nicht sich selbst. Es stimmt schon, alles ist relativ, aber die Aussage, dass alles relativ ist, ist selbst nicht relativ.

Unter diesem Satz, im Umkreis dieses Satzes können wir uns überall – vor uns, weit von uns entfernt, in der Zukunft nach uns – unzählige mögliche menschliche Variationen vorstellen, unzählige vergangene, künftige oder exotische »Wahrheiten«, Wahrheiten, die auf eine bestimmte Zeit und auf einen bestimmten Ort beschränkt sind. Keine dieser Wahrheiten wird »wahrer« sein als die unseren, doch was ich gerade geschrieben habe, ist wahr. Es kann sein, dass wir von den Menschen, die früher

existierten, von den Menschen, die andernorts oder morgen leben, nichts wissen, doch wir wissen zumindest, dass es Menschen sind wie wir, Gefangene eines Diskurses und eines Dispositivs, und zur Hälfte frei. Es sind unsere Brüder. Neugierig zu
sein auf den Mitmenschen, ihn nicht zu beurteilen – bedeutet
das nicht Humanismus? Wäre Ihnen zu Ihrer Erbauung mehr
Dogmatismus lieber?

Foucault hat also einen Satz niedergeschrieben, der eine allgemeine Anthropologie zum Ausdruck bringt. Diese Anthropologie ist empirisch, weil sie nicht der Reflexion irgendeines transzendentalen Subjekts, das die Schlüssel der Welt besitzt, entstammt, sondern weil Foucault sie formuliert hat, nachdem er
über die historischen Fakten nachgedacht hat. Und es handelt
sich auch um eine philosophische Anthropologie, weil dieser
Satz uns über uns selbst erhebt, uns dazu bringt, unsere Zeit
und unseren Ort, unsere kleinen Wahrheiten, mit einem Wort,
unser Fischglas, hinter uns zu lassen: Wir sehen unter uns die
Fische, die in ihrem Glas ihre Runden drehen, so als wären wir
das nicht selbst.

Fazit: Der Mensch ist kein gefallener Engel, der sich an den
Himmel erinnert, er ist auch kein Hirte des Seins wie bei Heidegger, sondern ein ruheloses und irrendes Lebewesen, von dem
man nichts mehr als seine Geschichte wissen kann. Der Mensch
hat nicht die Ressource einer Negativität, die unaufhörlich in
ihn eindringen würde, sodass diese unablässigen Intrusionen der
Negativität in den Menschen diesen schließlich zu einer vollkommenen Lösung führten, zu einem abgeschlossenen, endgültigen und vollendeten Zustand der Menschlichkeit, zu einer Totalität. Ach, dem ist nicht so …

Wenn es für uns mithin keine wahre Wahrheit gibt, die empirisch und singulär wäre, dann deshalb, weil ein physisches oder
mentales Ereignis das Produkt von Begegnungen verschiedener
Kausalreihen ist, Begegnungen, die, wie jedermann weiß, nur
eine andere Bezeichnung für den Zufall sind. Daher existiert das

Werden, es wiederholt sich nicht und ändert immer wieder völlig überraschend seine Richtung.

Abgesehen von den faktischen Irrtümern, die ihr unterlaufen, glaubt die Menschheit an allgemeine Ideen, die befolgt sein wollen (das Wahre ist der Maßstab für unsere Verhaltensweisen) und die in jeder Epoche gesellschaftlich für wahr gehalten werden. Wenn man von der Wahrheit redet, sind meistens jene Wahrheiten gemeint. »[...] mit Wahrheit [meine ich] nicht die Gesamtheit der wahren Dinge [...], die es zu entdecken oder annehmbar zu machen gilt, sondern die Gesamtheit der Regeln, denen entsprechend man das Wahre vom Falschen scheidet und man mit dem Wahren spezifische Machteffekte verbindet«,[196] schreibt Foucault. Und Wittgenstein hätte diesem anderen Satz aus *L'Archéologie du savoir* zugestimmt: Die Diskurse, Regeln und Normen »auferlegen sich [...] gemäß einer Art uniformer Anonymität allen Individuen, die in diesem diskursiven Feld sprechen«.[197]

Wir sind von Wahrheiten umgeben, bedrängt und umstellt. »Schließlich existiert die Wahrheit ja doch!«, so ist zu hören, und meistens ist diese Wahrheit gar keine. Ja, ich weiß, eine Gesellschaft kann ohne Konventionen und Denkschablonen nicht bestehen, aber ist hier der richtige Ort, um daran zu erinnern? Erbauliche Rhetorik und Philosophie sind verschiedene Dinge, die Philosophie aber mag sich nicht beeilen, sie will wissen, woran wir sind, und sich die Zeit nehmen, auf die Existenz von Denkschablonen hinzuweisen.

Es gibt also einerseits Singularitäten, die wir mutig mit den Modi Spinozas verglichen haben, andererseits die zu weit gefassten und trügerischen Begriffe oder Diskurse, in die wir sie kleiden: »die« Religion, »die« Demokratie. Man kann das Denken Foucaults zusammenfassen, indem man die Monaden von Leibniz[198] den Monaden Spinozas[199] entgegenstellt. Die Monaden sind keine Singularitäten, sondern jeweils unvollkommene oder partielle Ausdrücke der wahren Realität. Betrachten wir einmal die objektiven Denkweisen als Monaden: Dann wird man sagen, dass die unterschiedlichen Religionen, die unterschiedlichen Formen der Demokratie oder die Moralvorstellungen unterschiedlicher Völker allesamt Monaden sind, allesamt unvollkommene und partielle Ausdrücke der »wahren« Demokratie, der »wahren« Religion, und dass sie auf diesem Hintergrund erklärt werden müssen.

Dies ist auch, seit Platon, die Art und Weise, wie wir zu denken pflegen. Das Vielfältige ist ein unvollkommener Ausdruck des Einen. Es gibt, könnte man sagen, immer einen Spielraum zwischen einer Form, einer Essenz (beispielsweise der Demokratie) und der entsprechenden Realität. Auf dieser irdischen Welt ist nichts vollkommen. Wir können hier von »Inkarnation« sprechen, wir können aber auch der Materie, so wie es die Griechen taten, diese Distanz zwischen der Form und der Realität zuweisen und dann die Augen schließen. Doch der Clou bei der Foucaultschen Lehre ist ja gerade, die Augen nicht zu verschließen, die Essenzen in den Hintergrund treten zu lassen und an ihrer Stelle kleine »diskursive« Realitäten zu entdecken.

Werden wir uns mit dem Abstand zwischen dem Ideal und dem Realen abfinden oder werden wir daraus politische Konsequenzen ziehen? Das muss jeder für sich selbst entscheiden. Wir werden, wenn wir konservativ eingestellt sind, sagen, es sei, da alles nur der unvollkommene Reflex einer Idealvorstellung ist, besser, alles so zu lassen, wie es ist. Für Foucault jedoch ist nichts der Reflex eines Ideals. Jede Politik ist lediglich das Produkt einer Verkettung von Ursachen. Sie kann sich auf keine äußere Totalität berufen, sie drückt nichts Erhabeneres aus als sich selbst, obwohl wir ihre Singularität in edlen Allgemeinheiten ertränken. Doch auf diese Weise bringt Foucault auch die alte Vorstellung der »Linken« zu Fall, die die wahre Demokratie und in einem allgemeineren Sinne das Ziel und Ende der Geschichte anstrebt. Er entzieht dem intellektuellen Generalisten, etwa einem Sartre oder Bourdieu, der ein gesellschaftliches Ideal oder einen Sinn der Geschichte postuliert, den Boden. Foucault möchte ein Intellektueller mit Spezialkenntnissen sein, einer, der sich über gewisse Singularitäten empört, denen er im Laufe seines Lebens zufällig begegnet oder auf die er in Ausübung seines Metiers gestoßen ist.[200] Er ist ein Intellektueller neuen Typs, der spezifische Intellektuelle, von dem um das Jahr 1980 die Rede war.

Bei der Vorstellung, uns nicht am Rockzipfel adäquater Wahrheiten festhalten zu können, brauchen wir aber nicht in Panik zu geraten. Unsere Erkenntnisfähigkeit übersteigt bei weitem die der Tiere, die sich wie wir irren können, aber die einzelnen Anforderungen ihrer Existenz meistens gut bewältigen. Wir leben nicht in der Welt der Gnostiker der Politik, in einer an Halluzinationen leidenden und von Ideologien manipulierten Welt, wir kennen kleine Wahrheiten, empirische Singularitäten, wir nehmen Einfluss auf die mannigfachen Phänomene und können sie studieren und handhaben. Wir gelangen zu praktischen und sogar wissenschaftlichen Ergebnissen, sowohl in den exakten wie auch in den Humanwissenschaften. Wir sind imstande, unsere Irrtümer und unser Umherirren zu erkennen. An diesem Umherirren wird sich zwar nichts ändern, doch das hindert uns nicht daran zu leben, denn wir leben in der Aktualität.

VII
Natur- und Humanwissenschaften: das Programm Foucaults

Es bleiben einige gravierende Probleme. Wenn mit Ausnahme der alltäglichen Realität (wie die griechischen Skeptiker gesagt hätten[201]) alles mehr oder weniger zweifelhaft ist, wie kommt es dann, dass die exakten Wissenschaften unzweifelhafte Ergebnisse vorlegen können? Welchen Wert haben ihrerseits die Wissenschaften der menschlichen Singularitäten, die Geschichte, Soziologie und Ökonomie? Sind sie überhaupt möglich?[202] Und was Foucault selbst, den großen Skeptiker, angeht: Zweifelte er an der Stichhaltigkeit und Zukunft seines eigenen Unterfangens? Ich glaube nicht, doch sprechen wir zunächst von den Humanwissenschaften.

Der offen ausgetragene oder latent schwelende Konflikt zwischen diesen und den exakten Wissenschaften ist uralt. Wie verhält es sich im Vergleich mit den »harten« Wissenschaften mit dem epistemologischen Status und dem Grad der Genauigkeit der Humanwissenschaften? Mit dieser Genauigkeit sei es nicht weit her, behaupten manche »Hardliner«. – Auch wir sind in der Lage, Gesetzmäßigkeiten der Geschichte und der Gesellschaft herauszufinden oder zumindest »Modelle« zu konstruieren, lautete die Antwort einiger ihrer Opfer. – Sie müssen so wie die Wirtschaftswissenschaftler auch solche Gesetze auffinden, andernfalls sind Sie verloren, wurden sie von Gilles-Gaston Granger gewarnt.

In diesem Zusammenhang kam es im Jahre 1991 zu einer auf den Soziologen und Philosophen Jean-Claude Passeron zurückgehenden Intervention, die ich als einfacher Historiker für die Epistemologie der soziologischen wie auch der historischen Erkenntnis für entscheidend halte. Besser als Max Weber höchstpersönlich mit seinen Idealtypen hat Passeron, indem er das epistemologische Problem der Humanwissenschaften vollstän-

dig von dem epistemologischen Problem der Naturwissenschaften trennte, gezeigt, worin die Wissenschaftlichkeit der Humanwissenschaften bestehen kann: Nicht in der Nachahmung der
exakten Wissenschaften, der Aufstellung von Gesetzmäßigkeiten oder Modellen – von hypothetisch-deduktiven Systemen
ganz zu schweigen –, sondern in der Ausarbeitung dessen, was
man als »halbe Eigennamen« bezeichnen könnte.

Diese epistemologische und methodologische Theorie der
halben Eigennamen steht im Einklang mit dem, was ich als das
ontologische Prinzip der Foucaultschen Lehre oder als Prinzip
der Singularität betrachtet habe; sie setzt stillschweigend voraus,
dass das historische Universum zu jedem Zeitpunkt nur ein
Chaos aus Singularitäten ist, entstanden aus dem vorhergehen-
den Chaos. Obwohl diese Gedanken meinen Horizont ein wenig übersteigen, werde ich sie notgedrungen mit einfachen Worten darzulegen versuchen und mich diskret bemühen, in der An-
merkung dazu die nötigen Erläuterungen zu geben.[203]

Betrachten wir eine singuläre Person, den gegenwärtigen Präsidenten unserer Republik oder auch Ihre eigene Schwester.
Diese Person ist, behaupte ich, singulär und wird deshalb mit einem Eigennamen bezeichnet. Die Bedeutung dieses Eigennamens ist nur verständlich, wenn ich diese Person kenne, wenn
ich Äußerungen über sie gelesen oder gehört, wenn ich sie gesehen habe. Andernfalls wäre sie für mich eine Unbekannte, ich
wüsste nicht, über wen man redet und ihr Name »würde mir
nichts sagen«. Blond, durchschnittliche Nase und Stirn, hervor-
springende Backenknochen ... Soll ich die Beschreibung fortset-
zen? Sie wäre endlos (alle modernen Logiker werden Ihnen das
bestätigen). Ein Passphoto wäre hilfreicher.

Ebenso verhält es sich mit gewissen allgemeinen Begriffen, die
die Geschichtsbücher füllen und Ereignisse oder Prozesse bezeichnen: Cäsaropapismus, Feudalismus, Religion, nationale
Einheit. Dies sind in Wirklichkeit eine Art Eigennamen, da noch
so ausführliche Paraphrasen einem Menschen, der noch nie mit

Religion zu tun hatte, keine genaue Vorstellung von dem vermitteln könnten, was eine Religion eigentlich ist. Damit er versteht, was gemeint ist, müsste man ihn eine Religion »sehen« lassen. Die Eigennamen verweigern sich einer endgültigen Beschreibung. Auch wenn man all die Merkmale des Referenten aufzählte, wäre diese Beschreibung niemals abgeschlossen und vollständig. Ebenso können innerhalb der Sozialwissenschaften die Begriffe, die auf keine individuellen oder kollektiven Singularitäten verweisen, »nicht definitiv beschrieben werden noch können sie in der Allgemeingültigkeit der Gesetze aufgehen«.[204] Wenn der Feudalismus oder der Cäsaropapismus in ein Buch eingebettet werden soll, lässt man ihm etwas von seinem historischen Grund und Boden, so wie man an den Wurzeln Erde lässt, wenn man eine Pflanze eintopft.

In der Tat sind nach den Worten des Dichters[205] die Ereignisse, so wie die Individuen, »etwas, das man kein zweites Mal sehen wird«. Wie die Verkehrsunfälle verdanken sie ihre Existenz jeweils den Begegnungen verschiedener Kausalreihen. Im Unterschied zu den Pflanzen und Tieren lassen sie sich auch nicht nach Arten und Gattungen typologisieren oder klassifizieren. Aufgrund ihrer begrenzten Zahl von Identitätsmerkmalen können sie auch nicht unverwechselbar identifiziert werden, während die chemischen Substanzen, wie z. B. Blei, Uran 235 oder Natriumchlorit dank ihrer chemischen Formel oder ihres Atomgewichts im Periodensystem der Elemente genau definiert sind.

Die Historiker beschreiten andere Wege, um Geschichte zu schreiben. Auch die halben Eigennamen, die sie verwenden, können ihre wissenschaftliche Prägnanz besitzen, eine dem menschlichen Bereich eigene Prägnanz. Sie gelangen zu dieser identitären Genauigkeit, indem sie nach Art eines realistischen Romanschreibers oder eines Reporters die Beschreibung des halben Eigennamens »verdichten«, indem sie die Zahl der eindeutigen Details und der charakteristischen Merkmale erhöhen, die das Porträt des Referenten präzisieren und erlauben, es von

Ereignissen zu unterscheiden, die eine trügerische Ähnlichkeit mit ihm aufweisen.[206] Dank dieser Verdichtung, dank dieser Verflechtung kleiner wahrer Fakten, vermeidet man es, auf summarische essentialistische Artefakte wie Rasse, Nationalgeist usw. hereinzufallen.

Was die sogenannten exakten Wissenschaften betrifft: Sie haben ihren Ursprung in der – eher zufälligen als von oben eingegebenen[207] – Entdeckung eines passenden Schlüssels für die Erklärung der physikalischen Phänomene. Im Gegensatz zum menschlichen Werden weisen diese sich wiederholende Regelmäßigkeiten auf. Auf dieser Basis gelangt man zu technischen Anwendungen, zu Vorhersagen, die sich als zutreffend erweisen, sowie zu experimentellen Überprüfungen: In der Natur lassen sich so viele Dinge zählen und berechnen! Aufgrund dieser spektakulären Erfolge, dieser im Experiment bewiesenen und empirisch anwendbaren Wahrheiten sollten wir aber nicht den Schluss ziehen, dass es zwischen unserem Geist und der Natur eine prästabilierte Harmonie gebe: Die Physiker konstruieren Modelle, die eine Voraussage und Handhabung der Realität erlauben, ohne dass man wissen kann, ob sie diese angemessen darstellen. Indem ich mich an die entsprechenden Anweisungen halte, bin ich durchaus in der Lage, erfolgreich ein Auto anzulassen, muss aber zugeben, dass ich nicht weiß, was sich unter der verschlossenen Motorhaube des Wagens im Einzelnen abspielt.

Tatsächlich kollidieren die Naturwissenschaften mit der Begrenztheit unseres Erkenntnisvermögens,[208] mit unserer Unfähigkeit, zum Sein zu gelangen, ohne auf Präsuppositionen zurückzugreifen. Den Naturwissenschaften liegen theoretische Präsuppositionen zugrunde, »Paradigmen« (die im Übrigen immer überprüft oder verworfen werden müssen). Unter der Bezeichnung »Diskurs« enthüllte Foucault im menschlichen Denken und Handeln das, was die gegenwärtigen Wissenschaftshistoriker und -theoretiker ihrerseits in der Entwicklung

der Naturwissenschaften aufdecken: Bei Thomas S. Kuhn heißt
der entsprechende Begriff »Paradigma«, bei Imre Lakatos »Forschungsprogramme«,[209] bei Alistair C. Crombie und Ian Hacking »wissenschaftliche Denk- (oder Argumentations)stile«.
Was Hacking über die »Argumentationsstile« schreibt, könnte
ebenfalls von den Foucaultschen »Diskursen« gesagt werden:
Jeder von diesen oder jenen

> »führt eine neue Art von Gegenstand ein; die Existenzkrite-
> rien der Gegenstände neuen Typs sind durch den Argumenta-
> tionsstil selbst gegeben. Ein Argumentationsstil muss sich vor
> keiner anderen Instanz verantworten. Er selbst definiert in
> der Tat die Wahrheitskriterien in seinem Bereich.«[210]

Was diesen Wissenschaften ihre zahlreichen Erfolge sicherte,
die die ununterbrochene Fortsetzung ihres Projektes erforder-
ten, war und ist ein Foucaultsches Dispositiv. Werfen wir einen
Blick auf die Physik. Diese Wissenschaft zeigt die Kontinuität
einer Unternehmung, die im Laufe der Zeit und dank unaufhör-
licher Korrekturen provisorische, aber unbezweifelbare Ergebnisse zeitigt. Dies erinnert an den Erfolg einer Firma, die den er-
probten Rezepten, die ihren dauerhaften Erfolg garantieren, treu
bleibt. Sie ist nicht etwa dafür prädestiniert, sondern gründet
sich auf eine bewährte Tradition. Dennoch dürfen wir von daher
nicht schon auf eine Harmonie zwischen unserem Geist und der
Natur schließen: Die Physiker entwickeln kohärente Modelle,
die nicht den Anspruch erheben, die Realität adäquat abzubil-
den, sondern die es erlauben, Effekte vorauszusagen und mit ihnen umzugehen.
  Husserl wollte dieses Geheimnis enträtseln, indem er die Wissenschaft in einem transzendentalen, zur Wahrheit berufenen
Ich verankerte,[211] das die Berufung zur Wahrheit hat; diese wäre
die Voraussetzung für ein solch eigensinniges Unterfangen.
Wenn man jedoch im Sinne Foucaults argumentiert, wird man

den Einwand erheben, dass dieses Ich nur eine dieser »empi-
risch-transzendentalen Dubletten« ist, mit denen er sich in *Les
Mots et les Choses* auseinandersetzt. Husserl adelt eine institutionelle, universitäre Kontinuität, die ganz empirisch ist, indem
er ihr einen metaphysischen Ursprung zuschreibt. Es handelt
sich, kurz gesagt, um ein Dispositiv. Die Physik wurde nicht begründet als ein vom transzendentalen Ich ausgehendes Projekt,
als Bestimmung der Menschheit, sondern als etwas Soziologi-
sches, als Einrichtung einer institutionalisierten und auf Erfolg
basierenden Tradition, die auch hätte unterbrochen werden können, was aber nicht geschah.

Fügen wir noch hinzu, dass die Wahrheiten der physikalischen Wissenschaft immer nur provisorisch sind. Auf Newton
folgt Einstein. Bei den Wahrheiten kann man sich die Bezugnahme auf das Wahre und die Opposition von Wahr und Falsch
nicht ersparen, aber man kann diese Wahrheiten ebenso wenig
als sicheren Bestand auffassen.[212] Der Irrtum unterscheidet sich
nicht radikal von der Wahrheit, er ist nichts weiter als eine
durch das Experiment widerlegte Hypothese. Es gibt keine rationale Evidenz.

Festzuhalten bleibt, dass Newton, auch wenn er nicht die
ganze Wahrheit gesehen hat, dennoch »im Wahren« war. Nun
kann dieser provisorische Zustand des Wahren ebenso wie der
Fortbestand der Physik als wohlfundierter Unternehmung eine
andere von uns gestellte Frage beantworten: Wie war es möglich, dass Foucault an die Wahrheit und die Dauerhaftigkeit seiner eigenen Lehre glaubte (denn das tat er), einer Lehre, die er
nach eigenem Bekunden einzig und allein Nietzsche verdankte
(er hatte 1952–53 Nietzsche in der rue d'Ulm gelesen und manche Gedanken übernommen, doch in Wahrheit war er auch,
ohne es zugegeben, von Heidegger beeinflusst[213]). Sein gesamtes
Werk beruht auf der menschlichen Endlichkeit in der Zeit, und
die Verbindung des Menschen mit der Zeit scheint unüberwind-
lich. Der Mensch ist zugleich Erkenntnisobjekt wie auch erken-

nendes Subjekt, die historische Erkenntnis ist Gefangene ihrer eigenen Geschichte, die vor allem durch ihre Variationen und Irrtümer gekennzeichnet ist. Wie kann ein Historiker glauben, sich auf einem Felsen fest eingerichtet zu haben, wenn dieser doch über kurz oder lang der Zerstörung anheimfällt?[214]

Daher scheint Foucault sich seiner auch nicht sicher zu sein. »Ich weiß sehr wohl, dass ich in einem Kontext stehe«,[215] schreibt er. Und doch kann man meines Erachtens nicht an der unausgesprochenen großen Hoffnung zweifeln, die ihn manchmal beflügelte. Der Nietzsche, den er sich gewählt hatte, war, wie auch immer sich Heidegger dazu geäußert haben mag, derjenige, der den einschneidenden Bruch mit der metaphysischen und platonischen Tradition herbeigeführt hatte. Und um 1960 mochte man den Eindruck haben, die postmoderne Welt würde sich ihrerseits von der Illusion einer transzendenten Basis verabschieden, eines übermenschlichen Lichtes, das ihr erlaubte, die adäquate Wahrheit in allen Dingen zu sehen und ihren wahren Weg zu erkennen. Der »Tod Gottes«, verstanden als das Ende der Ära aller Transzendenzen, sollte die Menschheit in die Lage versetzen, ihre Illusionen aufzugeben und sich so zu sehen, wie sie war, nämlich nackt und einsam. Die Bescheidenheit und Besonnenheit verbieten einem Denker, seine Hoffnungen zum Ausdruck zu bringen. Dennoch hat Foucault einmal, seine Vorsicht vergessend, geäußert, dass die Menschheit in unserem Zeitalter allmählich einsehe, dass sie ohne Mythen leben könne, ohne Religion und Philosophie,[216] ohne sie selbst betreffende allgemeine Wahrheiten. Dies war die Revolution Nietzsches, die er, wie er glaubte, fortführte.

In Foucaults Augen hatte die genealogische Kritik, so wie er sie praktizierte, ebenso wie die Physik Galileis die Wissenschaftlichkeit eines wohlfundierten empirischen Unternehmens.[217] Hin und wieder hatte er sich getäuscht, er wies auf theoretische Irrtümer hin, die ihm in *Histoire de la folie* und in *Naissance de la clinique* unterlaufen waren, aber letztendlich war sein Unterfangen »im Wahren«.[218] Der an ein Glaubensbekenntnis erinnernde entschlossene Ton, mit dem er mir einmal sagte, die Hermeneutik Nietzsches habe einen entscheidenden Bruch in der Geschichte der Erkenntnis herbeigeführt, zeigte, dass er daran glaubte und voller Hoffnung war.

Er hatte nicht vergessen, dass kein Mensch sein postumes Schicksal vorhersehen kann. Er zog eine eher empirische Möglichkeit in Betracht. Wenn er seine Bücher wiederholt als »Werkzeugkästen« bezeichnete, wollte er nicht bescheiden zum Ausdruck bringen, dass sie keine Schätze enthielten, sondern gab mit diesen Worten zu erkennen, dass er sich Schüler wünschte (so hätte er es in akademischer Sprache formuliert). Er forderte seine wohlmeinenden Leser auf, sich seiner Methoden zu bedienen und sein Projekt fortzusetzen, ebenso wie ein Physiker Schüler hat, die sein Werk weiterführen.

Relativismus, Historismus, Spenglerismus? Nein!

Dies löst aber noch nicht das Problem der Zeit und der Wahrheit. Für Foucault ließ sich die Antwort anscheinend in zwei Überzeugungen zusammenfassen: Die genealogische Geschichte ist keine Philosophie, sie befasst sich mit empirischen Phänomenen[219] und erhebt nicht den Anspruch, die ganze Wahrheit zu entdecken. Und sie hat »Beziehung zu Wissenschaften, zu Analysen wissenschaftlichen Typs oder zu Theorien, die Kriterien der Strenge gehorchen.«[220] Sie kommt zu detaillierten Schlussfolgerungen hinsichtlich der antiken Liebe, des Wahnsinns oder des Gefängnisses, die sowohl wissenschaftlich begründet als auch stets provisorisch und revidierbar sind, nicht anders als die Entdeckungen der anderen Wissenschaften. Eines näheren oder ferneren Tages wird man es besser machen als Foucault und sich über seine Kurzsichtigkeit wundern. Ihm genügte es, einen Beitrag dazu geleistet zu haben, die vier Prinzipien, die er für Illusionen hielt, zu Fall zu bringen: die Adäquation, das Universale, das Rationale und das Transzendentale.

Die Lehre Foucaults thront nicht hoch oben auf einem Fels, sie überragt nicht die Totalität, da sie nicht *a priori* ihren Gegenstand konstituiert und da für jemanden, der kein Gott ist, die einzige Möglichkeit, sie zu überragen, darin bestände, den Gegenstand selbst zu konstituieren. Es ist nicht klar, wo der ihr angemessene Platz auf einer Karte der Totalität zu finden wäre, noch was es dort jenseits der Grenzen geben könnte.[221] Aber muss man denn unbedingt philosophieren? Eine wissenschaftliche Aktivität kann »das Problem innerhalb der Grenzen, in denen [sie] sich bewegt, durchaus beiseite lassen«.[222] Dem wird entgegengehalten, »es [sei] unvermeidlich, Philosoph zu sein, insofern es unvermeidlich ist, [...] die Totalität zu denken«.[223] Aber ist es unvermeidlich? Die Totalität zu denken ist nur eine der Formen dessen, was man als Philosophie bezeichnet, und so ist es vor allem bei Hegel.[224] Husserl war angeblich der letzte Philosoph mit einem absolut universalistischen Anspruch.[225] Man kann sogar ins Auge fassen, dass sich eine Philosophie beschränkt, »indem sie sich relativiert«.[226] Ich frage mich jetzt, was eine solche zugleich relative wie auch strenge Philosophie anderes sein könnte als eine Wissenschaft, die ständig voranschreitet und somit auch ständig provisorisch bleibt; zumindest aber wäre sie das Programm dieser Wissenschaft (*L'Archéologie du savoir* könnte, wenn das Buch nicht zu früh und zu hastig geschrieben worden wäre, vermutlich dieses Programm sein).

Der genealogisch arbeitende Historiker kann die Augen nicht davor verschließen, dass seine Exegese des Diskurses der antiken Liebe eines Tages wahrscheinlich durch eine bessere ersetzt wird. Dennoch ist er dadurch nicht gelähmt (hier zeigt sich eine aufschlussreiche Seite der Psychologie des Wissenschaftlers: Ein Physiker, der gerade ein neues Gesetz entdeckt hat, bildet sich nicht ein, dass seine Entdeckung endgültig ist; darüber macht er sich kaum Gedanken, es kümmert ihn wenig). Wenn die genealogische Archäologie eine Wissenschaft ist, ein erfolgreiches Unternehmen, besitzt jede einzelne ihrer Schlussfolgerungen eine eigene Wahrheit, keine relative, sondern eine provisorische. Die Archäologie ist sich bewusst, dass alles, was durch sie gedacht ist, »noch durch ein Denken gedacht werden wird, das noch nicht an den Tag getreten ist«.[227] Genauso wenig kann ein Physiker die Vollendung seiner Wissenschaft antizipieren. Die Wissenschaftler kümmern sich nicht darum, die Endlichkeit mit dem Unendlichen in Einklang zu bringen, sondern sie leben, so wie jedermann, in der Aktualität, ohne allzu sehr darüber nachzudenken, und der Rest der Menschheit macht es genauso wie sie.

Unglücklicherweise (und Foucault erkennt dies mit einer fast zwanghaften Hartnäckigkeit an) bewirkt die Unmöglichkeit, das Denken zu überragen, dass selbst der revolutionärste Denker unsere kleine Welt des Diskurses nicht verlassen kann. Die Wahrheiten der Genealogie und der Archäologie werden aus der »Perspektive«[228] eines Augenblicks wahrgenommen. »Von wo aus beanspruchen Sie denn nun zu sprechen, Sie, der Sie – ganz von oben und so weit entfernt – den Diskurs der Anderen beschreiben wollen?« fragt man den Genealogen.[229] Er antwortet bescheiden, dass man von seinem eigenen Diskurs ausgehen müsse. Er analysiert Diskurse von gestern anhand eines Diskurses, der sein eigener ist[230] und der ihm Grenzen setzt. Wenn er bestrebt ist, dieses »Denken vor dem freien Denken«, das einen Diskurs darstellt, aufzudecken, geht sein Denken aus von einem »Denken vor dem Denken, einem anonymen und zwingenden Gedankensystem«. Indem er zu diesem Raum, von wo aus er gesprochen hat, auf Abstand geht, stellt er sich *ipso facto* in einen anderen Diskurs, den er nicht kennt[231] und der »im selben Maße zurückweichen wird, wie er ihn enthüllt«.[232]

Das Unbehagen, von dem diese Zitate zeugen, ist das des seit zwei Jahrhunderten bestehenden modernen Denkens. Ist der Glaube an die Menschenrechte besser abgesichert als der frühere Glaube an Jupiter? Auch hier ist unsere Einstellung, wie beim Lorbeer der Daphne, zwiespältig: Wir sind der festen Meinung, dass unsere Überzeugungen wahr sind, und wir wären empört, sollte man die Existenz der Wahrheit in Zweifel ziehen. Andererseits ist uns nicht ganz wohl bei der Vorstellung dessen, was die Menschen zukünftiger Generationen von unseren Gedanken halten werden (in gleicher Weise konnte ein nachdenklicher Patriot zur Zeit des Europas der Vaterländer nicht ohne Unbehagen an die Positionen denken, die er möglicherweise vertreten würde, wenn er auf der anderen Seite der Pyrenäen oder des Rheins auf die Welt gekommen wäre. Daher wurde über dieses Unbehagen der Mantel des Schweigens gedeckt).

Die Sitten und Glaubensüberzeugungen variieren hinsichtlich der Zeit und des Ortes, wie man seit zweieinhalb Jahrtausenden weiß, doch solange Gott lebte, war dies, so schreibt Foucault,[233] nicht weiter beunruhigend: Wahrheit diesseits der Pyrenäen, Irrtum jenseits der Pyrenäen, dennoch existierte für Pascal die Wahrheit, sie wurde von Gott gelehrt und garantiert. Die menschlichen Variationen waren allesamt Irrtümer, die zurückzuführen waren auf die menschliche Schwäche, angesichts derer Gott die Wahrheit errichtete. Der tragische Wendepunkt war die Entdeckung der exotischen Kulturen und Religionen im 19. Jahrhundert sowie das Verblassen des unendlichen Gottes. Die menschliche Endlichkeit hat den Garanten des Wahren verloren und bleibt mit ihren Irrtümern allein. Die Wahrheit und die Zeit sind zu Feindinnen geworden. So erklärt sich Spengler, so der Relativismus, demzufolge jede Epoche ihre eigene Wahrheit besitzt, so auch der sublime oder verbale Versuch Heideggers, trotz der Zeit das Absolute wiederzufinden.

Zumindest konnte Foucault, anders als Spengler, nicht zum Relativisten werden und wurde es auch nicht, denn in Ermangelung der Totalität und adäquater Wahrheiten, von Dingen an sich, bemühte er sich trotzdem um Wissenschaftlichkeit und um empirische und stets provisorische Wahrheiten. Der Relativismus – wenn er denn je etwas anderes war als ein Punchingball, auf den man einschlug – war, seinem Namen zum Trotz, eine Lehre, die in naiver Weise nach der vollkommenen Wahrheit strebte. Dies unterschied ihn vom Historismus,[234] für den die Wahrheit weniger wichtig war als der Reichtum und die Vielfalt des Lebens, weniger wichtig auch als dieses »Gefühl für die Feierlichkeit des Lebens«, von dem Simmel spricht. Für diesen so anregenden und sympathischen Denker gab es ein psychologisches *Apriori*, so wie für Foucault ein historisches *Apriori* außer Frage stand. Jeder Denktyp produzierte eine bestimmte Sicht der Welt.

Der Relativismus war völlig anders. Er stürzte sich nur dann auf die Extreme, wenn er hier die unerschütterliche Wahrheit zu finden glaubte. Ein Relativist ist jemand, der sich sagt: Weil die vergehende historische Zeit jede Wahrheit zu Fall bringt, wollen wir diese Hinfälligkeit selbst zur Grundlage nehmen und uns mit diesem tragischen Widerspruch abfinden. Die Wahrheit ist eine und mehrere, jede Epoche besitzt ihre eigene Wahrheit. Man kann sich fragen, ob diese Behauptung einen Sinn hat. Sie produziert Paradoxien, die denen der Zeitmaschine vergleichbar sind. Der Relativismus hält die wahre Wahrheit für möglich, da er versichert, dass jede Epoche im Besitz ihrer eigenen Wahrheit war und also die Wahrheit (die allerdings nur für sie selbst galt) und nicht nur Glaubensüberzeugungen besaß. Er strebt so sehr nach der vollständigen Wahrheit trotz der Zeit, dass er zu allem bereit ist, sogar dazu, die Wahrheit in zeitbedingte Wahrheiten zu zerstückeln, nur um sie zu bewahren, wobei jedes dieser Wahrheitsstücke angeblich eine partielle Totalität bildet, falls man ein solches Oxymoron wagen darf.

Wenn es einen Relativismus gibt, der diesen Namen verdient, dann ist es der Heideggers. Seines Erachtens sind die »epochalen« Wahrheiten, die uns der Ursprung der Reihe nach zusendet, alle in gleicher Weise wahr, wenn sie auch untereinander unvereinbar sind: Heidegger verneigt sich vor dem Arbiträren des Ursprungs, der für uns also ebenso unfassbar ist, wie seine Beschlüsse für uns unverständlich bleiben. Desgleichen wurden für Descartes »die mathematischen Wahrheiten, die Sie als ewig bezeichnen, von Gott aufgestellt und hängen vollständig von ihm ab«.[235] Für Foucault sind hingegen die allgemeinen Ideen, die die Menschheit im Laufe der Jahrhunderte entwickelte, allesamt falsch, weil sie untereinander unvereinbar sind.

Nehmen wir unseren Gesprächsfaden wieder auf. Er wird uns zu den Ideen Foucaults bringen, die seine Leser am meisten interessierten: Es geht um das Wissen, die Macht, die Subjektwerdung des Menschen und auch um die Freiheit. Die Wissenschaft, so sagten wir, behauptet sich und besteht fort, ohne die Hilfe des Ideenhimmels, der nicht existiert. Das liegt daran, dass sie, wie Foucault schreibt, den Zwängen der institutionalisierten akademischen Forschung unterliegt und sich unter der Maßgabe vollzieht, sich an ein bestimmtes unerlässliches Programm anzupassen, da sie sich sonst dem Vorwurf aussetzen würde, nicht die Wahrheit zu sagen.[236] Sie beruht auf einem Dispositiv, das, wie wir bereits wissen, aus Regeln, Traditionen, Lehren, speziellen Gebäuden, Institutionen, Behörden usw. besteht und das die Methoden der Wissenschaft legitimiert und fortschreibt, »die Formationsregeln der Aussagen, die als wissenschaftlich wahr akzeptiert sind«,[237] das wissenschaftliche »Wahrheitsspiel«, das der Erfolge und Errungenschaften, der korrigierbaren und korrigierten Irrtümer.

Dieses Dispositiv prägt sowohl das Objekt »Wissenschaft« als auch die Personen, die als Wahrheit nur anerkennen werden, was gemäß den Regeln einer exakten Wissenschaft formuliert ist. Diese Personen nehmen die *Rolle* von Wissenschaftlern an, was manche Soziologen als sozialen Typus bezeichnen würden. Sie verinnerlichen diese Rolle, passen sich ihr an, werden zu den mit dem Objekt »Wissenschaft« korrelierenden Subjekten. Objektivierungs- und Subjektivierungsprozesse »sind nicht unabhängig voneinander; aus ihrer wechselseitigen Entwicklung und ihrer reziproken Verbindung entstehen«[238] die »Wahrheitsspiele«, die die als wissenschaftlich geltenden Behauptungen filtern. Ja, es handelt sich um eine Entwicklung, mit Verschiebungen[239] zwischen

Subjekten und Objekten, die »nicht aufhören, sich im Verhältnis zueinander zu modifizieren«,[240] da es vorkommt, dass ein Subjekt eine Modifikation der Regeln des Wahr-Sagens innerhalb eines Dispositivs oder, wie man es auch ausdrücken könnte, bei der wissenschaftlichen Gemeinschaft herbeiführt. Die Genealogie der Wissenschaft reduziert sich nicht auf die einfache Geschichte der großen Entdeckungen oder der wissenschaftlichen Theorien.[241] Sie ist nichts anderes als diese reziproke Genese des Subjekts der Wissenschaft und des Erkenntnisobjektes,[242] dessen Schnittstelle das Dispositiv bildet. Der Wissenschaftler bringt die Wissenschaft voran, die sich dafür großzügig revanchiert.

Da der soziale Typus des Wissenschaftlers empirischen Ursprungs ist, muss er *konstituiert* sein, hervorgebracht durch das Dispositiv. Selbst wenn seine Freiheit als Forscher eines Tages diesem Dispositiv entgegensteht, ist dieser Forscher das Produkt dessen, was wir eine Subjektivation nennen können. Warum wurde also dem konstituierten Gegenstand diese Subjektivation, die sein Pendant bildet, hinzugegeben? Nicht um das menschliche Subjekt, sein Denken und seine Freiheit, der Tyrannei eines Dispositivs zu unterwerfen, sondern um mit der Fiktion Schluss zu machen, dass das Subjekt, das Ich, vor seinen Rollen existieren könne, während es doch kein Subjekt »im Naturzustand« gibt, das den Subjektivationen vorausgeht: Ein solches Subjekt wäre nicht ursprünglich, sondern leer. Nirgends in der Geschichte findet man eine allgemeine Form des reinen Subjekts.[243]

Das Dispositiv und der Wissenschaftler üben gegenseitig Macht übereinander aus, und die Wissenschaft hat Macht über die Gesellschaft, weil sie in dem Ruf steht, Wahres zu sagen. Dispositiv, Subjekt, Macht und Wahrheit sind auf diese Weise miteinander verbunden. Die Macht des Wissens ist in den verwestlichten Gesellschaften besonders stark, doch machen wir uns keine falschen Vorstellungen: Diese Macht kommt nicht nur im militärisch-industriellen Sektor oder in der der Atomenergiekommission zum Tragen! Die medizinische Macht ist nicht die des Gesetzes, sondern die eines Wissens. Man führt Darmspülungen und Aderlässe durch, weil man die entsprechenden Kenntnisse hat, und der Patient lässt es mit sich geschehen: Wenn die Ärzte gesprochen haben, muss man sich fügen.

Doch die Macht beschränkt sich nicht auf Spezialkenntnisse und auf Institutionen normativer Macht, die Medizin und ihr Gesundheitsministerium, die Psychiatrie, die Psychoanalyse, die Humanwissenschaften.[244] Überall auf der Welt hat das, was in einem Dispositiv als wahr gilt, die Macht, sich Gehorsam zu verschaffen, und es bildet die Menschen zu gehorsamen Subjekten heran. Es ist *wahr*, dass die Macht des Fürsten legitim ist, es ist wahr, dass man seinem Fürsten gehorchen muss und so zu dessen treuem Subjekt[245] im doppelten Wortsinn wird.

Jede Macht, jede praktische oder spirituelle Autorität, jede Moral beruft sich auf die Wahrheit, setzt sie voraus und wird als in der Wahrheit begründet respektiert. »Das allgemeinste politische Problem ist das der Wahrheit.« Mal erfinden der Gebieter oder seine Ratgeber eine neue Art des Regierens, die sofort zur Wahrheit wird, was wiederum eine neue Trennung zwischen wahr und falsch herbeiführt. Bald erfindet man eine neue Trennung, was den Gebieter davon überzeugen kann, auf eine neue Weise zu regieren.[246]

Nehmen wir das Thema *a capella* wieder auf. Die Wahrheit existiert in zweierlei Hinsicht. Was der skeptische Denker darüber sagt und was man hier gerade liest, nämlich dass die allgemeinen Wahrheiten nicht wahr sind, ist absolut wahr. Doch quantitativ gesehen ist diese wahre Wahrheit ziemlich bedeutungslos. In den verschiedenen Epochen ist die überwiegende Mehrheit der Wahrheiten nicht absolut wahr, sie existieren aber dennoch. Sie sind »von dieser Welt«, und man würde sogar des Öfteren sagen, dass sie nur allzu sehr existieren, da sie »dank vielfältiger Zwänge hervorgebracht« werden: So für wahr gehalten, haben diese Wahrheiten der Diskurse »den wahren Diskursen eigentümliche [...] Wirkungen«.[247] Sie sind nämlich den z. B.

institutionellen, herkömmlichen, didaktischen und legalen Dispositiven immanent. Sie sind viel mehr als Ideologien und Strukturen des Überbaus! In der UdSSR und in den Satellitenstaaten haben sie die sozialistische Wirtschaft hervorgerufen, gerechtfertigt und entwickelt.[248]

Fassen wir unsere Ausführungen in drei Sätzen zusammen: Die überwiegende Mehrzahl der Wahrheiten geht zurück auf eine Gesamtheit von geregelten Verfahren für ihre Produktion, ihre Festlegung, ihre Verbreitung und Umsetzung. Diese Wahrheiten sind »zirkulär mit Machtsystemen, die sie hervorbringen und unterhalten, und mit von ihr induzierten und sie weiterführenden Machtwirkungen verbunden«. Infolgedessen »dreht sich die politische Frage nicht um Irrtum, Illusion, entfremdetes Bewusstsein oder Ideologie; sie dreht sich um die Wahrheit selbst. Daher die Wichtigkeit Nietzsches«.[249] Fügen wir noch hinzu, dass die Wahrheit eine besonders große Rolle in den westlichen Gesellschaften spielt, die ein wissenschaftliches Wissen produzieren, dessen Form sich beständig wandelt und dessen Wert zugleich universell ist. Dies bildet einen integralen Bestandteil der Geschichte des Abendlandes.[250] Und diese Fährte sollte man gewiss weiterverfolgen ...

Man wird diese zugegebenermaßen bittere Pille schlucken müssen. Wenn man meint, dass nicht jede Wahrheit gesagt werden darf und dass die Werte gewahrt werden müssen, so wie es die Gänse des Kapitols getan haben (was gut gemeint ist), sollten wir hier einhalten: Wir haben uns nichts mehr zu sagen. Es ist die antike Debatte zwischen der Philosophie und der Rhetorik: Die Philosophie (sofern sie nicht platonisch ist) will die Wahrheit sagen, auch auf Kosten des Lebens und der Welt, wie sie nun einmal ist, während die Rhetorik, anders gesagt, die Propaganda, sich nach der ironischen Definition des Aristoteles auf die Belanglosigkeiten, die die Menschen im Kopf haben, stützt, um besser überzeugen zu können.

Wenn man Aristoteles den Vorzug gibt: Tun wir nicht so, als hätten wir keine Augen im Kopf, wie man hierzulande sagt! Was sehen wir, wenn wir frühere oder auswärtige Gesellschaften betrachten? Ganze Kulturen und Zivilisationen, die allesamt eine Fülle von Wahrheiten darstellten, denen man sich beugte. Wir nun, die wir gegenüber dieser Vergangenheit die Überlegenheit von lebenden Hunden über tote Löwen besitzen, hätten leichtes Spiel, so viele Denkfehler und -schablonen sarkastisch zu verhöhnen. Die Sonne dreht sich um die Erde, die Sklaverei ist naturgegeben, der Rassismus ebenfalls, Jupiter ist ein Gott. Hexenverbrennungen gab es in Europa bis zum Jahre 1801.[251] Dann wird man des Höhnens müde, da es immer dasselbe ist: All dies hat dennoch tatsächlich existiert und sich den besten Köpfen, etwa einem Descartes oder Leibniz, aufgedrängt. Um all dies als Irrtum oder Illusion abzutun, müssten wir selbst in der Lage sein, es besser zu machen. Gewiss, all dies hatte keine Grundlagen, sondern beruhte nur auf seinem eigenen Diskurs und seinem eigenen Dispositiv, aber sind wir wirklich besser dran? Es wäre lehrreicher, wenn man zeigen könnte, durch welche Genealogie das Nichts zur Realität seiner Zeit geworden ist, so wie bei uns heute auch.

Aber wie steht es eigentlich mit uns selbst, uns, den Modernen? Welches sind unsere Diskurse über die verschiedenen Gegenstände, die unsere Aktualität ausmachen? Das werden nur diejenigen wissen, die eines Tages herausfinden, dass wir anders sind als sie selbst: Sie werden wissen, worin unsere Modernität bestand. Wir selbst können nicht »im Voraus das Gesicht« sehen, »das wir in Zukunft haben werden«. Wenn wir zwar auch nicht erahnen können, was wir sind, so können wir doch wenigstens erkennen, was wir nicht mehr sind.[252] Manche Vorurteile sind im Schwinden begriffen, so wie die Ablehnung der Homosexualität: Wir haben das Willkürliche dieser Mentalität erkannt (die Materialität dieses immateriellen Phänomens). Aber haben wir nicht vielleicht andere Vorurteile? Welche? Unsere Enkel werden es wissen, nach unserem Tod, wenn sie anders geworden sind als wir. Kurzum, wir erkennen nur Unterschiede und werden auch niemals etwas anderes erkennen.

VIII
Eine soziologische Geschichte der Wahrheiten:
Wissen, Macht, Dispositiv

Aufgrund des Todes so zahlreicher Unterschiede und aufgrund der Geburt neuer Wahrheiten, denen man keinen Glauben schenken muss und die über kurz oder lang zum alten Eisen gehören, sind manche Leute zu dem Schluss gekommen, dass nichts Wahres *existiert*, »wohingegen [mein] Problem gerade umgekehrt ist«:[253] Es geht darum zu wissen, wie eine bestimmte Definition des Wahnsinns Eingang gefunden hat in ein Dispositiv, das ihn zu einer Realität gemacht hat, d. h. zu einer Geisteskrankheit, so wie man sie in jener Epoche verstand, mit all den sehr realen Konsequenzen, die sich in der Behandlung der Verrückten niederschlugen.

Ein Textzitat ist höchst aufschlussreich:

»Die Politik und die Ökonomie [sind] weder existierende Dinge [...] noch Irrtümer noch Illusionen noch Ideologien. Sie sind etwas Nichtexistierendes und doch etwas, das an der Wirklichkeit teilhat, das aus einer Herrschaft der Wahrheit hervorgeht, die das Wahre vom Falschen unterscheidet.«[254]

Foucault vermerkt also diesen gesellschaftlichen und institutionellen Ursprung der akzeptierten Wahrheiten. Im Unterschied zu Nietzsche hütet er sich aber davor, hinzuzufügen, dass die Unwahrheit eine der Bedingungen für die menschliche Existenz darstellt. Er verzichtet auf Verallgemeinerungen, er betreibt auch keine Metaphysik, nicht einmal die des Willens zur Macht.

So prägen eine bestimmte Herrschaft der Wahrheit sowie bestimmte Praktiken ein Dispositiv des Wissens und der Macht, das das Nicht-Existierende in die Wirklichkeit einschreibt und es trotzdem nicht der Unterscheidung zwischen dem Wahren und dem Falschen unterwirft. Daraus resultiert eine der Lieblingsthesen unseres Autors: Sobald der Diskurs durch die *concatenatio causarum*, durch die Kausalität des historischen Werdens, konstituiert ist, drängt er sich als historisches *Apriori* auf.[255] Und nach Ansicht der Zeitgenossen werden nur diejenigen dafür bekannt sein, Wahres zu sagen und deshalb »im Spiel des Wahren und des Falschen«[256] ihren Platz finden, die sich gemäß dem gerade aktuellen Diskurs äußern, während andererseits die diskursiven Praktiken wie selbstverständlich praktiziert werden. Genau das ist eine Zivilisation. Man kann sich denken, was wir von der Unseren zu halten haben. Foucault stellte keine logische oder philosophische Theorie der Wahrheit auf, sondern eine empirische und beinahe soziologische Kritik des *Wahrsagens*, d. h., er formulierte »Regeln« des *Wahrsagens*.[257] Nietzsche, so sagte er mir, war kein Philosoph der Wahrheit, sondern des Wahrsagens.

Die Wahrheit ist dennoch kein leeres Wort. Denn »auf der Ebene eines Urteils innerhalb eines Diskurses ist die Grenzziehung zwischen dem Wahren und dem Falschen weder willkürlich noch veränderbar, weder institutionell noch gewaltsam«.[258] Aber das ist nur auf dieser Ebene wahr, wie der zu früh verstorbene Dominique Janicaud bemerkte, man kann auch einen anderen Maßstab wählen,[259] den der Genealogie der Realitäten einer bestimmten Epoche, einen Maßstab, dem nichts widersteht. Nichts, das sei noch einmal betont, mit Ausnahme der singulären, empirischen Fakten, an denen kein Skeptiker je Zweifel hatte (wir verweisen noch einmal auf Dreyfus' Unschuld); ebenfalls mit Ausnahme all dessen, was man gerade gelesen hat, nämlich der Genealogie, dieser wahrheitsgetreuen Bilanz von Diskursen und Dispositiven, die ihrerseits auf dem Leeren beruhen. Wahrheitsgetreu, denn auch wenn die Wahrheiten der Kritik Nietzsches ausgesetzt werden, so bleibt die Wahrheit trotzdem die Voraussetzung für diese Kritik.

Worum es mir in meiner ganzen Arbeit geht, sagte er im Jahre 1978, ist »der Nachweis, wie die Koppelung einer Reihe von

Praktiken mit der Herrschaft der Wahrheit ein Dispositiv des Wissens und der Macht bildet«.[260] Was als wahr angesehen wird, wird befolgt. Doch kehren wir zur Macht zurück: Wieso kommt sie hier zur Sprache? Weil sich der Diskurs in die Realität einschreibt und weil in der Realität, wie wir noch sehen werden, die Macht überall anzutreffen ist. Was als wahr gilt, verschafft sich Gehorsam. Die Macht reicht viel weiter als das psychiatrische Wissen oder die militärische Anwendung der Wissenschaft. Ist das, was ich in der Liebe oder auch sonst tue, ist das, was die Menschen oder die Regierung veranstalten, gut oder schlecht? Anders gesagt: Entspricht dieses Verhalten einer bestimmten Unterscheidung zwischen dem Wahren und dem Falschen?

Es ist eine Tatsache, dass die Menschen, ohne dass Gewalt auf sie ausgeübt wird, Regeln befolgen und sich an Gepflogenheiten halten, die ihnen sinnvoll erscheinen. Wenn man aufhört, sich eine zu enge oder phantastische Vorstellung von der Macht zu machen, wenn man sie nicht auf den Staat, die Zentralgewalt, reduziert, wird man dieses kalte Monster, das, wie manche behaupten, ständig wächst, überall wahrnehmen können. Was ist also die Macht, die von Foucault nicht verteufelt wurde?[261] Zeichnen wir einen Idealtypus in großem Maßstab. Es ist die Fähigkeit, ohne körperlich einzugreifen, die Verhaltensweisen der Mitmenschen zu steuern, die Menschen in Marsch zu setzen, ohne ihre Füße und Beine eigenhändig in die angemessene Position zu bringen. Es handelt sich um die alltäglichste und am weitesten verbreitete Sache. Macht gibt es in der Familie, zwischen zwei Liebenden, im Büro, in der Werkstatt und in den Einbahnstraßen. Millionen von kleinen Machtstrukturen bilden die Schussfäden der Gesellschaft, wobei die einzelnen Personen die Kettfäden darstellen. Daraus folgt, dass es, da die Macht allgegenwärtig ist, auch überall Freiheit gibt.[262] Man kann feststellen, dass manche Widerstand leisten, während sich andere alles gefallen lassen.

Die politische Philosophie pflegt allzu oft die Macht auf die Zentralgewalt zu reduzieren, auf den Leviathan, das Ungeheuer aus der Apokalypse. Aber die Macht ist nicht in Gänze etwas Verabscheuungswürdiges, »sie wird durch ein so feinmaschiges Netz verbreitet, dass man sich fragt, wo es denn keine Macht gibt«.[263] Der Eisenbahnmechaniker von Auschwitz gehorchte dem Monster, weil seine Frau und seine Kinder die Macht besaßen, vom Familienvater zu fordern, ein Gehalt nach Hause zu bringen. Was eine Gesellschaft in Bewegung setzt oder blockiert, sind die unzähligen kleinen Machtstrukturen ebenso wie das Handeln der Zentralgewalt.[264] Der Leviathan wäre ohnmächtig ohne die zahlreichen liliputanerhaft kleinen Machtgefüge. Nicht, weil sich jede Macht vom Zentrum herleitet, noch weil sie überall ist, sondern weil es unter ihr nur noch Sand gäbe, der ins Rutschen geriete, ohne dass man dies verhindern könnte. Man muss einige Felsen auf den Sand werfen, sagte Napoleon, als er die Ehrenlegion und seine Herrschaft der Notablen begründete.

Den Machtbeziehungen können wir nirgends aus dem Weg gehen. Allerdings können wir sie immer und überall modifizieren, da die Macht eine bilaterale Beziehung ist. Sie ist gepaart mit dem Gehorsam, und wir haben die Freiheit (ja, die Freiheit), diesen Gehorsam mit mehr oder weniger Widerstand zu leisten.[265] Aber natürlich schwebt diese Freiheit nicht im luftleeren Raum und kann nicht in egal welcher Epoche irgendetwas Beliebiges wollen. Die Freiheit kann über das Dispositiv des gegenwärtigen Augenblicks hinausgehen, aber es ist genau dieses mentale und gesellschaftliche Dispositiv, über das sie hinausgeht. Man kann nicht vom antiken Christentum erwarten, dass es an die Abschaffung der Sklaverei gedacht hätte.

Das Dispositiv ist weniger der Determinismus, der uns hervorbringt, als vielmehr das Hindernis, auf das unser Denken und unsere Freiheit reagieren oder nicht reagieren. Das Denken und die Freiheit werden gegen es aktiv, weil das Dispositiv seinerseits aktiv ist. Es handelt sich um ein Instrument, »[das] Wirkung zeigt, [das] zu Ergebnissen führt, [das] etwas in der Gesellschaft hervorbringt, [das] auf bestimmte Wirkungen ausgerichtet ist«.[266] Es beschränkt sich nicht darauf, dem Erkenntnisgegenstand eine Form zu geben: Es wirkt auf die Individuen und auf die Gesellschaft, und wer Aktion sagt, sagt auch Reaktion. Der Diskurs befiehlt, setzt Grenzen, überredet, organisiert. Er ist der »Berührungs-, Reibungs- und unter Umständen Konfliktpunkt« zwischen den Regeln und den Individuen.[267] Seine Auswirkungen auf die Erkenntnis können somit auch Auswirkungen von Macht sein. Nicht dass die Wahrheitsspiele lediglich die Verkleidung der Machtspiele seien,[268] aber manches Wissen kann in bestimmten Epochen, wie z. B. der unseren, Beziehungen mit bestimmten Mächten eingehen. In der Antike war das (gute) Wissen gleichsam die Antithese der (bösen) Macht. Heutzutage nutzt die Macht bestimmte Wissenschaften und gibt sich, allgemeiner gesagt, rational und gut informiert.[269]

Die Freiheit ist ein so verworrenes philosophisches Problem, dass man sich bei diesem Thema einer konkreten Sprache bedienen und das Wort in einem bestimmten Sinne auffassen muss: »Ich glaube an die Freiheit der Menschen. In der gleichen Situation reagieren sie sehr unterschiedlich«,[270] das ist alles. Daraufhin murmelte Foucault einen unzufriedenen Satz vor sich hin, aus dem man das Wort »Soziologe« herauszuhören glaubte. Es gibt überall Macht, Denken und Freiheit. Innerhalb der wissenschaftlichen Gemeinschaft können Konflikte ausbrechen zwischen einem jungen Forscher und den »Bildungsregeln der Aussagen, die als wissenschaftlich wahr akzeptiert werden«.[271] Das Subjekt ist nicht konstituierend, es ist ebenso konstituiert wie sein Objekt, doch es steht ihm trotzdem frei, aufgrund seiner Freiheit zu reagieren und dank seines Denkvermögens Abstand zu gewinnen. Das Dispositiv ist weniger eine – der Initiative der Subjekte gesetzte – Grenze als das Hindernis, gegen das sie, häufig mit Erfolg, ankämpft.[272] Ein Freiheitsbegriff, der mit dem verwandt zu sein scheint, den Merleau-Ponty in *Phénoménologie de la perception* gegen Sartre und dessen leere, ungehinderte Freiheit verteidigt. Wir können noch weitergehen: Der Mensch hört nicht auf, Neues zu erfinden und zu erschaffen. Was auch immer die gesellschaftlichen oder individuellen Motive oder Beweggründe sein mögen, die ihn, wie man sagt, »antreiben«, er muss immerhin die Freiheit besitzen, sich auf diese Weise dazu »antreiben« zu lassen, Neues hervorzubringen, statt der Gefangene seines diskursiven Fischglases zu bleiben.

Im Übrigen können das Individuum und seine Freiheit niemals vernichtet werden, sie werden immer überleben, auch wenn sie zum Gegenteil ihrer selbst würden. Foucault hat dies weder gesagt noch geschrieben, doch seine Lehre könnte dies nahelegen. Nietzsche schrieb im Jahre 1885, dass »auch im Gehorchen ein Widerstreben liegt; es ist die Eigenmacht durchaus nicht aufgegeben. Ebenso ist im Befehlen ein Zugestehen [...]«.[273] In der Tat schrieb er außerdem: »Nicht ein Kampf um Existenz wird zwischen den Vorstellungen und Wahrnehmungen gekämpft, sondern um Herrschaft: – vernichtet wird die überwundene Vorstellung nicht, nur zurückgedrängt oder subordinirt. Es giebt im Geistigen keine Vernichtung ...«[274] Jedes Individuum ist das Zentrum einer Energie, die nur siegen oder besiegt werden kann. Im letzteren Falle wird sie zu einem Ressentiment oder aber, im Gegenteil, zu treuer Ergebenheit dem Sieger gegenüber, oder sie wird beides zugleich, aber dieser Wille zur Macht wird niemals neutralisiert noch aufgehoben.

Er wird zum »Gegenteil seiner selbst, vorausgesetzt, er bleibt bestehen«, so wie die Eigenliebe laut La Rochefoucauld, der außerdem sagt, dass ein Dummkopf nicht genügend *Kraft* habe, um gut zu sein. In vergleichbarer Weise hat man, so könnte man hinzufügen, keine Wahl, wenn man mit einem Stärkeren rivalisiert: Man wird zu seinem Bewunderer oder zu einem Neider. Es sei denn, man ist der Konfrontation aus eigenen Stücken aus dem Wege gegangen. In diesem Fall empfindet man zwangsläufig Verachtung für diesen ganzen sinnlosen Konflikt und auch für die beiden Rivalen. Wenn man ein Unglück ertragen, wenn man, ohne dem Kummer auszuweichen, schmerzhafte Jahre durchgestanden hat, stellt sich schließlich, auch wenn dieses Schicksal schwer auf einem lastet, in ähnlicher Weise das positive Gefühl ein, persönlich daran gewachsen zu sein. Altruismus und Egoismus, Glück und Unglück sind keine ultimativen Größen.

Foucault sagt, »es haue ihn um«, dass man geglaubt habe, man könne bei ihm »die Behauptung eines Determinismus, aus dem es kein Entrinnen gibt«,[275] feststellen. Er benutzt immer wieder das Wort »Strategie«; damit meint er das angestrebte Ziel in einem Gefecht, in dem es darum geht, den Sieg zu erringen.[276] In der Tat hat das »Denken«,[277] das, wie man sich erinnert, ein Kampf ist, die Freiheit, zu seiner eigenen Konstitution auf kritische Distanz zu gehen, indem es den Dingen ihre trügerische »Vertrautheit«[278] nimmt. Daraus resultiert seine Kritik an einem bestimmten Soziologismus. Selbstverständlich schnürt uns die Gesellschaft ein und determiniert uns, aber, so schreibt er:

»Wir müssen uns von der Sakralisierung des Sozialen als einziger Realitätsinstanz lösen und dürfen diese im menschlichen Leben und in den zwischenmenschlichen Beziehungen so wichtige Sache, die das Denken darstellt, nicht länger als bloßen Wind abtun.«[279]

Infolgedessen kann die Kritik an einem Diskurs, die Tatsache, dass man Aussagen für untauglich erklärt,[280] helfen, das Dispositiv, das sie stützt, zu Fall zu bringen.

Amüsanterweise machte man diesem glühenden Verfechter der Freiheit[281] einen Vorwurf, den er selbst gegenüber dem Soziologismus erhob, nämlich den, deterministisch zu sein. Tatsächlich galt Foucault damals als Strukturalist. Er habe die Menschen an das Dispositiv gekettet, er habe »die geringste ihrer

Neuerungen als Konformismus«[282] verurteilt. Die Ankläger waren umso empörter, als sie, wie ich fürchte, die Meinung, die sie dem Angeklagten unterstellten, mehr oder weniger selbst teilten. Denn unsere Kultur, eine Mischung aus Humanismus und Soziologismus, lässt uns einerseits die Freiheit des Menschen rühmen und andererseits den Menschen bedauern, weil er das Opfer der ihn determinierenden gesellschaftlichen Bedingungen ist.[283]

Eine Variante desselben Vorwurfs (oder desselben Vorzugs nach Meinung anderer) bestand darin, in Foucault einen Strukturalisten zu sehen, der das menschliche Subjekt negiert. Dies entsprang einer Mode oder vielmehr einer aktuellen Strömung: Was man damals unter Strukturalismus verstand, einem Phänomen, von dem man viel Aufhebens machte, beruhte auf dieser Negation des Subjekts; was im Falle Foucaults immerhin überrascht, denn abgesehen davon, dass das Wort »Struktur« in seinen Schriften nirgends vorkommt, glaubte er bekanntlich an die Freiheit der Subjekte. Er protestierte äußerst heftig[284] dagegen, dass man ihn mit dem Strukturalismus in Verbindung brachte, aber es nützte nichts: Um ihm Ehre zu erweisen, bezeichnete die studentische Jugend ihn als Strukturalisten, so wie sie 25 Jahre zuvor Sartre unverhofft mit dem damals aktuellen Titel »Existenzialist« ausgezeichnet hatte, mit dem sich der Betroffene, wie Simone de Beauvoir erzählte, schließlich auch abfand.

Allerdings war es nicht ganz grundlos, Foucault mit dem Strukturalismus in Verbindung zu bringen. Diese damals hoch im Kurs stehende Modeerscheinung fungierte als Brutstätte neuer Ideen. Foucault glaubte an die Historizität des Wahrsagens, an die Singularität und an die »Rarheit«: Aufgrund dieser drei Bezugsgrößen teilte er mit dem Strukturalismus die Ansicht, dass das Denken nicht vollständig aus sich selbst entsteht und durch etwas anderes als durch sich selbst erklärt werden muss. Bei Foucault sind dies der Diskurs und das Dispositiv, bei den Strukturalisten die Strukturen.

Tatsächlich hatten die beiden Doktrinen kaum mehr gemeinsam als ihre Negationen: Beide behaupteten, dass es zwischen
den Dingen und dem Bewusstsein ein *tertium quid* gebe, das
sich der Souveränität des Subjektes entziehe, eine Intransparenz,
die weiter reiche als die Unaufrichtigkeit und Ambiguität, auf
die Sartre in seinen subtilen Analysen Wert legte. Als struktura-
listisch wurde kurzerhand jedes Denken eingestuft, das sich
vom Marxismus, der Phänomenologie und den Bewusstseinsphilosophien lossagte. So bestritten beispielsweise, wenn auch
aus unterschiedlichen Gründen, sowohl der Strukturalismus als
auch Foucault den Gegensatz zwischen erklären und verstehen.[285] Bei unserem Autor drängt sich das historische *Apriori*,
das eher Dispersion als Struktur ist, uns auf, ohne dass wir es
verstehen oder erkennen.

Als der Strukturalismus das Denken befruchtete …

Ich hatte Unrecht, im Zusammenhang mit dem Strukturalismus
von einer Modeerscheinung zu sprechen. Es bringt nichts, im
Rückgriff auf das 2000 Jahre alte Mittel der Satire die Wunder-
lichkeiten des Jahrhunderts zu verspotten und als neuer Juvenal
den Wahnsinn des gegenwärtigen Augenblicks anzuprangern.
Und es wäre unangemessen, eine intellektuelle Bewegung nach
dem Begriff, den man ihr überstülpt, zu bewerten und sie im
Namen der großen Prinzipien zu verurteilen. Unter dem Schutz
oder Köder dieses Begriffs entstehen in der jungen Generation
neue Ideen. Darin besteht oft die Fruchtbarkeit der intellektuellen »Moden«, auch wenn sie irreführend oder nicht einmal in
ihrem Ansatz durchschaubar sein sollten. Junge Hirne können
nur dann neue Wege durch ein Dickicht bahnen, wenn dieses
ebenso jung ist wie sie selbst.

Die Strukturen und der Diskurs erinnerten weder an Husserl
noch an Marx noch an den Humanismus. Um das Jahr 1970 genügte dies, um von den Historikern der Gesellschaft und von

den Philosophen des Bewusstseins und des Subjektes schief angesehen zu werden. Foucault und der Strukturalismus, dieselbe
Häresie. Doch für andere dieselbe Erregung, wenn sie neue Ide-
en sprießen sahen.

Der Strukturalismus war für manche ein anregender Schock.
In diesem Zusammenhang möchte ich gern auf alte Erinne-
rungen zu sprechen kommen, da die Mikrogeschichte der Individuen es ermöglicht, die Struktur der Auswirkungen kollekti-
ver Bewegungen zu begreifen. Vor gut 50 Jahren, ich war gerade
Assistent am Institut für alte Geschichte, vertraute sich mir ein
Student an, der damals Kommunist war, aber *L'Être et le Néant*
gelesen hatte und später zu einem namhaften Orientalisten wurde. Seine von Sartre beeinflussten marxistischen Überzeugungen wurden 1955 durch einen Text von Claude Lévi-Strauss in
Frage gestellt, der das System der Körperbemalung bei einem
Stamm aus dem Amazonasgebiet analysierte. Man sah hier, auch
anhand von Bildern, wie so etwas wie strukturelle Kombina-
torik ausreiche, um die Diversität eines Stücks Realität zu
erklären.

Dies war eine Erleuchtung: Es ließ sich also doch nicht alles
auf die Gesellschaft oder das Bewusstsein zurückführen. Es gab
einen lachenden Dritten, ein *tertium quid*. Der Strukturalismus
erlaubte es in seiner Zeit, dass man sich von der ewigen Begeg-
nung zwischen dem Subjekt und dem Objekt entfernte, ohne
deshalb in den Soziologismus verfallen zu müssen.

Durch den Spalt zwischen dem Marxismus und der Lehre
Sartres hindurchgleitend (der Spalt war winzig, aber die Jugend
kommt mit wenigem aus), fand mein Vertrauter, der mich nach-
denklich stimmte, überall andere Beispiele für dieses *tertium*.
Warum sollte beispielsweise die Linguistik nicht strukturalis-
tisch vorgehen? Das Arbiträre der Zeichen und der grammati-
schen Strukturen dränge sich dem Subjekt auf, so sagte er mir.
Kein intentionales und Husserlsches Bewusstsein könne das
Faktum erklären, dass das Wasser hier als »eau« und dort als

»Wasser« bezeichnet werde. Wie Joseph Stalin und Raymond Queneau geschrieben hätten: Wer könnte Interesse daran haben, dass das Wasser nicht mehr »Wasser«[286] genannt werde? Im Strukturalismus müsse nicht alles lächerlich sein!

Man müsse ebenfalls zugeben, dass der Klassenunterschied und die Unterdrückung eine Konstante in der Geschichte seien, nicht aber der Klassen*kampf*: Nur allzu oft hätten die Unterdrückten ihre Unterdrückung nicht bemerkt und den Kampf nicht aufgenommen. Dass man nicht zu jeder Zeit habe sehen können, was doch ins Auge springe, sei unverständlich, es gebe da, sagte er mir in der ihm eigenen Sprache, eine schlichte und absurde Tatsache, eine *Materialität*, die im Gegensatz stehe zum Materialismus im Marxschen Sinne (allerdings ist sie ein Vorbote für die Materialität des Unkörperlichen bei Foucault).

Mein Kandidat für die licence ès lettres[287] begann dann, sich über seinen Professor für vergleichende Grammatik lustig zu machen. Dieser wurde von seinen Kommilitonen für den Einfallsreichtum bewundert, mit dem er die komplizierte lateinische Syntax mit der Psychologie der Sprecher erklärte. Als er auf die Phonetik zu sprechen kam, bestritt mein Gesprächspartner, dass – so wie man es ihn lehrte – die phonetischen Veränderungen darauf zurückzuführen seien, dass man sich, was durchaus nachvollziehbar sei, die Artikulation habe erleichtern wollen. Der Übergang von einem Laut zu einem anderen, den man in einer Sprache feststelle, könne in einer anderen in umgekehrter Richtung vonstatten gehen. Der junge Mann war reif für die Lektüre von Troubetzkoy und Henri Martinet.

Schließlich erfuhr er, dass es in der ägyptischen Kunst eine Konvention gab, nach der eine menschliche Figur immer im Profil gezeigt wurde, mit Ausnahme der Schultern und des Oberkörpers, die frontal dargestellt wurden.[288] Als er bei Malraux blätterte, wurde er gewahr, dass die anderen Kulturen (afrikanische Künste, Maya …) jeweils über ihr eigenes konventionelles Bild des menschlichen Körpers verfügten und dass dieses

Arbiträre des plastischen Zeichens nicht die Absichten des Künstlers oder die Mentalität der Gesellschaft zum Ausdruck brachte. Es war lediglich ein sprachliches Faktum, bei dem es nichts weiter zu verstehen gab. Er war reif für die Lektüre von Wölfflin.

Man sieht, dass mein Vertrauter einen Sinn für die Analogie entwickelt hatte und daher ein und dasselbe heuristische Verfahren, die Suche nach dem *tertium quid*, auf mehrere unterschiedliche Disziplinen anwenden konnte. Jetzt versteht man auch, wie im 18. Jahrhundert ein und derselbe Diskurs, so wie in *Les Mots und les Choses* dargelegt, sich sowohl in der Naturgeschichte wie auch in der Grammatik und der politischen Ökonomie wiederfinden konnte. Der *Zeitgeist*[289] und Spengler hatten damit nichts zu tun, der Geist der Epoche bestand hier nur in dieser sich manchmal ereignenden Übertragung auf analoge Bereiche. Dieselbe ansteckende Wirkung hat man unlängst im Zusammenhang mit der Mode des *linguistic turn* beobachten können.

Fügen wir eine kleine Zwischenbemerkung ein. Da ich alle Brücken hinter mir abgebrochen und seinen Namen ausgesprochen habe: Es gab einmal einen Strukturalisten, der nicht wusste, dass er einer war, und dessen Name kaum damit in Zusammenhang gebracht wird. Ich meine Heinrich Wölfflin. »Lies ihn, er ist der Foucault der Kunstgeschichte«, schlug ich eines Abends dem, um den es hier geht, vor. Denn Wölfflin hatte seinerseits einen neuen wissenschaftlichen Gegenstand entdeckt, der so allgegenwärtig und so offenkundig in den Kunstwerken vorhanden war, dass man ihn nicht sah: Es waren nicht die Fakten des Stils oder des Ausdrucks, sondern die der plastischen *Sprache*, die für eine ganze Epoche oder eine ganze Gruppe von »Sprechern« charakteristisch sind. Zwischen den Kunstwerken einerseits und den Absichten und Ausdrucksweisen des Künstlers (oder der durch ihn vermittelten Absichten und Ausdrucksweisen der Gesellschaft) andererseits gibt es ein *tertium quid*, nämlich »die allgemeine plastische Form einer Epoche«, die »unterhalb des Individuellen« angesiedelt ist.[290] Seine Transformationen zeigen sich in der sich vom 7. zum 5. Jahrhundert zusehends verändernden Darstellung der menschlichen Figuren der griechischen Vasenmalerei, im Übergang der griechisch-römischen Plastik zu der des Mittelalters, im Übergang der italienischen Renaissance zum Barock: neue Bilder des menschlichen Körpers, Wandel von der geschlossenen zur offenen Form, vom Linearen zum Malerischen usw. und andere Fakten der plastischen Sprache, die durch die glänzenden Analysen in *Kunsthistorische Grundbegriffe* und *Renaissance und Barock* ans Licht kommen.

Es handelt sich um eine »spezifische Entwicklung der Formen«.[291] Man muss unterscheiden zwischen »der Kunst als Ausdrucksgeschichte und der Kunst als interner Formgeschichte«. Denn: »So verdienstlich die Bemühungen sind, den nie aussetzenden Formwandel mit den wechselnden Bedingungen der Umwelt in Beziehung zu bringen und so gewiß der menschliche Charakter eines Künstlers und die geistig-gesellschaftliche Struktur eines Zeitalters unentbehrlich sind zur Erklärung der Physiognomie des Kunstwerks, so darf man doch nicht übersehen, daß die Kunst, oder sagen wir besser, die bildnerische Formphantasie nach ihren allgemeinsten Möglichkeiten auch ihr eigenes Leben und ihre eigene Entwicklung hat.«[292] Infolgedessen dürfe man nicht alles gleichförmig im Sinne des Ausdrucks interpretieren. Die Kunstgeschichte sei nicht einfach mit der Kulturgeschichte identisch. Wölfflin schreibt mit fast denselben Worten wie Foucault: »Aber es ist nicht alles zu jeder Zeit möglich.«[293] Man beschuldigte Wölfflin, »das Subjekt, die Persönlichkeit zu eliminieren« und die Kunstgeschichte auf einen unpersönlichen Prozess zu reduzieren, auf eine »Geschichte ohne Eigennamen«.[294] Denselben Vorwurf wird man gegen Foucault erheben, mit beinahe denselben Formulierungen.

Ja, Foucault glaubt an den Menschen als Subjekt

Und dennoch hat Foucault in seiner Lehre die Eigennamen nicht gestrichen. »Ich habe nicht verneint – ja ganz im Gegenteil –, daß die Möglichkeit der Veränderung des Diskurses besteht: ich habe das ausschließliche und augenblickliche Recht dazu der Souveränität des Subjekts entrissen.«[295] Denn weit davon entfernt, souverän zu sein, ist das freie Subjekt trotzdem konstituiert, ein Prozess, der von Foucault als Subjektivation bezeichnet wurde: Das Subjekt ist nicht »natürlich«, es wird in jeder Epoche durch das Dispositiv und die Diskurse des Augenblicks geformt, durch die Reaktionen seiner individuellen Freiheit und durch seine möglichen »Ästhetisierungen«, auf die wir später noch zu sprechen kommen.

Die Frage nach dem Subjekt, sagte er mir, habe im 16. Jahrhundert mehr Blut fließen lassen als der Klassenkampf im 19. Laut Lucien Febvre ging es, wie er näher ausführte, den Protestanten in den Religionskriegen darum, sich als religiöse Subjekte zu konstituieren, deren Zugang zu Gott nicht mehr von der Vermittlung durch die Kirche, die Priester und Beichtväter abhängig sein sollte. Um das Jahr 1980 entdeckte Foucault bekanntlich den dritten Teilaspekt seines Forschungsgegenstandes.[296] Zum wahren Wissen und zur Macht kommt die Konstitution des menschlichen Subjekts hinzu, verbunden mit der Frage, wie es sich moralisch verhalten soll, z. B. als treuer Vasall oder als Bürger.

Die Konstitution des Subjekts entspricht der seiner Verhaltensweisen: Man verhält und betrachtet sich als treuer Vasall, loyaler Untertan, guter Bürger usw. Dasselbe Dispositiv, das die Gegenstände – wie Wahnsinn, Fleisch, Sexualität, Naturwissenschaften, Gouvernementalität – konstituiert, macht aus dem *Ich* eines jeden Menschen ein bestimmtes Subjekt. Die Physik macht den Physiker. In ähnlicher Weise gäbe es ohne einen Diskurs für uns kein bekanntes Objekt, so wie es auch ohne eine

Subjektivation kein menschliches Subjekt geben könnte. Hervorgebracht durch das Dispositiv seiner Epoche ist das Subjekt nicht souverän, sondern Kind seiner Zeit. Man kann nicht irgendein Subjekt in irgendeiner Zeit werden. Hingegen kann man auf die Objekte reagieren und mithilfe des Denkens Abstand zu ihnen gewinnen, beispielsweise zur in Kirche und Klerus institutionalisierten Religion ebenso wie zur Kirche und zum Klerus.

Infolgedessen hat der Mensch niemals aufgehört, »sich in einer unendlichen und vielfältigen Serie unterschiedlicher Subjektivitäten zu konstituieren. Diese Serie von Subjektivitäten wird niemals zu einem Ende kommen«, ohne dass wir jemals »vor etwas [wären], das ›der Mensch‹ wäre … Das war es, was ich sagen wollte, als ich undeutlich und vereinfachend vom Tod des Menschen[297] sprach.«[298] Der Begriff der Subjektivation dient dazu, die Metaphysik zu eliminieren, die empirisch-transzendentale Dublette, die aus dem konstituierten Subjekt das Phantom eines souveränen Subjektes herleitet.

Die Soziologen verkünden auf ihre Weise dieselbe Lehre: Ein Individuum gibt es nur in sozialisierter Form. Die Foucaultsche Subjektivation besetzt in der Gesellschaft dieselbe Stelle wie bei Bourdieu der Begriff *habitus*, diese Konversionskupplung zwischen dem Gesellschaftlichen und dem Individuellen. Oder wie der soziologische Begriff der Rolle, auf den wir jetzt näher eingehen müssen. Um das Jahr 1940 haben Linton und Merton als »Rollen« ein Ensemble von gesellschaftlichen Positionen beschrieben, von denen jede über einen Status, über Rechte und Pflichten verfügt, Positionen, die ständig von wechselnden Personen eingenommen werden. Die soziologische Nützlichkeit dieses Gedankens steht außer Frage, es ist jedoch symptomatisch, dass die genannten Soziologen auf den Begriff der Rolle zurückgegriffen haben. Dies wurde ihnen von anderen vorgeworfen, da der Rollenbegriff zu unterstellen scheint, dass die Person zu ihrer Position auf Distanz bleibt und lediglich an einer gesellschaftlichen Komödie teilnimmt, mit der sie sich nicht identifiziert. Doch der Begriff ist bezeichnend für unsere Tendenz, das Subjekt, das *Ich*, von seinem Inhalt zu trennen und zu einer leeren Form werden zu lassen, um so zu einer transzendentalen Dublette des empirischen Subjekts erhoben werden zu können.

Von der Subjektivation, einer Form der Sozialisation, muss man meines Erachtens einen anderen Prozess unterscheiden, den Foucault als Ästhetisierung bezeichnete. Darunter verstand er nicht mehr die Konstitution des Subjektes und auch keinen irgendwie gearteten dandyhaften Ästhetizismus, sondern die Initiative einer »Transformation des Selbst [durch sich selbst, Hinzufügung P. V.]«.[299] In der Tat stellt Foucault um das Jahr 1980 fest, dass manche Gesellschaften, darunter die der griechisch-römischen Antike, nicht nur die Techniken kannten, die auf die Dinge angewandt werden oder auf die Mitmenschen ausgerichtet sind, sondern auch solche, die die Arbeit am Ich betreffen.[300] Indem er von Ästhetisierung sprach, wollte er vermutlich die Spontaneität dieser Initiative betonen, wobei die Spontaneität das Gegenteil der Subjektivation darstellt. Diese Theorie von der Arbeit am eigenen Selbst fand großen Anklang, da man glaubte, dass Foucault uns eine Moral für unsere Epoche habe geben wollen. Sobald von Moral die Rede ist, spitzen ja viele Menschen die Ohren. Doch war dies wirklich Foucaults ursprüngliche Absicht? Spielte er den Guru? Dieser Frage werden wir später nachgehen, doch zunächst gilt es dem Dringendsten abzuhelfen.

Wie die Revolte oder die Unterwerfung so ist auch die Ästhetisierung, von der hier die Rede ist, eine Initiative der Freiheit. Menschliche Typen, Lebensstile wie der Stoizismus, das Mönchstum, der Puritanismus oder der Militantismus sind, denke ich, allesamt Ästhetisierungen. Es sind keine Seinsweisen, die durch das Dispositiv, durch die Objektivationen der Umwelt aufgezwungen werden. Oder zumindest »setzen sie noch eins drauf«, sodass man sie als Erfindungen betrachten kann, als individuell gewählte Entscheidungen, die sich nicht von selbst aufgedrängt haben.

Völlig zu Recht haben Pasquale Pasquino und Wolfgang Eßbach die Ästhetisierung à la Foucault in einen Zusammenhang gebracht mit dem, was Max Weber im Anschluss an Nietzsche als *Ethos* bezeichnete.[301] Allerdings verstand Weber unter diesem Begriff sowohl die freien Ästhetisierungen als auch die Subjektivationen, denen man unterliegt. Sein berühmter Text über die Ursprünge des Kapitalismus vertritt nicht die Lehre, dass die Religion sich eher auf die Ökonomie ausgewirkt hat als die Ökonomie auf die Religion, sondern dass – ausgehend von dem, was wir einen Köder nennen, dem Kalvinismus nämlich – ein *Ethos* erfunden wurde, das des arbeitsamen, sparsamen, asketischen und in Geschäftsdingen zuverlässigen Puritaners. Anschließend hat sich dieses *Ethos*, dieser persönliche Stil, als Norm in der gesamten Geschäftswelt verbreitet, wenn auch in abgekürzter Form, reduziert auf eine »zweckrationale« und weniger asketische Einstellung. Diese genügte sich nicht mehr als Selbstzweck, sondern war auf Rendite und Profit ausgerichtet, wobei der geschäftliche Erfolg als Zeichen der göttlichen Auserwähltheit gedeutet wurde. In den *Caves du Vatican* von André Gide trägt einer der Helden, ein protestantischer Geschäftsmann, den Namen Profitendieu.

Aus der Ästhetisierung, die er darstellte, wurde dieser Lebensstil, der sich als nützlich erwiesen hatte, zu einer einfachen Subjektivation, einem Korrelat des »Kapitalismus« (oder der unternehmerischen Ökonomie laut Schumpeter), in dem sich zwei Realitäten gegenseitig bedingen: die Akteure der neuen Ökonomie und jene »kapitalistische« Ökonomie, zu deren Entstehung das puritanische *Ethos* – unfreiwillig oder sogar gegen seinen Willen[302] – seinen Beitrag geleistet hat. Doch lassen wir Weber selbst zu Wort kommen: »Der Puritaner *wollte* Berufsmensch sein [das ist die Ästhetisierung], – wir *müssen* es sein [das ist die Subjektivation, hervorgebracht und gefordert von der unternehmerischen Ökonomie]; darin besteht unsere *ständige Lebensführung*.«[303] Weisen wir noch darauf hin, dass ein Subjekt, das sich frei und aktiv durch Praktiken des Selbst ästhetisiert, noch immer das Kind seiner Zeit ist: Diese Praktiken sind nicht »etwas [...], was das Subjekt selbst erfindet. Es sind Schemata, die es in seiner Kultur vorfindet«,[304] wie beispielsweise den Kalvinismus.

Man wird Foucault, einem eifrigen Leser Senecas, natürlich nicht unterstellen, er habe eine im Geist der Stoa erneuerte Ästhetisierung der griechischen Philosophie verbreiten wollen. Im letzten Interview, das ihm noch vergönnt war, hat er sich sehr klar ausgedrückt: Die Lösung eines aktuellen Problems findet man niemals in der Antwort einer anderen Epoche, da die damalige Frage notwendigerweise eine andere war. Es gibt keine Probleme, die die Jahrhunderte überdauern, die ewige Rückkehr ist auch ein ewiger Aufbruch (er liebte diese Worte von René Char). Die Affinität zwischen Foucault und der antiken Moral beruht auf einem einzigen Punkt: der Arbeit am eigenen Ich, dem »Stil«. Das Wort bedeutet hier nicht Distinguiertheit oder Dandytum: »Stil« muss im Sinne der Griechen aufgefasst werden, für die ein Künstler zunächst einmal ein Handwerker war. Während der letzten Monate eines Lebens, dessen Gefährdung nur ihm bekannt war, hat in den Gesprächen und gewiss auch im inneren Erleben Foucaults die Idee eines Lebensstils, also der Arbeit am eigenen Ich, eine wichtige Rolle gespielt. Das Subjekt, das sich selbst als Werk sieht, an dem es arbeiten muss, würde sich eine Moral geben müssen, die nicht mehr durch Gott noch durch die Überlieferung oder die Vernunft gestützt wird.

Diese Theorie der Subjektivation und der Ästhetisierung verdeutlicht, worin Foucaults Unterfangen bestand: Es ging darum, einen Gegenstand zu »problematisieren«, sich zu fragen, wie ein Sein in einer bestimmten Epoche gedacht wurde (das ist die Aufgabe dessen, was er als Archäologie bezeichnete) und die verschiedenen gesellschaftlichen, wissenschaftlichen, strafenden, medizinischen usw. Praktiken zu analysieren (das ist die Aufgabe der Genealogie im Sinne des Wortes bei Nietzsche) und zu beschreiben, Praktiken, die damit korrelieren, dass das Sein auf diese Weise gedacht wurde.[305] Die Archäologie ist nicht bestrebt, Strukturen, die universal oder *a priori* gegeben sind, aufzufinden, sondern will alles auf nicht verallgemeinerbare Ereignisse zurückführen. Und die Genealogie leitet alles von einem empirischen Zusammentreffen her: Die Kontingenz hat uns immer zu dem werden lassen, was wir waren oder sind. »[...] das, was ist, [ist] nicht immer gewesen, das heißt, dass stets im Zusammenfluss von Begegnungen und Zufällen, am Faden einer zerbrechlichen und heiklen Geschichte sich die Dinge ausgebildet haben, die uns den Eindruck vermitteln, die selbstverständlichsten zu sein.«[306]

Transzendentes und transzendentales Problem: Husserl

Damit befinden wir uns im Zentrum des Problems. Die genealogische Kritik sucht nach dem empirischen Anfang und nicht nach dem Ursprung oder der Basis.[307] Sie beabsichtigt, »die Geschichte des Denkens aus seiner transzendentalen Unterwerfung zu befreien«.[308] Ist ein transhistorisches Subjekt Husserls fähig, der Geschichtlichkeit der Vernunft gerecht zu werden? Für einen Leser Nietzsches haben das Subjekt, die Vernunft und sogar die Wahrheit eine Geschichte, entfalten sich aber nicht aus einem Ursprung.[309]

Nach Ansicht unseres Autors wollte nun aber die Philosophie, die in seiner Jugend *en vogue* war, den empirischen, historischen Menschen zur »Grundlage seiner eigenen Endlichkeit« machen. Wie wir gesehen haben, machen die Positivitäten der Diskurse, die alle in einer Epoche datiert und auf diese Epoche beschränkt sind, aus dem Menschen ein endliches Wesen, begrenzt durch die historische Zeit. Der Sophismus der Metaphysik besteht in dem Glauben, dass dieselbe Endlichkeit dieselbe Geschichtlichkeit ermöglicht. Das bedeutet, dass man die Endlichkeit, die das immanente Wesensmerkmal der empirischen Bedingung des Menschen darstellt, zu einer transzendentalen Voraussetzung erhebt. Dabei handelt es sich um eine »Wiederholung des Positiven im Fundamentalen«, um eine »historischtranszendentale Dublette«, die als der Ort eines metempirischen Ursprungs oder einer authentischen Essenz der menschlichen Dinge gelten kann. Was man hier wiedererkennt, sind das transzendentale Ego, die Heideggersche Freiheit, das Wahre zu sehen, der Husserlsche Ursprung der Geometrie …

Laut Foucault jedoch, der vor der Blasphemie nicht zurückschreckt, sind diese erlauchten Doktrinen schlicht und einfach eine »Tautologie«, ein »Paralogismus«,[310] der aus der reflexiven Analyse hervorgegangen ist. Diese stellt zu allgemein gefasste Bedingungen auf, die eine sichere Sache für eine unsichere aufgeben, während Foucault, als guter Positivist, nach den besonderen Realitätsbedingungen sucht, d. h. den Diskursen und ihrem Dispositiv. Es gibt nur Empirisches und Historisches, oder zumindest berechtigt uns nichts zu der Behauptung, es gebe auch Transzendentes oder auch nur Transzendentales.[311] Der junge Philosoph beabsichtigte, die »Geschichte des Denkens aus seiner transzendentalen Unterwerfung zu befreien«.[312] Damit brach er mit seiner ursprünglichen Zunft, verzichtete, wie Passeron sich ausdrückt, auf jeden philosophischen Vater und machte sich zum Waisen, um seiner Liebe zu den Singularitäten treu bleiben zu können.

Der Waisenjunge wollte nicht von einer Theorie des Subjektes ausgehen, »wie man es in der Phänomenologie oder im Existenzialismus tun konnte«, noch auf der Grundlage dieser Theorie folgern, wie »beispielsweise etwa diese oder jene Form der Erkenntnis möglich sei«. Er wollte im Gegenteil zeigen, wie das Subjekt konstituiert war »durch eine Reihe von Praktiken, die in Spielen der Wahrheit, Praktiken der Macht usw. bestehen«.[313]

Foucault räumt ein, dass der Mensch Initiativen ergreift, bestreitet jedoch, dass er dies dank der Präsenz des *logos* in ihm tut und dass seine Initiative zum Ende der Geschichte oder zur reinen Wahrheit führen könnte. Die Entdeckungen der Physiker sind nicht von einer Teleologie der Wissenschaft inspiriert,[314] die Sprache und die Etymologie der griechischen oder deutschen Wörter enthüllen nicht die Wahrheit des Seins, Napoleon war nicht der Fourier des Geistes, der Aufständische wird nicht von einem Appell, sich von Zwängen zu befreien, angetrieben, einem Appell, den etwa sein angeborenes Wesen an ihn richtet.[315] Nichts ist transzendent oder auch nur, im Kantschen Sinne, transzendental. Es gibt auch keine zugängliche Eschatologie noch die Revolution eines Marx oder das positive Zeitalter eines Auguste Comte.[316] Deshalb ist die Arbeit an der Freiheit unendlich.[317] Das Subjekt markiert keinen »Bruch« im Sein.[318] Wie der Leser gesehen hat, besitzt das Individuum eine Freiheit, die nicht alles von oben dominiert, eine »konkrete Freiheit«,[319] die nur auf ihren momentanen Kontext reagieren kann: Man muss die Hoffnung aufgeben, jemals einen Standpunkt zu erreichen, von dem aus uns der Zugang zur vollständigen und endgültigen Erkenntnis unserer historischen Grenzen eröffnet werden könnte.

Es handelt sich hier um eine Denkweise, die uns seit den 60er Jahren des 19. Jahrhunderts vertraut ist. Damals hat vermutlich unsere Moderne begonnen. Sie ist gekennzeichnet durch das Geschichtsbewusstein, die aufsehenerregenden Entdeckungen des Orientalismus und die kritische Geschichte der Ursprünge des Christentums, Phänomene, die die Vorstellung, die wir uns von uns selbst machten, in ihren Grundfesten erschütterten. Gewiss, man hat immer gewusst, dass die Wahrheit verschiedene Gesichter hat, aber eher in geographischer Hinsicht: Wahrheit diesseits der Pyrenäen oder des Flusses Halys, Irrtum auf der anderen Seite. Die Unterschiedlichkeit der Gesetze und Sitten ist das uralte Argument des Skeptizismus. Sextus Empiricus verwies noch zusätzlich auf die Diversität der Glaubensüberzeugungen und Philosophien, die er als Gegensätze einander gegenüberstellte. Seit Montaigne ist dieses Argument ein Gemeinplatz. Doch seit den 1860er Jahren ist die Vergangenheit, den summarischen Rahmen des *Discours sur l'histoire universelle* deutlich sprengend, zu einem riesigen Teil unseres kollektiven Wissens geworden. Albert Thibaudet, Agrégé in Philosophie, erwies sich als guter Prophet, als er 1931 schrieb:

»Der Geist eines kritischen Historikers ist ein für die Suche nach der Wahrheit neutralisierter Geist, der im Übrigen gewinnt, wenn er nicht durch den Geist eines kritischen Philosophen weitergeführt wird, bei dem sich die Frage stellen würde: Was ist die Wahrheit?«[320]

Diese nicht eben originelle Frage ist also mehr als 100 Jahre alt, dennoch war sie für uns weiterhin ganz vertraut. Die herrschenden Doktrinen (Marxismus, Phänomenologie, Bewusstseinsphilosophien) beschäftigten sich mit einem völlig anderen Problem: der Suche nach dem Absoluten. Mit den »Diskursen« Foucaults und mehr noch vielleicht mit den »Dispositiven« nahm die Frage an Schärfe zu: Mittels dieser Dispositive legt das, was man als die Gesellschaft bezeichnet, in einer gegebenen Zeit und an einem gegebenen Ort fest, worin das Wahrsagen und Falschsagen besteht.[321] Alles in allem ist das Werk Foucaults als Ganzes eine Fortsetzung von Nietzsches *Genealogie der Moral*: Es versucht nachzuweisen, dass jede Konzeption, die man für ewig hält, eine Geschichte hat, dass sie »geworden« ist und dass ihre Ursprünge nichts Sublimes an sich haben. Wie sollte sich Foucault daher nicht auf den Skeptizismus berufen? In seinen persönlichen Aufzeichnungen wünschte sich Nietzsche, eines Tages Schüler wie ihn zu haben.[322]

Summa summarum konzentriert sich das Denken Foucaults auf drei Teilaspekte: die Analyse der »Wahrheiten« einer jeden

Epoche, die Analyse der aufeinanderfolgenden Regierungsformen der Menschen und die Analyse der aufeinanderfolgenden Subjektivationen. In der Zukunft werden unzählige Diskurse, unzählige Regierungsweisen und unzählige Subjektivationen fortwährend einander ablösen. »Subjektivation« lässt sich auch durch das einfachere Wort »Identität« ersetzen. Gehört es zu unserer individuellen Identität, lieber Tee als Kaffee zu trinken, lieber Bier als Wein, und statt Frauen Männer als Sexualpartner zu bevorzugen? Gehört es zur Identität einer westlichen jungen Frau, Jungfrau zu sein? Gerade jetzt hat sich ein französischer Muslim an die Justiz seines Landes gewandt und beantragt, seine Ehe zu annullieren, für nichtig zu erklären, weil seine Verlobte nicht mehr Jungfrau gewesen sei. Halten wir es für »wahr«, dass die Jungfräulichkeit Teil der Identität ist? Oder anders gesagt: Wie entscheiden wir uns in diesem Punkt? Welchem Ideal des Subjekts Mensch werden wir unsere Stimme geben?

IX
Verdirbt Foucault die Jugend?
Lässt er das Proletariat im Stich?

Für viele Denker, die aus guten Gründen keine Anhänger
Nietzsches sind (in den 1990er Jahren haben sie dem Strukturalismus ganz schön zugesetzt), ist diese Weltanschauung falsch
und abstoßend. Manche befürchten, das Ende der Transzendenzen sei ein nihilistisches Mittel der Zersetzung, das die Jugend
verderbe. Infolgedessen gibt es in der Zunft der Philosophen
zwei spezielle Gruppen, die einander feindlich gegenüberstehen:
Diejenigen, die sich auf der rein gedanklichen Ebene darin gefallen, Wahrheiten ans Licht zu bringen, die selten erbaulich sind.
Und es gibt diejenigen, die gegen ebenjene das Leben, so wie es
nun einmal ist, verteidigen, weil sie es wirklich für gefährdet
halten oder auch weil sie entrüstet sind. Als einmal einer dieser
Letzteren seinem Kollegen Foucault, Mitglied der ersten Gruppe, die Leviten lesen wollte, musste der sich als »flic« (»Bulle«)
titulieren lassen. Foucault prononcierte diesen scharfen Einsil-
ber genüsslich wie ein Zitat und ließ ihn sich quasi auf der Zun-
ge zergehen. Das Echo innerhalb der Wände des Collège de
France, in dem dieser Begriff zum ersten Mal zu hören war, war
beträchtlich.

Doch ist wirklich Gefahr im Verzug? Ich will über die Abneigung nicht diskutieren, wohl aber zu bedenken geben, dass man
dabei ist, sich ohne jeden Grund unglücklich zu machen. Für
keine unserer Ansichten über das Wahre, das Gute oder Normale gibt es eine Begründung, was uns jedoch nicht daran hindern
wird, zu leben und sogar an das Normale, das Gute und Wahre
zu glauben. Die Philosophie hat nicht die Macht, die Menschheit in die Verzweiflung zu treiben. Man weiß, welches Pathos
der späte Nietzsche, zum Propheten geworden, gegenüber dem
Nihilismus, dieser »Ablehnung eines Wertes und eines Sinns«
(im Gegensatz zu seinem elitistischen Naturalismus)[323] an den

Tag gelegt hat sowie gegenüber der Wahrheit, die tötet.[324] Trotzdem ist noch niemand daran gestorben, und die skeptischen Denker zögern, wenn sie zur Wahl gehen, nicht zwischen Ségolène Royal und Nicolas Sarkozy. Als Nietzsche das Leben leidenschaftlich verherrlichte, die Unschuld des Werdens und die Bereitschaft, es zu akzeptieren, Entsetzlichkeiten und Tragödien eingeschlossen, verschrieb er eine Rosskur gegen eine eingebildete Krankheit. Seine Ausfälle gegen den Nihilismus gehören eher in den Bereich der Rhetorik als in den der Realität.

Beunruhigen könnten sich einzig und allein solche Professoren, die dem, was vom Katheder herab gesagt wird, eine allzu große Bedeutung beimessen würden, sowie ein paar satirische Essayisten, die sich selbst gerne Angst machen. Die Welt, in der man denkt, ist nicht die, in der man lebt, sagte Gaston Bachelard. Das Ende des Zeitalters, in dem man an Transzendenzen glaubte, ist ein Ereignis, das sich nur in den Köpfen abspielt und nichts von einer Katastrophe an sich hat. Es wäre eine gewesen, wenn der Mensch ein gänzlich intellektuelles Wesen wäre, das sich von Vernunftgründen leiten ließe.[325] Wenn beispielsweise die Untertanen oder Bürger dem König oder dem Staat gehorchten, weil eine Religion oder eine Ideologie sie von der Richtigkeit dessen überzeugt hätten.

Ich bin also in der Lage zu bezeugen, dass Foucault nicht der Teufel war, für den manche, und nicht die Geringsten, ihn gehalten haben.[326] Sie waren der Ansicht, dass sein Skeptizismus das Gute und das Normale ins Wanken bringe und dass es Foucault nur darauf angelegt habe, jede Moral und jede Normalität zu unterminieren. Doch dem war nicht so: Er hat nur einzelne Vorschläge zur Reform der bestehenden Ordnung unterbreitet (so wie die Abschaffung der Todesstrafe), und er lehrte weder Anarchie noch Ausschweifung. Doch man ahnt, woher dieser Irrtum kommt: Nach landläufiger Meinung respektiert man nur die Werte, die man für richtig hält, und gehorcht nur dem, was man für wahr hält. Nun wird aber diese Überzeugung nicht von allen geteilt: Ein philosophischer Geist kann, wenn er skeptisch ist, sehr wohl auf die Illusion einer wahrheitsgemäßen Grundlage verzichten und leben, ohne zu töten und zu stehlen, und auch ohne den Mord und den Diebstahl zu lehren: Dafür müsste er zuerst daran glauben …

Mit Recht erklärte Hume, dass der Skeptizismus nicht unser tägliches Leben bestimmen dürfe und dass ihm dies im Übrigen auch gar nicht gelinge. Da die Natur die Oberhand behält, spielt man weiterhin Tricktrack, unterhält sich gern und glaubt, dass die Sonne am nächsten Tag wieder aufgehen wird. Nur ein Stoiker konnte sich vorstellen, dass er seiner Libido Herr werden würde, wenn er bloß die Vorstellung verinnerlichte, dass die Liebe lediglich das Aneinanderreiben zweier Epidermen sei (Mark Aurel drückt sich in dem Zusammenhang noch drastischer aus). Die Natur bleibt vermutlich immer Sieger, selbst bei der Wahl unserer Lektüre: Man hört auf zu zweifeln, um die Philosophen, die so interessant und so intelligent sind, zu lesen (u. a. den heiligen Augustinus, der Leser wird sich vielleicht erinnern). »Die monumentale Arbeit von Gueroult hat den Leuten den Mut genommen, sich für Fichte zu interessieren«, sagte Foucault eines Abends, »und trotzdem muss es bei Fichte noch interessante Dinge zu entdecken geben.« Als Skeptiker ist man dennoch Mensch, nun sind aber, laut Husserl höchstpersönlich, die Grundinstinkte des Menschen der Herdentrieb, der Selbsterhaltungstrieb sowie die Neugier.[327]

Die Menschen sind eher im Alltäglichen und weniger im Metaphysischen verhaftet (nein, das ist kein Lehrsatz der allgemeinen Anthropologie, der Wissenschaft, auf deren Nichtigkeit ich hingewiesen habe, sondern ein Sprichwort, oder es könnte zumindest eines werden). Skeptiker zu sein bedeutet, im Kopf gespalten zu sein, dennoch lässt es sich so sehr gut leben und gefährlich ist das nur auf dem Papier. Man kann ohne Illusionen sein und trotzdem umso mehr Entschlossenheit beweisen, was bei meinem Helden der Fall gewesen ist. Was schert es uns, was man in Zukunft von uns denkt? Unsere Temporalität besteht aus unserer Aktualität. Schauen Sie sich die Studenten an: Sie studieren Platon, begeistern sich aber eher für die lebenden Philosophen, für die ihrer Zeit. Schauen Sie sich die Künstler an, zu einer bestimmten Zeit machen sie alle dasselbe, d. h. das, was gerade angesagt ist.

Wo wir gerade dabei sind: Die zentrale Bedeutung der Aktualität, die in der menschlichen Temporalität entscheidender ist als Vergangenheit und Zukunft (vermutlich wären Heidegger, Gadamer und Sartre mit dieser Einschätzung nicht ganz einverstanden), kommt auch in der Moral zum Tragen. Denken wir nur an das Ende der Sklaverei oder des Kolonialismus:[328] Um 1850, dann wieder um 1950, kam es hier zu einer Veränderung bezüglich des Fischglases. Das alte Fischglas, der alte Diskurs der Sklaven und der Kolonien, wurde in der aktuellen Situation hinfällig und wirkte nachträglich *eo ipso* genauso antiquiert wie die Öllampen oder die Segelschifffahrt; gleichzeitig zeigte sich im neuen Fischglas völlig zu Recht, dass die Sklaverei und der Kolonialismus allem, was recht und billig ist, zutiefst widersprachen. Um das Jahr 1960 hatte sich in den Augen De Gaulles und Raymond Arons die Kolonialisierung Algeriens als überholt und utopisch erwiesen (die »Kolonien« mit ihren »Eingeborenen«! Die Begriffe waren ebenso obsolet wie die Sache selbst). In den Augen der Linken war sie schlichtweg unerträglich. So können die Diskursveränderungen die Illusion erzeugen, dass ein gebieterisches und zeitloses ethisches Bewusstsein dem Fortschritt unterliegt.

Kann die Menschheit ohne Mythen, wie den Mythos des Bewusstseins oder den des Fortschritts, auskommen? Ich bin nicht sicher, doch man sieht, dass sie darauf nicht verzichtet, ebenso wenig wie auf die Religiosität oder auch die philosophische Neugier. Trotz aller Nietzsches und Foucaults dieser Welt möchte sie sich auf die Wahrheit berufen und hält für wahr, was sie gerne glauben möchte. »Mythen« ist ein zu mehrdeutiges

Wort, sprechen wir daher lieber von Augenwischerei. Der Kalvinismus war das Blendwerk der Wirtschaft des kapitalistischen Unternehmertums. Der Begriff Blendwerk ist Foucault ganz beiläufig aus der Feder geflossen, und man würde ihn gern wieder streichen, um darauf hinzuweisen, dass die Ästhetisierungen in höchstem Maße nutzlos sind: Sie antworten auf kein Bedürfnis (sondern schaffen es vielmehr erst) und verfolgen kein bestimmtes Ziel. Die Ziele, die sie angeblich anstreben, sind Vorwände: das Heil, die Seelenruhe, das Nirwana usw. Mehr als aus irgendeiner überzeugenden Lehre beziehen sie ihre Energie aus ihrer Freiheit, einem Impuls des Ichs, aus der geheimnisvollen inneren *black box.* Jene Lehre dient lediglich als Köder, als Rationalisierung sowie als Exerzierplatz.

Im Jahre 1968 unterstützte Foucault, damals Professor in Tunis, eine studentische Bewegung, die sich auf den Marxismus berief. Ein Generalstreik wurde von massivem Polizeieinsatz (Foucault wurde dabei übel zugerichtet) und Massenverhaftungen begleitet. Einer der jungen Männer wurde zu 14 Jahren Gefängnis verurteilt. Dieser Vorfall hatte Foucault sehr geschockt, und tief berührt kam er immer wieder darauf zu sprechen. Was er in diesem Zusammenhang erkannt hatte, war der »Beweis für die Notwendigkeit des Mythos, einer Spiritualität«, die »die Lust, die Neigung, die Fähigkeit und die Möglichkeit zu einem unbedingten Opfer [weckt, ohne] dass man darin den geringsten Ehrgeiz oder den geringsten Wunsch nach Macht und Gewinn vermuten könnte«.[329] Tatsächlich reichte die »marxistische Schulung der tunesischen Studenten [...] nicht sehr tief, und sie bemühten sich auch nicht um deren Vertiefung«. Die Exaktheit der Theorie und ihre Wissenschaftlichkeit waren für sie »völlig zweitrangige Fragen, die eher als Blendwerk dienten denn als Anweisung zu korrektem und richtigem Verhalten«.[330] Ein Blendwerk, das sind schlechte Gründe (doch kann es hier überhaupt gute geben?), die man sich zurechtlegt, um das, was man tun möchte, zu rechtfertigen. Wenn eine alte Frau aus naiven falschen Gründen die Todesstrafe verurteilt, hat sie nach ihrem Dafürhalten dennoch Recht: [331] Sie weiß, was sie will. Auf dem praktischen Handlungsfeld führt der Foucaultsche Irrationalismus zu einem individuellen Dezisionismus.

> Beschließen sie in der Politik das, was sie wollen,
> aber verzichten sie auf ausführliche Erörterungen

Foucault war nämlich nicht nur der genealogische Historiker, von dem bisher die Rede war, sondern er war immer auch politisch engagiert (wobei sein Programm in keiner Weise dem der legendären 68er entsprach). Für uns, die wir der Moderne angehören, verbindet sich, wie gesagt, die Historiker-Tristesse des Friedhofs der überlebten Gewissheiten mit der Aufforderung, das Leben fortzuführen. Foucault hatte diesen Widerspruch gelöst, indem er schlicht und einfach den Gordischen Knoten zerschlug. Erinnern wir uns an die von ihm aufgestellte Vorschrift: »Verwendet das Denken nicht dazu, einer politischen Praxis einen Wahrheitswert zu verleihen.«[332]

Der Dezisionismus enthob Foucault der Pflicht, seine militanten Aktionen auf die Wahrheit oder auf eine Lehre zu gründen. Und der Wissenschaftler, der er andererseits war, predigte seinen Zuhörern keinerlei Politik, und er tat es auch nicht in seinen Büchern. Seine eigenen politischen Präferenzen standen nicht immer in Einklang mit seinen Büchern oder seiner Lehre. Festzuhalten bleibt, dass die genealogische Geschichte das Arbiträre aller Institutionen und die Nutzlosigkeit aller Gewissheiten bloßlegt. Infolgedessen konnten die Leser und Hörer des Wissenschaftlers bei ihm Motive finden, um in gewissen Punkten gegen die bestehende Ordnung anzugehen. Möglicherweise hat der Wissenschaftler darüber insgeheim eine gewisse Befriedigung empfunden.

Deshalb folgt auf die gerade von mir erwähnte Vorschrift sogleich eine zweite: »[Verwendet] auch nicht die politische Praxis dazu, ein Denken zu diskreditieren, als ob es bloß reine Spekulation wäre.«[333] Foucault forderte hier nicht, wie Jean-Claude Passeron schreibt, eine Spaltung im Denken, sondern es handelte sich eindeutig um eine Verknüpfung zweier an sich inkommensurabler Praktiken. Die wissenschaftliche oder philosophische Analyse kann politische Interventionen motivieren[334] und darf folglich nicht missachtet werden.[335] Nach dem Zeugnis Passerons, der es unmittelbar miterlebt hat, »hat er denjenigen seiner Freunde, die ihm am heftigsten widersprachen, niemals verheimlicht, dass seine politischen Revolten vor allem Herzensangelegenheiten seien, und denen, die ihn von Berufs wegen verwünschten, hat er niemals verschwiegen, dass seine Zornesausbrüche auf eine philosophische Fragestellung zurückgingen«.

»Die Kritik [wird hier] verstanden als Analyse der historischen Bedingungen, gemäß denen sich die Bezüge zur Wahrheit, zur Regel und zu sich bildeten.«[336] Die Lehre Foucaults ist eine Kritik an der Aktualität, die sich hütet, Handlungsanweisungen zu diktieren, aber Kenntnisse für das Handeln bereitstellt. Dies veranlasste ihn in seinem Todesjahr, eine neue Konzeption der Philosophie vorzulegen, deren Vaterschaft er Kant zuschreibt (doch er dachte schon seit 15 Jahren darüber nach, wie eine Passage in *L'Archéologie du savoir* beweist,[337] in der er sich allerdings noch unschlüssig zeigt). In einer kleinen Schrift mit dem Titel *Was ist Aufklärung?* versuchte der deutsche Philosoph des Zeitalters der Aufklärung, seine eigene Zeit zu charakterisieren. Die *Aufklärung*[338] nennt sich hier selbst *Aufklärung*[339]. Die Menschen eines bestimmten Jahrhunderts, und zwar des 18., konnten sagen: »Wir, die Menschen des 18. Jahrhunderts und der Aufklärung« und hatten den Eindruck, dass sie sich von ihren Vorfahren unterschieden. Kant ist nicht bestrebt, seine Epoche in sich selbst zu charakterisieren: »Er sucht einen Unterschied: Welchen Unterschied führt sie [die Aufklärung] *heute* gegenüber *gestern* [Hervorhebungen P. V.] ein?«[340]

Nach Foucault könnte das, was man unter Philosophie versteht, von nun an auch stets darin bestehen, nicht die Vergangenheit wissenschaftlich zu interpretieren oder die Totalität oder die Zukunft zu durchdenken, sondern darin, die Aktualität zu beschreiben und sie, in Ermangelung einer Alternative, auf negative Weise zu charakterisieren, »eine Diagnose der Gegenwart« zu erstellen, »die uns sagt, was die Gegenwart ist; die uns sagt, worin sich unsere Gegenwart von allem anderen, also der Vergangenheit, unterscheidet, und zwar absolut unterscheidet«.[341] Außer dieser historischen Kritik hält unser Autor keine andere Philosophie mehr für möglich. Außerhalb von ihr gibt es nichts, was für unsere Epoche hilfreich ist: »Doch was ist dann die Philosophie heute – ich meine die philosophische Aktivität –, wenn nicht die kritische Arbeit des Denkens an sich selbst?«[342]

Wie wir gesehen haben, spielt sich unser Denken in jedem Augenblick im Inneren eines Diskurses ab, der sich nicht selbst erkennen kann, der jedoch zumindest die Feststellung erlaubt, dass wir anderes denken als die Menschen der Vergangenheit. Ja, es wird sogar genügen, dass das Projekt einer Genealogie oder einer Archäologie Gestalt annimmt und dass diese Form der Distanzierung als Möglichkeit erscheint, um uns von uns selbst und unserem Heute zu entfernen.[343] Bei diesem Projekt tut sich ein Abgrund vor uns auf: »Wir *sind* Unterschied«, und mehr wissen wir nicht.[344] Ein solches Differenzierungsunterfangen ist mehr als Geschichte, es verdient den Namen Philosophie, weil es auf negative Weise eine Reflexion über uns selbst darstellt und darüber hinaus Reaktionen provoziert. Tatsächlich sät die archäologische Geschichte den Zweifel. Von nun an wird ein Sprung, ein »virtueller Bruch«,[345] unser Ich ebenso wie unsere Gewissheiten durchziehen: Nicht mehr daran rühren, sie sind beschädigt. Oder rühren Sie doch daran, wenn Sie dazu entschlossen sind: Die neue Philosophie, um die es hier geht, ist »die für die Politik unerlässliche Geschichte«.[346]

Diese neue Philosophie macht mit Worten das, was die Freiheit täglich zu leisten vermag: denken, reagieren und unseren Standpunkt, so wie das Dispositiv ihn herausgebildet hat,[347] mit allem Nachdruck problematisieren.[348] Die Differentialontologie unserer selbst ist eine historische Exegese unserer Grenzen, die deren Überschreitung ermöglicht.[349] Wenn man darangeht, seine eigene Geschichte zu denken, heißt das, »das Denken von dem [zu] lösen, was es im Stillen denkt, und es ihm [zu] ermöglichen [...], anders zu denken«, anstatt das zu legitimieren, was man bereits weiß,[350] wie es die Philosophie früher viel zu oft getan hat. Die Genealogie der Rationalität erschüttert die Gewissheiten und Dogmatismen wirkungsvoller, als spitzfindige Überlegungen es könnten.[351] Foucault legt es darauf an, »einige Evidenzen zu zersetzen«, er will zeigen, dass das, was ist, nicht immer gewesen ist, dass es genauso gut nicht sein könnte und nur das Produkt einiger Zufälle und einer heiklen Geschichte ist.[352] Die Philosophie wird zu einer »permanenten Kritik unseres historischen Seins«, um »die unendliche Arbeit der Freiheit«[353] wieder in Gang zu setzen, diese Historizität, die zu keinem Ende der Geschichte führt.

Eine Kritik, die alles Positive vermissen lässt: Wir können die Strecke, die die menschliche Spezies in der Vergangenheit zurückgelegt hat, wissenschaftlich erforschen, wir können unsere Gegenwart in Zweifel ziehen, aber wir werden zu keiner positiven Wissenschaft der Menschheit, ihres Schicksals und ihrer Irrungen gelangen. Und vielleicht liegt dies am spezifischen Sein des Menschen, jenes ruhelosen Lebewesens, von dem man nichts weiter wissen kann als seine Geschichte, diese Negativität ohne Totalität. Der Foucault, der so denkt, ist ein entfernter Nachfahre der Aufklärung und ein Schüler des freidenkerischen Nietzsche, des Verfassers der *Morgenröthe* und der *Fröhlichen Wissenschaft.* Er analysiert die Irrtümer, Illusionen und Trugbilder mit einer Klarheit, die vernichtend ist.

Weiter geht er als Denker jedoch nicht, er macht diese Irrtü-

mer, Illusionen und Trugbilder nicht eigenhändig zunichte. Als
Mensch, als politisch engagierter Kämpfer, gehörte Foucault
ebenso wenig zu den 68ern wie zu den Strukturalisten. Er glaubte weder an Marx noch an Freud, weder an die Revolution noch
an Mao, und privat machte er sich über den naiven Fortschritts-
glauben lustig. Ich erkenne bei ihm keine grundsätzliche Einstellung gegenüber den weitreichenden Problemen der Dritten
Welt, der Konsumgesellschaft, des Kapitalismus oder des amerikanischen Imperialismus. Denn auch hier hat die Endlichkeit
verheerende Folgen, sie trennt unwiderruflich den Wissenschaftler von dem, der Partei ergreift. Auf uns wartet noch eine
Überraschung: Foucault stellte sich stillschweigend gegen Raymond Aron, doch der Radikalere von beiden war nicht der, von
dem man es erwarten würde. Aron glaubte nicht, dass die Kluft
zwischen dem Wissenschaftler und dem politisch Engagierten so
tief sei, wie von Max Weber angenommen, der in seinen Augen
zu nominalistisch war. Es war der vermeintliche Extremist von
Vincennes, der diese Kluft für unüberbrückbar hielt.

Da, wie Foucault schreibt, alle Dinge geschaffen worden sind,
»können sie unter der Bedingung, dass man weiß, wie sie geschaffen wurden, wieder aufgelöst werden«. Doch die genealo-
gischen »Beschreibungen«, die der Professor Foucault seinen
zahlreichen Hörern vorlegte, haben, wie er weiter ausführte,
»niemals den Wert einer Vorschrift«.[354] Jeder kann daraus machen, was er will. Die Aufgabe eines Intellektuellen ist es, die
Evidenzen zu Fall zu bringen, »die übernommenen Vertrauthei-
ten zu zerstreuen«; es ist nicht die, »den politischen Willen anderer zu formen; [es ist] nicht die, anderen zu sagen, was sie zu
tun haben. Mit welchem Recht sollte man das tun?«[355] Es sei lächerlich, den anderen Vorschriften zu machen.[356] Jedes Jahr erklärte der Professor am Anfang seiner ersten Vorlesung: »Die
Dinge [haben] sich in meinen Augen etwa in dieser Weise abge-
spielt.« Aber ich weigere mich, »den Leuten zu sagen, was sie
tun sollten oder was richtig und was falsch sei«.[357]

Wenn der Genealoge auch nicht anstelle der anderen wollen kann, so kann er doch den Menschen klar machen, »was sie über ihre eigene Situation nicht wissen, über ihre Arbeitsbedingungen, ihre Ausbeutung«. Dieses Wahrheitsspiel steht im Gegensatz zum Wahrheitsspiel der Ausbeuter.[358] Zu Beginn einer anderen Vorlesung[359] erklärte er im Kern Folgendes:

Ich werde Ihnen nicht sagen: Das ist der Kampf, den wir führen müssen, denn ich sehe nicht, auf welcher Basis ich das tun könnte, außer vielleicht, wenn ich mich auf ein ästhetisches Kriterium berufen würde (d. h. ohne Grund, ohne eine andere mögliche Rechtfertigung als das reine Vergnügen, über das sich ebenso wenig streiten lässt wie über den Geschmack). Hingegen werde ich Ihnen einen bestimmten aktuellen Diskurs der Macht beschreiben, als ob ich vor Ihnen eine strategische Karte entfalten würde. Wenn Sie kämpfen wollen, werden Sie, je nachdem, für welchen Kampf Sie sich entscheiden, hier sehen, wo Sie mit Widerstand rechnen müssen und wo Sie möglicherweise Aussicht auf Erfolg haben.

Die Beziehung zwischen Foucault und seinen Hörern war wie die zwischen einem Fürsten und seinem Ratgeber. Der Fürst erklärt: »Ich will das Glück meiner Völker.« Daraufhin antwortet ihm der gelehrte Ratgeber: »Wenn dies Ihre Entscheidung ist, müssen Sie diese und jene Mittel anwenden, um Ihre Ziele zu erreichen.« Nicht jede politische Reflexion ist unmöglich. Aber sobald die Ziele aufgrund einer freien Entscheidung oder vielleicht auch aufgrund einer königlichen Laune festliegen, kann sich die Reflexion nur noch auf die Rationalität der Mittel richten, nicht mehr jedoch auf eine eventuell unmögliche Rationalität der Ziele. Dies nicht, weil Sachurteile (»Das ist Rassismus«) etwas anderes sind als Werturteile (»Rassismus ist schlecht«) und weil man von dem, was ist, nicht ableiten kann, wie es sein müsste: Das liegt an der Endlichkeit.

Jeder hat die Aufgabe zu wissen und zu verlangen, was er will, ohne diese Verantwortung an Gesetzestafeln oder eines ihrer Surrogate – Natur, Tradition, Autorität, Ideal, Nützlichkeit, Angeborensein, Sympathie, kategorischer Imperativ, Lauf der Geschichte – abgeben zu können. Foucault beschränkte sich auf die Feststellung, dass seine Ansichten, Stellungnahmen und Interventionen eine von ihm getroffene persönliche Wahl darstellten, die er weder rechtfertige noch vorschreibe, da keine noch so subtile Argumentation ihre Richtigkeit beweisen könne. »Ich stelle mich nicht als universellen Kämpfer [...] in den Vordergrund. [...] Wenn ich wegen diesem oder jenem kämpfe, so tue ich das, weil in Wirklichkeit dieser Kampf für mich in meiner Subjektivität wichtig ist.«[360] Er kämpfte gegen die Hochsicherheitstrakte in den französischen Gefängnissen, die er unerträglich fand. »Wenn das unerträglich ist, dann erträgt man es nicht mehr«, schloss er, um den philosophischen Kommentar seiner politischen Idiosynkrasie abzukürzen (wie sich Passeron ausdrückt). Und in Vincennes klagte man über die Launenhaftigkeit, mit der er sich für oder gegen eine bestimmte Aktion entschied.

Eines Abends sahen Foucault und ich auf seinem winzigen Fernsehbildschirm eine Reportage über den israelisch-palästinensischen Konflikt. Auf der Bildfläche erscheint ein Kämpfer einer der beiden verfeindeten Lager (von welchem, ist hier unerheblich) und erklärt: »Seit meiner Kindheit kämpfe ich für meine Sache, so ist es, das ist meine Natur, mehr will ich dazu nicht sagen.« – »Na also«, rief Foucault, erfreut darüber, sich kein Geschwätz anhören zu müssen, das bestenfalls im Dienst der Rhetorik und Propaganda gestanden hätte. Stellen wir uns für einen Augenblick eine Bürgerschaft vor, in der man über die großen Ideale nicht ausgiebiger als über die ästhetischen Vorlieben diskutieren würde, ein Byzanz ohne haarspalterische Auseinandersetzungen ... Was mich angeht: Ich bin ein Freund Amerikas, ein Anhänger der Atomenergie sowie des Stierkampfes:[361] Werde ich deshalb den Menschen meiner Umgebung damit auf die Nerven gehen, dass ich ihnen meine guten Gründe dafür darlege?

Doch nur selten verzichten wir darauf, uns auf diese Weise selbst ins Recht zu setzen. Normalerweise geben wir dem nach, was Foucault als den Willen zur Wahrheit bezeichnete. Gelegentlich begnügen wir uns damit, unsere Entscheidung als schlichte Tatsache hinzustellen. Ein Patriot wird vielleicht sagen: »*Right or wrong, my country*«. Aber des Öfteren wird er das Bedürfnis haben zu versichern, dass sein Vaterland recht hat oder dass die echte Moral darin besteht, für sein Vaterland Partei zu ergreifen; so stark ist der Wille zur Wahrheit. Um den heiligen Augustinus[362] zu zitieren: »Man liebt die Wahrheit wohl, aber so, daß wer etwas anderes liebt als sie, nun auch will, daß eben das die Wahrheit sei.« Bedarf es des Hinweises, dass unsere Rechtfertigungen Sophismen sind, dass wir die Wahrheit gemäß unseren Präferenzen beurteilen und diese nicht an der Wahrheit ausrichten? Und unsere Präferenzen geben Auskunft über die Ziele.[363] Jedermann verhält sich so, die zahlreichen Verteidiger des *logos*, der Wahrheit, der Vernunft und der Urteilskraft eingeschlossen. Wie Spinoza lehrte,[364] wünschen wir uns eine Sache nicht deshalb, weil wir sie für gut befinden, sondern wir befinden sie für gut, weil wir sie uns wünschen.

Dieser Wille zur Wahrheit darf gewiss nicht ungehemmt zum Tragen kommen, da er zu einem Machtinstrument, einem Propagandamittel werden kann, und man weiß ja, welche Macht die Sprache besitzt.[365] Außerdem ist der Wille zur Wahrheit kontingent. Er ist im Westen stärker markiert als andernorts, er ist in einflussreichen, offiziellen, autoritären Wissenschaften organisiert. Dennoch entziehen sich ihm manche Köpfe. Dabei handelt es sich weniger um Philosophen mit ihrem *logos* als um Menschen der zweiten Funktion nach der Definition Dumézils, nämlich um Krieger mit ihrem Ungestüm, ihrem Zorn, ihrem *thymos*.[366] Foucault aber war ein Krieger, und ein solcher drischt keine Phrasen, hält keine Plädoyers und behauptet nicht, er habe Recht: Er ist nicht empört, sondern zornig. Er hat sich seiner Sache bemächtigt, besser gesagt, sie hat sich seiner bemächtigt, er kämpft für sie und ist nicht bereit zu diskutieren. Er ist nicht überzeugt, sondern entschlossen (»Wenn man Überzeugungen hat, ist man ein Dummkopf«, erklärte er einmal). Wir befinden uns wieder unter dem zwischen den Göttern hin- und hergerissenen Himmel, von dem bei Max Weber die Rede ist.

Ein möglicher Einwand könnte lauten: »Aber warum sollten die Menschen die Dinge ändern wollen, wenn sie keinerlei *Grund* dafür haben?« In der Tat, aber es ist nun einmal so: Weil sie über keinen cartesianischen Intellekt verfügen, treffen sie ohne guten Grund ihre Entscheidungen und legen sich irgendein Argument dafür zurecht, und diejenigen, die nichts ändern wollen, haben dafür ebenfalls keinen Grund. In Ermangelung einer besseren Alternative ist Foucault ein Vertreter des Voluntarismus. Er besteht nicht darauf, dass man das, was man will, wollen *muss*, glaubt jedoch *feststellen* zu können, dass dies die Art sei, wie die Menschen sich verhalten. Was er persönlich grässlich fand, war das Bestreben, allen Menschen die eigene Wahrheit aufdrängen zu wollen, und, wie er sich gerne ausdrückte, für den anderen nur das Beste zu wollen. Dies war die Vorgehensweise des Christentums, des Marxismus und leider[367] bereits auch der heidnischen Weisheitslehren.

Auf diesen Punkt kam Foucault immer wieder zurück: »Es ist eine ganz persönliche Angelegenheit, wenn ich mich entschließe, in der Frage der Gefängnisse oder der psychiatrischen Anstalten oder irgendeiner anderen Frage politisch aktiv zu werden.«[368] Oder auch: »Ich führe mich niemals als Prophet auf. Meine Bücher sagen den Leuten nicht, was sie tun sollen.«[369] Er selbst kämpfte, wie gesehen, für das, was ihm »in seiner Subjektivität« wichtig war.

Diese Subjektivität war keine pure Launenhaftigkeit, sie gründete sich auf persönliche Erfahrung und Kompetenz. Das unterdrückte Polen lag ihm besonders am Herzen,[370] weil er an der französischen Botschaft in Warschau einen Posten bekleidet und gesehen hatte, wie das Land unter der sowjetischen Knute leiden musste, und weil er »das sozialistische Elend und den dafür erforderlichen Mut«[371] kennengelernt hatte. Seine scharfe Verurteilung der stalinistischen Verbrechen habe ich bereits erwähnt. Er empfand außerdem eine tiefe Sympathie für die Ausgeschlossenen, die Unterdrückten, die Aufrührer und Außenseiter. Dies erklärt auch die leidenschaftliche Freundschaft (nicht mehr und nicht weniger), die ihn, wie er mir sagte, eine Zeitlang mit Jean Genet verband.

Lassen wir einen Zeugen und Weggenossen zu Wort kommen: Gelegentlich verspürte Foucault »das dringende Bedürfnis, einen politischen Schlag gegen die Unmenschlichkeit der Hochsicherheitstrakte zu führen oder gegen einen anderen dieser Skandale, die aus Kurzsichtigkeit als apolitisch galten und bei revolutionären Parteien und religiösen Wohltätigkeitsvereinen immer auf Gleichgültigkeit stießen, die die Gefühle der Menschen nicht berührten und gegen die progressive Wissenschaftler keine Petitionen verfasst hatten«.[372] Er hat sich für die Legalisierung der Abtreibung eingesetzt,[373] hat es allerdings bei den Präsidentschaftswahlen von 1981 abgelehnt, sich den Aufrufen zugunsten von François Mitterrand anzuschließen, mit der Begründung, dass ein Intellektueller keine Gewissensinstanz sei. Da er sich des Dilemmas zwischen Rhetorik und Philosophie, zwischen Propaganda und Skeptizismus bewusst war, verzichtete er darauf, seine jeweilige Sache mit Argumenten zu rechtfertigen: Er versuchte vielmehr, Empörung zu wecken und wartete darauf, dass sich ihm eine Handvoll gleichfalls Empörter anschließen würde. Die großen Fragen gehörten nicht in sein Ressort, aber er kämpfte unablässig für Reformen. Wenn man seine Biographie Monat für Monat nachverfolgt,[374] sieht man, wie er fortwährend gegen »kleine« Ungerechtigkeiten aller Art ankämpft, gleichsam als Weltverbesserer, ein Ausdruck, der am ehesten beschreibt, worin sein politisches Engagement bestand.

Er hatte zwar gegen die Todesstrafe Stellung bezogen, doch ein Gesamtprogramm besaß er nicht. Im Einklang mit seiner skeptischen Philosophie hatte er nur rein persönliche und häufig negative Überzeugungen, so wie etwa diese: Man *kann nicht* aus Prinzip die Revolte verbieten, man *kann nicht* im Namen der vermeintlichen Rationalität der Gegenwart die anbrechende Zukunft ablehnen. Man darf unserem Autor entgegenhalten, dass man aus so allgemein formulierten Prinzipien keinen positiven Schluss ziehen kann. Infolgedessen könnte es nicht mehr Grund geben, sich aufzulehnen, als es nicht zu tun. Die Zukunft wird, gleichgültig, wie sie sein sollte, nicht rationaler sein als die Gegenwart oder die Vergangenheit – wie also sollte man dem einen gegenüber dem anderen den Vorzug geben? Aufgrund einer Idiosynkrasie, aufgrund einer persönlichen Vorliebe, worüber sich aber ebenso wenig streiten lässt wie über die Farben. Er war sich bewusst, dass seine politischen Ansichten nicht immer mit den meinen übereinstimmten, dennoch hielt er mir keine Predigten und wies mich auch nicht zurecht.

X
Foucault und die Politik

Das erste Prinzip seiner Idiosynkrasie – man darf der anbrechenden Zukunft nicht abweisend begegnen – ließ ihn seine *Histoire de la sexualité* (deutsch: *Sexualität und Wahrheit*) letztendlich als Beitrag zu einer neuen Morgenröte interpretieren.[375] Diesem umfangreichen Werk lag eine dieser unkonventionellen Ideen zugrunde, die er so sehr schätzte (die Sexualität ist eher der Gegenstand einer kulturellen Besessenheit als die Zielscheibe der Unterdrückung, die man ständig anprangert).[376] Dann hatte er sein Interesse an den antiken Philosophien entdeckt und sich von ihnen mitreißen lassen und war so zum Analytiker der sokratischen »Sorge um das Selbst«[377] und der Selbstkonstituierung des Subjekts oder der Ästhetisierung geworden. Und zum Schluss hatte er sich gesagt, dass die Menschen in diesem umfangreichen Werk summa summarum einen Beitrag zur Zukunft finden könnten, die sich oberhalb eines im Sterben liegenden moralisierenden Diskurses bereits abzeichne. Möglicherweise hat der Wissenschaftler auch hier insgeheim eine gewisse Befriedigung empfunden. Schließlich war das, was er da getan hatte, die normale Aufgabe eines Intellektuellen.[378]
Man braucht nur zu zitieren:

»Von der Antike zum Christentum geht man von einer Moral, die im Wesentlichen Suche nach einer persönlichen Ethik war, zu einer Moral als Gehorsam gegenüber einem System von Regeln über. Und für die Antike interessiere ich mich, weil aus einer ganzen Reihe von Gründen die Idee einer Moral als Gehorsam gegenüber einem Kodex von Regeln jetzt dabei ist zu verschwinden, bereits verschwunden ist. Und diesem Fehlen einer Moral entspricht eine Suche, muss eine Suche entsprechen, nämlich die nach einer Ästhetik der Existenz.«[379]

Beachten wir die Ungenauigkeit des Wortes *muss*: Ist eine objektive Wahrscheinlichkeit gemeint? Da es dem freien menschlichen Subjekt vor der Leere graut, wird sich diese Leere vermutlich füllen. Doch ist es nicht auch die Aufgabe, ja die Pflicht eines Philosophen (so wie er diese Aufgabe verstand), hier seinen Beitrag zu leisten? Foucault predigt keine von ihm selbst erfundene moralische Ordnung, sondern unterstützt einen spontanen Prozess.

Das zweite Prinzip seiner Idiosynkrasie ließ ihn im Jahre 1979 Partei ergreifen für die islamistische Erhebung gegen den Schah des Irans. Vor dem Sieg der Anhänger des Ajatollah Khomeini hatte dieser bekanntlich in Frankreich, von wo aus er den Aufstand steuerte, Zuflucht gefunden. Der Aufstand hatte in Frankreich, zumindest in Vincennes, unter den fortschrittlichen Kräften, den Tiers-Mondisten und Feinden des Imperialismus, Stürme der Begeisterung hervorgerufen. Ich kann neben anderen bezeugen, dass Foucault diesen naiven Enthusiasmus nicht teilte. Aber er hatte eine persönliche Vorliebe für jede Revolte, und in jener sah er eine Befreiungsbewegung des Volkes. Er wollte mehr darüber wissen (so verfolgte er das aktuelle Geschehen, um die linksgerichtete Tageszeitung *Libération* davon profitieren zu lassen), und darüber hinaus faszinierte ihn Khomeinis starke Persönlichkeit.

Er zeichnete sich aus durch eine geistige Aufgeschlossenheit für das Neue, das Unbekannte,[380] und er war, bedingt durch seine Skepsis, frei von Dogmatismus. Die Zukunft ist unvorhersehbar, unvorstellbar, und Foucault war empfänglich für die Feierlichkeit des Werdens: Diese Zukunft wollte er nicht auf die westlichen Ideale beschränken, aus dem Schleier der Frauen keine *ultima ratio* machen … Folglich besuchte er Khomeini in Neauphle-le-Château, wo der französische Staat ihm Gastfreundschaft gewährt hatte, und nach seiner Rückkehr sagte er mir: »Du verstehst schon, dass man dort hingeht: ein Mann, der mit einem einzigen aus der Ferne gesprochenen Wort imstande

ist, Hunderttausende von Demonstranten gegen die Panzer in
den Straßen Teherans zu mobilisieren.« Er fügte hinzu: »Er hat
mit mir über sein Regierungsprogramm gesprochen. Ihn an die
Macht kommen zu lassen, wäre eine riesengroße Dummheit«
(bei diesen Worten hob Foucault die Augen mitleidvoll zum
Himmel). Soweit mein Augenzeugenbericht.

Zweifelsohne betrachtete Foucault die iranische Revolution
als den Befreiungskampf eines Volkes. Auch das sozialistische
Regime, das er in Polen beobachtet hatte, war in seinen Augen
eine fremde, durch die sowjetischen Panzer aufgezwungene Ge-
waltherrschaft. »Ohne die russische Besatzung würde sich der
Kommunismus keine zwei Tage lang halten«, sagte er. Doch das
ist noch nicht alles: Foucault war in seinem Denken gewiss nicht
auf die westliche Welt fixiert, er teilte auch nicht den Glauben
an die Demokratie und die Menschenrechte oder den Glauben
an die Gleichberechtigung der Geschlechter, Maximen, die für
viele von uns allesamt Dogmen sind. Vielleicht hatte er den Eindruck, dass es sich um fragile Errungenschaften handelte, die,
wie alles auf dieser Welt, nicht endlos Bestand haben würden.
Und vor allem enthielt er sich des Urteils: Aus Antidogmatis-
mus war er weder dafür noch dagegen. Er schwebte hoch über
der Weltgeschichte.

Gleichzeitig zeigte er sich prinzipiell wohlwollend gegenüber
den Neuerungen, die die Geschichte ans Licht bringen würde.
Zum ersten Mal kam es auf der Welt zu einer islamistischen Bewegung, und die Auswirkungen dieses Phänomens waren noch
fast unbekannt. Foucault erklärte, er sei »beeindruckt von
diesem Versuch, der Politik eine religiöse Dimension zu erschließen«. Während die Religion die geringste seiner Sorgen
war, beschäftigte er sich mit jenen Iranern, »die selbst unter Le-
bensgefahr nach dem suchen, was wir seit der Renaissance als
Möglichkeit aus den Augen verloren haben: eine politische Spiritualität«. Und er fügte hinzu: »Ich höre bereits das Lachen einiger Franzosen, aber ich weiß, dass sie Unrecht haben.«

Versuchen wir, uns Klarheit zu verschaffen. Seine vom Standpunkt des Sirius getroffene Ablehnung jedweden Dogmas konnte in dieser Neuerfindung der Geschichte im Prinzip nichts Unrechtes sehen, konnte ihr aber auch nicht recht geben. Zumindest konnte er eine Position wohlwollender Neutralität einnehmen und, ohne *de facto* zum Verfechter dieser politischen Spiritualität zu werden, Verständnis für sie bezeugen und sich vor der Feierlichkeit des Werdens verneigen. Doch in Wirklichkeit war er von dem Heldentum, das die iranischen Massen gegenüber der Polizei und der Armee an den Tag legten, zutiefst erschüttert. Deswegen hat er, glaube ich, seine Neutralität aufgegeben und für die Aufständischen Partei ergriffen, ohne abzuwarten, ob der Islamismus Gründe liefern würde, um sich zu entrüsten, Gründe, die den Ausbruch punktueller Revolten rechtfertigten. Daher war er gewiss auch versucht, auf intellektuelle Weise versucht, in einem extremen Fall seine prinzipielle Distanz zu unseren westlichen »Wahrheiten« in aller Deutlichkeit zu demonstrieren. *Nobody is perfect.*

Foucaults Eintreten zugunsten Khomeinis versetzte iranische Emigranten, die den Islamismus und den Obskurantismus ablehnten, in Rage und sie schlugen ihn vor der Tür seiner Pariser Wohnung zusammen. Doch um ihn zu beeindrucken, brauchte es mehr; empfindlicher reagierte er auf die Kritiken an seiner Haltung, die in der französischen Presse erschienen. Ich bringe es nicht übers Herz, mich über die Folgen zu verbreiten.

Gut, zugegeben: die Feierlichkeit des Werdens ... Man wird mir entgegenhalten: »All das beweist klar und deutlich, dass der Skeptizismus falsch ist, da er nichts bringt und dem Menschen nicht sagen kann, was er zu tun hat!« Aber wo hat man es je erlebt, dass eine wie auch immer geartete Philosophie oder Religion in der Lage gewesen wäre, uns entsprechend zu belehren, außer mithilfe einer Illusion, an die wir, weil sie uns zusagt, gerne glauben wollen? Wo hat man, außer bei Moralpredigten, je erlebt, dass die Welt so gut eingerichtet ist, dass sich die Wahrheit an ihrer Nützlichkeit bemisst? Die Welt ist auch nicht schlecht eingerichtet, sie ist überhaupt nicht eingerichtet oder zumindest nicht für uns. Wir müssen alles ganz allein entscheiden, alles allein wählen, vom Himmel oder vom Transzendentalen wird keine Wahrheit über uns kommen.

Foucault hat seine Wahl getroffen; unter Umständen hätte er später anders entschieden. Festzuhalten bleibt, dass Foucault einen Iran für möglich hielt, »der der Politik eine religiöse Dimension erschließen würde«. Unabhängig vom Anekdotischen wirft dies ein grundsätzliches Problem auf oder bringt, besser gesagt, die gespaltene Einstellung ans Licht, die logischerweise für jeden Skeptiker und jeden Menschen, der sich keine falschen Vorstellungen von sich selber macht, kennzeichnend ist. Wäre sie nicht gespalten, wäre sie selbstmörderisch. Denn welche Position könnte der Skeptiker angesichts der Ungewissheit einer Zukunft einnehmen, in der Köpfe wie er nicht mehr ihren Platz hätten? Was würde aus dem Genealogen, der diese feierliche Zukunft bewundert, wenn dieses Werden ihm eine Gesellschaft aufzwänge, in der die Religion, die Ideologie oder einfach nur die Unkultur es ihm verwehrten, Genealoge zu sein? Die Genealogie, der Skeptizismus, die Freiheit des Denkens sind der Luxus der westlichen und verwestlichten Menschen.

Keine Angst, ich werde keine Moralvorschriften machen, dem skeptischen Denker nicht verbieten, an der Kultur zu zweifeln, die ihm das Zweifeln erlaubt, ich werde ihn nicht auffordern, das Zweifeln zu unterlassen, um sich die Freiheit, zweifeln zu können, zu erhalten. Ich wollte lediglich daran erinnern, dass manche Einstellungen eine Spaltung der Persönlichkeit nach sich ziehen können. *Impavidum ferient ruinae …*[381] Um furchtlos dem Zusammenbruch einer Denkweise, die man teilt, beizuwohnen und um in diesem Zusammenbruch die Bestätigung dessen zu sehen, was man denkt, muss man sich aufspalten und sich geistig außerhalb seiner Zeit und seines Körpers stellen.

Die meisten Philosophien gehen aus von unserer Welt, wie sie nun einmal ist, und finden sie bei ihrem *happy end* intakt und wohlbegründet wieder. Für andere jedoch, etwa für die Anhänger Nietzsches, gibt es kein glückliches Ende.[382] Schlimmer noch, die Wahrheit und das Leben sind miteinander verfeindet, wobei die Wahrheit die Möglichkeit ihres Todes auf Kosten einer Spaltung für tatsächlich gegeben hält. Es ist, wie wir gesehen haben, sophistisch, zu behaupten, dass die skeptische *Lehre* sich ereifert. Hingegen ist der *Doktrinär* gezwungen, seine Lehre zu verdrehen, da man ja leben muss. Zumindest wird er das Denken nicht dazu verwenden, um seinen politischen Entscheidungen einen Wahrheitswert zuzuschreiben ...

Das innere Erleben entpersonalisieren

Doch in dieser Lehre, die er auf seine Kosten verkündet, kann der Skeptiker gleichzeitig eine Entpersonalisierung anstreben, einen lebendigen Tod. Diese Entpersonalisierung – diese Spaltung – ist ein spiritueller Drahtseilakt, der einer Religion gleichkommt. Es handelt sich um einen Versuch (platonisch natürlich, wie bei allen Religionen), zum reinen Geist zu werden, um die Einstellung gegenüber der Beziehung, die wir zur Welt haben, eine Beziehung, die Heidegger als *Stimmung*[383] bezeichnet und die nicht nur aktiv und kognitiv, sondern auch affektiv und existentiell ist. Die Erde unseres Todes drückt uns nieder und ignoriert uns, wir erleben die Überraschung, dass der unbeugsame Foucault sie deshalb anklagt. Auch ein Dichter hat dies getan:

Elle me dit: »Je suis l'impassible théâtre
Que ne peut remuer le pied de ses acteurs ...«[384]

Indem ich mich spalte, um die Wahrheit zu sagen, so schreibt Foucault, »[schaffe] ich jedes Innere im Draußen [ab], das so indifferent gegenüber meinem Leben ist und so *neutral*, dass es überhaupt keinen Unterschied macht zwischen meinem Leben und meinem Tod«.[385]

Eine Entpersonalisierung, nach der jeder strebt, der um jeden Preis die Wahrheit sagen will, um auf die kosmische Indifferenz mit einer gleichen Indifferenz zu antworten.

Le juste opposera le dédain à l'absence
Et ne répondra plus que par un froid silence
Au silence éternel de la Divinité.[386]

Nur noch die Dinge sprechen lassen, um selbst zu einem stummen Phantom zu werden. Wie man sieht, war unser Held nicht einfach, er hatte nicht den monolithischen Charakter der politisierten Intellektuellen der Nachkriegszeit, die als gute Aktivisten für den gerechten Kampf zur Vereinfachung tendierten.

Diese Entpersonalisierung kennzeichnet auch, ohne dass sie sich dessen immer bewusst sind, den Ethnologen, der für alle Kulturen die gleiche Würde postuliert,[387] oder den Historiker, der nötigenfalls bereit ist, Stellung zu beziehen gegen die Dinge, die ihm am meisten am Herzen liegen. Wie war Michel Foucault zu diesem Willen, die Wahrheit zu sagen, gekommen? Alles, was ich von seiner intellektuellen Entwicklung weiß, ist dies: Wie er mir *expressis verbis* erklärte, hatte er mit etwa 20, in jenen Jahren um 1945, wie so viele andere, anfänglich den Marxismus *grosso modo* für eine ganz und gar vernünftige Sache gehalten, und er war der kommunistischen Partei beigetreten. Er gehörte mithin zu jener Generation junger Franzosen, die sich eine individuelle Denkweise aneigneten, indem sie über die marxistischen Theorien ihrer Jugend hinauswuchsen. Das bescherte ihnen einen gewissen Vorsprung: Von diesem theoretischen Sprungbrett aus konnten sie zu ihren geistigen Höhenflügen ansetzen, ohne bei null anfangen zu müssen.

Seit Beginn der 1950er Jahre hatte sich Foucault stillschweigend vom Marxismus entfernt. In unserem Quartett kommunistischer

Studenten (Jean-Claude Passeron, Gérard Genette, Jean Molino und der Verfasser dieser Zeilen),[388] von dem er um 1954 in der rue d'Ulm umgeben war, äußerte er sich der Partei gegenüber äußerst bissig. Für uns war in dem eher gemäßigten Milieu der rue d'Ulm der Umgang mit Foucault sehr lehrreich: Wir kamen nicht nur in den Genuss seiner intelligenten Ausführungen, sondern hatten auch das Glück, einen, der »nicht war, wie die anderen«, aus der Nähe zu erleben. Was ihn in philosophischer Hinsicht immer wieder beschäftigte, war die Allgegenwart einer transzendenten Begründung sämtlicher Doktrinen. Ich erinnere mich an den Schluss einer Vorlesung in der École normale: »Das ontologische Argument für die Existenz Gottes dient in Wirklichkeit als theologische Begründung für die Essenz der Welt.« Dann, um 1953, kam es durch die Lektüre Nietzsches zum großen Wendepunkt. Nietzsche galt als Anfechter des Begriffs der adäquaten Wahrheit: Da war sie, die letzte und bedeutendste der Transzendenzen.

Soziologisch betrachtet war Foucault anfangs ein Hochschullehrer, der durch den Erfolg seiner Bücher rasch bekannt wurde und sich in akademischer Hinsicht nicht einordnen ließ.[389] Er hatte den Fuß in den drei französischen Zentren der Intelligenz, nämlich in der Universität, im Journalismus und im Verlagswesen. Nachdem er zu einem renommierten Intellektuellen geworden war, unterhielt er nur noch Beziehungen zu journalistischen Kreisen, Verlagshäusern und bestimmten politischen Akteuren.[390] Gleichzeitig setzte er seinen Lehrberuf mit großer Gewissenhaftigkeit fort. Als junger Professor an einer Universität in der Provinz[391] ließ er nicht eine einzige seiner Unterrichtsstunden ausfallen, und seine Vorlesungen am Collège de France waren das herausragende Ereignis seiner dortigen Lehrtätigkeit. Berufliche Gewissenhaftigkeit und Unnachgiebigkeit gegenüber sich selbst, auf die er aus Amoralismus geradezu stolz war: Das war für ihn Selbstkontrolle und eine positive Umsetzung seiner Energie.

Wurde er Schriftsteller aus Berufung? Wie er mir erzählte, wollte er als Heranwachsender nicht Buchautor werden, son-

dern ihm schwebten andere Lebensweisen vor. Dass das Schreiben eines Tages zu seinem Lebensinhalt werden würde, konnte
er nicht voraussehen. Gleichwohl hat er nie aufgehört, sich für
die Aktualität zu interessieren, und er hätte sehr gern eine echte
intellektuelle Wirkung ausgeübt (was kaum der Fall war);[392]
auch wäre er gern eine Art graue Eminenz des Verlagswesens gewesen, doch ohne sich mit dem prosaischen Titel eines Heraus-
gebers zu schmücken, und er träumte sogar von einer gewissen
politischen Einflussnahme.[393] Es gibt keinen Grund, ihm das
vorzuwerfen. Vielleicht wäre er zu einem besseren politischen
Ratgeber als manch anderer geworden. Foucault war ein Krieger, er wollte ein mehr oder weniger großes Stück der physischen oder moralischen Welt erobern.

Säkularer Ehrgeiz oder nicht, festzuhalten bleibt, dass sich
das, was zu seiner Leidenschaft, seinem inneren Erleben geworden war, in Büchern niedergeschlagen hat, während dieses Leben zu dem wurde, was seine Bücher aus ihm machten. Indem
er sie gestaltete, gestaltete er sich selbst. Was er bereits geschrieben hatte, besaß für ihn keine Bedeutung mehr, denn er musste
eine endlose Arbeit fortführen.

»Kommen Sie mir doch nicht unaufhörlich mit Dingen, die
ich früher mal gesagt habe! Wenn ich sie ausspreche, sind sie
bereits vergessen. [...] Alles, was ich in der Vergangenheit gesagt habe, ist völlig bedeutungslos. Man schreibt etwas auf,
wenn man es in seinem Kopf bereits stark verschlissen hat;
das blutleere Denken, das schreibt man auf, genau das. Was
ich geschrieben habe, interessiert mich nicht. Was mich interessiert, ist das, was ich schreiben könnte und was ich tun
könnte.«[394]

In Toronto, fern von Frankreich, bekannte er einmal Folgendes: »Ich schreibe, um mich selbst zu verändern und um nicht
mehr dasselbe zu denken wie vorher.« Nun ist es ja nicht neu,

dass der Schöpfer durch sein Werk geschaffen wird und all das
denkt, was das Werk denkt, doch hier ist mehr im Spiel: Das
Heil liegt im Tod des Menschen durch das Schreiben, das ihn
entpersonalisiert, und in einer ständigen Flucht nach vorn.

»Ich weiß, dass das Wissen Macht hat, uns zu verwandeln,
dass die Wahrheit nicht bloß eine Art und Weise ist, die Welt
zu entschlüsseln [...], sondern dass ich dann, wenn ich die
Wahrheit erkenne, verwandelt sein werde. Und vielleicht gerettet. Oder ich werde dann sterben, aber ich glaube auf jeden
Fall, dass das für mich dasselbe ist.«[395]

Dieser Geistesarbeiter entpersonalisiert sich in seinem anonymen Werk. Er schreibt, »um kein Gesicht mehr zu haben«,[396]
»um sich von sich selbst loszulösen« in einer »langsamen und
schwierigen Veränderung in beständiger Sorge um die Wahrheit«. Ja, Sie haben sich nicht verlesen: um die Wahrheit. »Diese
Arbeit an der Veränderung des eigenen Denkens und dem der
anderen scheint mir die Daseinsberechtigung der Intellektuellen
zu sein.«[397] Um seine Individualität, seine Diesheit abzuschaffen
und einen Zustand der Indifferenz, Grenzenlosigkeit und Unab-
hängigkeit im Hinblick auf alles zu erreichen, einen Zustand,
der gleichbedeutend ist mit einem lebendigen Tod.

Flaubert, der, ohne sich dessen bewusst zu sein, Schopenhau-
ersches Gedankengut vertrat, bezeichnete dies als Objektivität.[398] Wenn die Person zum Diskurs wird,[399] ist sie nicht mehr
existent. Um René Char[400] zu zitieren, den Foucault auswendig
kannte: Der Mensch ist »abgeschliffen bis zur Unsichtbar-
keit«.[401] Foucault führte das Leben eines Schriftstellers, aber er
gehörte zu jenen Menschen, die das, was sie tun, mit Leidenschaft tun, die sich weniger mit ihrem Werk als mit dem Akt des
Schreibens oder Malens identifizieren (im Alter werden sie bisweilen zu Graphomanen, wie etwa Sartre und Picasso, Proust
nicht zu vergessen).

»[...] deshalb [...] [habe ich] mein ganzes Leben wie ein Kranker gearbeitet. Ich kümmere mich in keiner Weise um den universitären Status dessen, was ich tue, weil mein Problem meine eigene Verwandlung ist. [...] Diese Selbstverwandlung durch das eigene Wissen ist, glaube ich, etwas, das der ästhetischen Erfahrung recht nahe ist. Warum würde ein Maler arbeiten, wenn er nicht durch seine Malerei verwandelt wird?«[402]

Der Philosoph oder Historiker Foucault identifiziert hier seinen Fall mit dem eines Künstlers, eines Malers. Seine Selbstbeobachtung hatte ihm gezeigt, dass er mit seiner Arbeit den Punkt erreichte, wo sich die prosaischsten und schlichtesten intellektuellen Aktivitäten nicht vom literarischen und künstlerischen Schaffen unterscheiden, wenngleich diese einen höheren Stellenwert besitzen. Es ist eine Art Religion, keine Frage. Zu Foucaults Sinneswandel kam es während seiner Studentenzeit in der rue d'Ulm, und ausgelöst wurde er, was schwerlich vorauszusehen war, durch die Lektüre von Maurice Blanchot. »Zu jener Zeit habe ich Blanchot grenzenlos bewundert, ich wollte es so machen wie er«, erzählte er mir. Ein häufiges Phänomen bei Künstlern und Schriftstellern (wie etwa bei Flaubert oder Mallarmé, um nur zwei bedeutende Vorfahren zu nennen), seltener bei den *scholars*, von einigen Philosophen abgesehen.

Jede geistige Tätigkeit, die ihren Zweck in sich selbst trägt (auch wenn ihre Ergebnisse später praktisch umgesetzt werden oder wenn sie die öffentliche Meinung beeinflussen sollte), bewirkt eine Entpersönlichung, bei der das Ich des Forschers oder Schriftstellers verschwindet, und führt zugleich zur Geburt eines Ichs ohne Eigenschaften, ohne Attribute, ohne Gesicht. Dieses Ich ist weder unsterblich noch ewig (in jenen Augenblicken denkt man kaum an sich selbst), sondern es ist der Zeit fremd, steht außerhalb der Zeit. Solange man von seiner Arbeit absorbiert wird, vergisst man den realen Tod: Man ist nicht

ewig, gewiss auch nicht unvergesslich und unsterblich, sondern
entpersönlicht, verdinglicht in einem anonymen Text. Dann
scheinen der Künstler oder der Forscher bereits tot zu sein, und
das meint Foucault, wenn er schreibt: »Ich werde verwandelt
sein, gerettet oder vielleicht tot.« Ja, tot, denn für diesen Schüler
Nietzsches gab es kein Heil, man hatte nur die Wahl zwischen
dem Nichts und dem Chaos, in dem man lebendig ist. Wenn
man aufhört, sich zu verändern, und einer äußeren und inneren
Realität, die definitiv chaotisch ist, entfliehen will, führt man
gleichsam das Leben eines Toten.

Porträt des Samurai

Dieser angebliche Linke war weder Freudianer noch Marxist, weder Sozialist noch Anhänger des Fortschritts, Dritte-Welt-Aktivist oder Heideggerianer, er las weder Bourdieu noch *Le Figaro*, er war kein »linker Nietzscheaner« (wie so mancher) und übrigens auch kein rechter, sondern er war der Inaktuelle, der Unzeitgemäße seiner Zeit, um einen hier durchaus angebrachten Begriff Nietzsches aufzugreifen. Aufgrund dessen war er Non-Konformist, was ausreichend schien, um ihn zu den Linken zu rechnen. Und doch hielt er persönlich, als er kurz nach 1968 Professor in Vincennes wurde, die Maoisten und linken Gruppen insgeheim für zwar sympathische und – wegen ihres Engagements – gar für nützliche Zeiterscheinungen, wenn auch von untergeordneter Bedeutung. Diese wiederum fanden ihn undurchschaubar. Allerdings war er listig. Während er durchaus der Linken zuneigte, hütete er sich davor, Missverständnisse aufkommen zu lassen, der feine Unterschied, der seine Unzeitgemäßheit vom Linksextremismus seiner Bewunderer unterschied. Denn nur unter den engagierten Linken und bei der Zeitung *Libération* konnte er Kampfgefährten für seine punktuellen Aktionen finden.

Ich beeile mich hinzuzufügen, dass er andererseits sehr kategorisch und nicht bereit war, im Interesse seiner literarischen Karriere Konzessionen an irgendwelche Meinungen zu machen. Jeder Schriftsteller verfolgt seine beruflichen Interessen mehr oder weniger offenkundig, mehr oder weniger geschickt, mehr oder weniger hartnäckig. Er verlor die seinen nicht aus den Augen und ging diplomatisch vor, wobei seine Wahrheiten jedoch nicht verhandelbar waren. Er lebte vor allem für seine Bücher und für seine Ideen. In regelmäßigen Abständen gestand er mir seinen Kummer, seine Vorlesungen nicht schnell genug veröffentlichen zu können. Diejenigen, die nach seinem Tod seine

Cours und seine *Dits et Écrits* auf vorbildliche Weise herausgegeben haben, haben postum seine Wünsche voll und ganz erfüllt.

Die politische Rechte hat in Foucault stets den politischen Feind gewittert, womit sie auch nicht falsch lag. Denn weit davon entfernt, die moderne Welt mit ihrem *panem et circenses* und ihren virtuellen Realitäten anzuprangern, brachte er ohne spöttischen Unterton die Lügengeschichte dieser Welt in ihrem ganzen Ausmaß ans Licht. Wie könnte ich dies nicht gutheißen, wo doch das ruhige Metier des Historikers darin besteht, genau solches zu tun? Diese zeitlose Hellsichtigkeit unterscheidet die Unzeitgemäßen wie ihn von den Antimodernen, die ihn nicht sehr schätzten (Jean Baudrillard war, wie mir scheint, ein Antimoderner).

Zur großen Befriedigung der Historiker war Foucault bereit, überall und in jeder Zeit bis zu den radikalen Unterschieden vorzudringen. Im selben Zuge ließ er aber jedes Mal durchblicken, dass die vermeintlichen Wurzeln in nichts verwurzelt waren. Beinahe jeder ahnt dies mehr oder weniger, doch im Allgemeinen vergisst man es, um in Frieden leben zu können, oder aber man denkt nur an seinem Schreibtisch hin und wieder darüber nach. Foucault hingegen vergaß es nie, und obwohl er die Welt vom Standpunkt des Sirius aus betrachtete, sah er sie auch als potentielles Schlachtfeld, nun, da diese Welt, die antike ebenso wie die moderne, in seinen Augen jegliche Legitimität eingebüßt hatte. Er arbeitete viel und lebte nicht in einem Zustand ständiger Empörung oder militanter Erregung, er hielt sich indes auf dem Laufenden und holte bei punktuellen Anlässen zum Schlag aus gegen den einen oder anderen unerträglichen Missstand.

Zu den Neuerungen zu Beginn von Giscard d'Estaings siebenjähriger Amtszeit gehörte dessen Absicht, einige der bedeutendsten Intellektuellen, darunter Madame de Romilly,[403] zum Mittagessen in den Élysée-Palast einzuladen. Foucault sagte sein

Kommen unter der Bedingung zu, dass er den Präsidenten nach
dem sogenannten Prozess des roten Pullovers fragen könne, bei
dem ein – möglicherweise unschuldiger – Angeklagter zum
Tode verurteilt und, da Giscard sein Gnadengesuch abgelehnt
hatte, enthauptet worden war. Foucault blieb dem Élysée-Palast
fern.

Wenn man ihn als Menschentyp näher umreißen möchte, so
gab es bei Foucault diesen »skeptische[n] Verzicht auf die Kenntnis eines ›Sinns‹ der Welt«, von dem Max Weber spricht, der darin
mit einiger Übertreibung eine Einstellung entdeckte, die allen intellektuellen Schichten aller Zeiten gemeinsam sei.[404] Man kann
unmöglich wissen, was Homer, Euripides, Shakespeare, Tsche-
chow oder Max Weber höchstpersönlich von ihren eigenen Helden dachten.[405] Im persönlichen Umgang mit Foucault – zumindest, wenn man zu seinen Freunden gehörte (zu seinen Feinden
gehörte man besser nicht, da er denjenigen sehr gefährlich werden konnte, die sich damit übernahmen, ihn auszustechen zu wollen, oder meinten, sie hätten wegen der strengen Logik ihrer
Denkweise die Berühmtheit mehr verdient als er) – wurde man
Zeuge jener interessierten, objektiven Grundhaltung: Ohne eine
einzige wertende Äußerung stellte er in seinen Büchern die ab-
sonderlichsten Doktrinen vor; mit der von Bewunderung getra-
genen Sympathie eines Naturforschers für den Einfallsreichtum
der Natur akzeptierte er das ganze Spektrum der menschlichen
Vielfalt samt ihren Extravaganzen, Schrullen, Lächerlichkeiten,
Exzessen, Anfällen von Größenwahn, ohne darüber zu klagen,
ohne sich lustig zu machen.

Einmal komme ich zufällig dazu, wie er eines seiner ständigen
Telefonate mit *Libération* führt. Kurz zuvor war er einer mäch-
tigen und von der Linken verabscheuten Frau begegnet, Marie-
France Garaud, einer Beraterin des Präsidenten. »Aber nein«,
protestierte er zum großen Erstaunen seines Gesprächpartners,
»sie hat weniger eine politische als vielmehr eine literarische
Persönlichkeitsstruktur!« Nachdem er eingehängt hatte, drehte

er sich zu mir und sagte, wobei er vermutlich an seine Kindheit dachte: »Leider habe ich morgen meine Vorlesung im Collège. Sonst hätte ich, stell dir vor, den Nachmittag auf dem Schoß von Marie-France Garaud verbringen können!« Das nenne ich Humanismus oder ich weiß nicht, was Humanismus ist.

Dies war die unausgesprochene Regel für den Salon, den er in seiner äußerst gepflegten Wohnung in der rue de Vaugirard ins Leben gerufen hatte. Bei jenen Abendgesellschaften mit seinen gewaltigen humorvollen Lachausbrüchen erzählte man keine Klatschgeschichten, und der bedauernswerte Hervé Guibert, der bereits ein anerkannter Schriftsteller war und nicht wusste, dass er bald sterben würde, zeigte sich charmant, frei von bissigen Sticheleien. Foucault, weder von Groupies noch von Fans umgeben, war freundschaftlich, loyal und großzügig gegenüber denen, die nicht eifersüchtig auf ihn waren und ihm als Freunde und auf gleicher Augenhöhe begegneten. Es sei noch erwähnt, dass sein stählernes Ego nicht diese kleinen eitlen Blasiertheiten kannte, die man manchmal bei den Größten findet, und die diejenigen, die sich etwas auf sich einbilden, zum Zähneknirschen bringen, und diejenigen, die es nicht tun, gleichgültig lassen. In diesem egalitären, kultivierten und unkonventionellen Salon genoss man in aller Ruhe die Freiheit, man selbst zu sein. Ich ging bei ihm ein und aus, egal, wer sonst noch zu den Gästen des Abends gehörte, da mir Foucault den Titel eines Homosexuellen *honoris causa* zuerkannt hatte, nicht ohne einen leichten Vorwurf: »Ich verstehe nicht, wie ein so offener und gebildeter Mann wie du Frauen den Vorzug geben kann!«

Eines Morgens jedoch wurde ich Zeuge seiner eigenen Liberalität. Während meiner Vorlesungszeiten am Collège de France nahm mich Foucault in seiner großzügigen Gastfreundlichkeit bei sich auf und stellte mir ein an seine Wohnung angrenzendes Apartment zur Verfügung. So ließen wir im Kleinen die alte Welt der Freunde in der rue d'Ulm noch einmal aufleben und nannten uns bei den Spitznamen der damaligen Zeit: Er war

»der Fouks«, der Fuchs. Eine kleine Bemerkung vorweg, deren Bedeutung sich gleich zeigen wird: Der Leser kennt den verrückten und zugleich anrührenden Brief, den Nietzsche in den letzten Jahren seines Wahnsinns an Cosima von Bülow, inzwischen Cosima Wagner, geschrieben hat: »Ariadne, ich liebe dich«, ein Brief, den er mit dem Namen Dionysos unterschrieb, weil er sich für die Reinkarnation dieses Gottes hielt.[406] Cosima von Bülow, Nietzsches letzte und große Liebe!

Eines Morgens nun, zur Frühstückszeit, wurde ich durch Geräusche aus dem Nebenzimmer geweckt: Kaffeelöffel klapperten und zwei Stimmen führten ein fröhliches Gespräch, die Stimme Foucaults und eine muntere Frauenstimme. Erstaunt und befangen klopfe ich an die Tür, räuspere mich, trete ein und sehe ein Paar, das gerade das Bett verlassen hat: Foucault und eine junge Schönheit mit intelligentem Gesichtsausdruck. Beide waren gleich gekleidet, sie trugen einen prachtvollen Kimono (oder vielmehr einen Jukata), den Foucault in zwei Exemplaren aus Tokio mitgebracht hatte. Man fordert mich auf, Platz zu nehmen, und es entwickelt sich eine sehr angenehme Unterhaltung. Dann erhebt sich die Unbekannte, die ein akzentfreies Französisch sprach, und verabschiedet sich. Kaum hatte sich die Eingangstür geschlossen, als sich Foucault, auf seine Grenzüberschreitung stolz wie ein Pfau, mir zuwendet und sagt: »Wir haben die Nacht zusammen verbracht. Ich habe sie auf den Mund geküsst!« Dann teilte er mir noch mit, sie hätten sogar eine Heirat erwogen, aber nur unter der Bedingung, dass Foucault den Namen seiner Frau annehmen könne: »Ich hätte Michel von Bülow heißen können!« Doch das deutsche Bürgerliche Gesetzbuch ließ dies damals nicht zu, und man ahnt, wie sehr ein Verehrer Nietzsches dies bedauert haben muss.

Andere haben besser, als ich es je könnte, von der anderen Seite dieses eleganten Gentleman berichtet, der knallhart war und dessen Mut mehrfach auf die Probe gestellt wurde (so hat er sich einmal an einem tunesischen Strand in eine brennende

Schenke gestürzt, um – auch auf die Gefahr hin, durch die Explosion einer Gasflasche zu Schaden zu kommen – den Inhaber zu retten). Normalerweise haben die Intellektuellen keine Angst vor Gefahr, sie haben Angst vor Schlägereien, sagte mein verstorbener Freund Georges Ville, Offizier des militärischen Geheimdienstes, in den Foucault in der rue d'Ulm eine Zeitlang platonisch verliebt war (»Wie muss er bei seinem melancholischen Humor darunter gelitten haben, so schön zu sein!«, bemerkte er mir gegenüber). Foucault fürchtete sich nicht vor Schlägereien und erklärte ausdrücklich, dass es »nur physischen Mut« gebe. Mut ist gleichbedeutend mit einem mutigen Körper. Was uns lehrt, dass wir uns anders ausdrücken müssen. Nicht die Arbeit wird ausgebeutet, sondern menschliche Körper. Man schult nicht Zivilisten in militärischer Disziplin, sondern man drillt und trainiert ihre Körper, um Macht über ebendiese Körper auszuüben. Das Gefängnissystem sperrt Körper hinter Gitter.

Dieser Freund der Verfemten hatte die Unbeschwertheit eines Mannes, der bei lebendigem Leib gehäutet worden war; als Opfer eines sexuellen Vorurteils hatte er sich dank seines Stolzes dafür entschieden, sich gegen seine Widersacher zu behaupten und er selbst zu sein. Voller Scham darüber, als Heranwachsender das gefügige Opfer seiner Umgebung gewesen zu sein, wie er mir um das Jahr 1954 gestand, wobei er sich die Worte mühsam abringen musste.

In jenen fernen Zeiten war die Homosexualität an der von 300 jungen Männern besuchten École normale unsichtbar und mit einem absoluten Verbot belegt. Nur Foucault hatte den Mut, am Ende des Studiums seine Wahrheit gegenüber einigen wenigen Schülern und Bewunderern anzudeuten.[407] Damals war er noch ein junger Mann, und voller Bitterkeit und Aggression hatte er sich in seiner Andersartigkeit und seiner Verachtung für die anderen und sich selbst eingerichtet. Sein Außenseitertum hatte er so sehr verinnerlicht, dass er im Jahre 1954 mir gegenüber einmal von »der großen hysterischen Komödie« sprach, als die er die Homosexualität damals betrachtete. Manchmal machte sich sein Unbehagen in rachsüchtigem Hohngelächter über das Schauspiel der Heteros, seinen schweigenden Widersachern, Luft. Zu denen, die die Homosexuellen stigmatisierte, gehörte an vorderster Front die kommunistische Partei, und ein interner Skandal, zu dem es in unserem Kreis in jenen Jahren um 1954 kam, hat uns vor Augen geführt, wie sehr mehrere unserer Kameraden unter diesem Vorurteil zu leiden hatten.

Auch auf die Gefahr hin, ins Anekdotische abzugleiten, möchte ich hier an eine ganz kleine Begebenheit erinnern, die das Ausmaß des Tabus im Jahre 1954 verdeutlicht. Als Foucault erfuhr, dass sich unser studentisches Quartett bei dem oben erwähnten Drama durchaus anständig verhalten hatte, beschloss er, sich nicht im eigentlichen Sinne zu »outen«, sondern uns mit Gewalt die Augen zu öffnen. Cocteau, damals »Weggefährte« der kommunistischen Partei, war gerade in die Académie française gewählt worden, und wir bespöttelten den lobenden Artikel, den die Zeitung *L'Humanité* zu dem Anlass veröffentlicht hatte. Von diesem Artikel kam Foucault ohne Umschweife sogleich auf Cocteau selbst zu sprechen und erklärte plötzlich: »*Sie* ist völlig *verrückt (folle).* Auf die Frage: ›Wo werden Sie in diesem Sommer Ihre Ferien verbringen, Maître?‹ hat *sie* kokett geantwortet: ›Ich werde Paris nicht verlassen: Ich habe Anproben.‹« Mir lief ein Schauder über den Rücken, denn dies war das erste Mal, dass ich mit eigenen Ohren dieses *sie* hörte, jenes Femininum der Geheimsprache der Hölle, das uns zwang, die Existenz von Verfluchten in unseren Reihen nicht länger zu ignorieren. Das Wort *folle* war auch nicht mehr die weibliche Form von »fou« (verrückt), sondern ein terminus technicus des Geheimbundes, zu dessen Zugehörigkeit sich Foucault nun offen bekannte. Die Klatschgesellschaft, von der in Marcel Prousts *Sodome et Gomorrhe* die Rede ist.

Als ich 20 Jahre später Foucault im Collège de France wieder-

begegnete, feixte er nicht mehr und verbreitete auch keine
Klatschgeschichten, er hatte gar nichts Hysterisches mehr, sondern war, nach seinen eigenen Worten, zu »einem anständigen
Schwulen ohne Probleme« geworden. In seiner Jugend hatte er
sich, so erzählte er mir, eine Zeitlang, so wie es damals üblich
war, als der große Aufreißer betätigt. »Mit wie vielen Frauen
hast du in deinem Leben geschlafen?« wollte er von mir wissen.
»Ich habe im ersten Jahr meiner sexuellen Karriere mit 200
Männern geschlafen.« Einer, der es wissen muss, versichert mir,
dass die Zahl ein wenig übertrieben sei, ähnlich denen des Alten
Testaments. Danach folgte eine leidenschaftliche und schmerzhafte[408] Beziehung, die ihm sehr am Herzen gelegen hatte, dann
kam die dauerhafte Liebe, die gemeinsam verbrachten Jahrzehn-
te mit Daniel Defert, mit dem ihn eine tiefe gegenseitige Zuneigung verband.

Gleichwohl hatte während seiner Zeit als junger Gymnasiast,
wie er mir ebenfalls erzählte, seine große Leidenschaft nicht den
Anfängen seiner Homosexualität gegolten, sondern dem Kon-
sum all der Drogen, die er bei seinem Vater, einem Chirurgen,
auftreiben konnte. Er wollte herausfinden, wie diese das Denken veränderten, und sich vergewissern, dass es mehrere Arten
des Denkens gab. »Mama, was denkt eigentlich ein Fisch?« fragte er einmal seine Mutter vor einem Aquarium, in dem Goldfische ihre Runden zogen.[409] Das Denken eines Fisches, die Drogen, die Droge, der Wahn – all das war der Beweis dafür, dass
unsere gewöhnliche Art des Denkens nicht die einzig mögliche
war. Auf diese Weise beginnen philosophische Berufungen.

Was die Homosexualität und die mit ihr verbundenen Leiden
betrifft: Offenbar haben sie auf seine besondere Sensibilität
»Einfluss genommen«, diese vielleicht sogar erst in ihm herausgebildet, eine Sensibilität, die seiner Forschung ihren Stempel
aufdrücken und die Beschäftigung mit ganz bestimmten Themen zur Folge haben würde. Nach Auskunft von Didier Éribon
hatte er in seinem eigenen Leben früh erfahren, dass die Psy-

chiatrie oder die Psychoanalyse auch Machttechnologien darstellten. Später musste er entdecken, dass der moderne
»Sex«-Diskurs die Homosexualität zu einer entscheidenden
Komponente der Identität des Individuums machte; einer Identität, die das Individuum anerkennen und zu der es sich nur bekennen konnte, da die Wissenschaft gesprochen hatte und da
ihre Erkenntnisse die Macht über die »wahre« Identität jedes
Einzelnen besaßen. Daher wurde ein großer Teil von Foucaults
intellektueller Energie darauf verwandt, die durch das Wissen
über den »Sex« erzwungene Normativität zu bekämpfen und
gegen die Auswirkungen der Macht, die dieser Wahrheitsdiskurs
induziert, Widerstand zu leisten.

Foucault fand weiterhin Gefallen an Drogen, an Opium und
LSD, aber er gab dem nur kontrolliert und im Abstand von
mehreren Monate nach, da die Freude am Schreiben und Arbeiten sowie das Vergnügen, das ihm seine Lehrtätigkeit bereitete,
ausreichten, um jeden Exzess zu verhindern. Nach Beendigung
der Vorlesungen, die er jedes Jahr in Berkeley hielt (er war gern
in den USA, er liebte dieses Land), genehmigte er sich einen
LSD-Trip (der einmal beinahe schlecht für ihn ausgegangen
wäre) und einen Ausflug in eine Schwulensauna im Homosexu-
ellenghetto von San Francisco, in der er sich weniger sadistisch
zeigte, als manche *a priori* vermutet hätten. Dort hat er sich den
Tod geholt. In seinem Büro im Collège de France hing ein Wer-
beplakat für diese Sauna, das er, auch als er bereits krank war,
nicht von der Wand genommen hatte.

Er hatte keine Angst vor dem Tod, so sagte er seinen Freunden,
als man wieder einmal auf den Suizid zu sprechen kam[410] (als
guter Samurai trug er die beiden Schwerter bei sich, von denen
das kürzere dazu dient, sich umzubringen), und die Fakten haben bewiesen, dass dies keine leeren Worte waren. In seinen al-
lerletzten Lebensmonaten war er damit beschäftigt, seine beiden
Bücher über die antike Liebe zu schreiben und umzuschreiben,
und damit die Verpflichtung einzulösen, die er sich selbst gegen-

über eingegangen war. Manchmal ließ er mich eine seiner Übersetzungen überprüfen, und er klagte über hartnäckigen Husten und ständiges leichtes Fieber. Aus Höflichkeit bat er mich, meine Frau, die Ärztin ist, um Rat zu fragen; sie konnte ihm nicht weiterhelfen. »Deine Ärzte werden sicher denken, dass du Aids hast«, sagte ich im Scherz zu ihm (die gegenseitigen Neckereien über unsere unterschiedlichen sexuellen Präferenzen gehörten zu den Ritualen der Freundschaft). »Das ist genau das, was sie denken«, antwortete er mir lächelnd, »das habe ich jedenfalls den Fragen entnommen, die sie mir gestellt haben.« Der Leser wird kaum glauben können, dass in diesem Februar des Jahres 1984 Fieber und Husten niemandem verdächtig vorkamen; Aids war noch eine so ferne und unbekannte Geißel, dass man sie ins Reich der Sage verwies und für nur imaginär halten konnte.[411] »Übrigens«, fragte ich ihn einmal aus purer Neugier, »gibt es Aids tatsächlich, oder ist das bloß eine moralisierende Legende?« – »Hör zu«, antworte er mir nach einer Sekunde des Nachdenkens, »ich habe mich mit dieser Frage beschäftigt, ich habe eine ganze Menge dazu gelesen: Ja, es gibt Aids, es ist keine Legende. Die amerikanischen Ärzte haben sich eingehend damit befasst.« Und er lieferte mir in zwei oder drei Sätzen einige fachmännische Details. »Er ist schließlich Medizinhistoriker«, sagte ich mir. In den Zeitungen erschienen damals ein paar kurze Notizen amerikanischer Herkunft über den »Krebs der Homosexuellen«, in denen die reale Existenz dieser Geißel in Zweifel gezogen wurde.

Rückblickend verschlägt mir seine Kaltblütigkeit angesichts meiner törichten Frage den Atem. Er selbst muss vorausgesehen haben, dass es eines Tages so weit sein würde, er muss sich die Antwort, die er mir gegeben hatte, wohl überlegt und sich auf mein gutes Gedächtnis verlassen haben.[412] Seitdem hatte sich in mir eine verdrängte Unruhe breitgemacht, die sich immer wieder in missglückten Scherzen über Foucaults Gesundheit niederschlug und schließlich in einer Halluzination[413] genau an seinem Todestag gipfelte, am Montag, dem 25. Juni 1984, wenige Stunden vor dem Anruf eines anderen Freundes, des Japanologen Maurice Pinguet, der mich von Tokio aus, wo man die Nachricht gerade im Radio verkündet hatte, über Foucaults Tod informierte.

So also lebte und starb dieser Weltverbesserer, dieser unermüdliche Reformer, der weder Utopist noch Nihilist war und auch kein Konservativer oder Revolutionär. Darf ich von seinem gesunden Menschenverstand sprechen? Seine Erkenntnisphilosophie stand im Gegensatz zur Rolle der Vernunft in der Geschichte. Doch reden wir auch von seinem scharfen Blick, der unerbittlich, durch die Essenzen hindurch, das Arbiträre der Singularitäten erkannte. Dieser elegante Mann, der sich durch seinen kühlen Kopf und die Klarheit seiner Gedanken auszeichnete, war mutig, unbeugsam, eher schneidend als ironisch (die Ironie, diese Fistelstimme …). Er war über die Feindseligkeiten und Eifersüchteleien, die er in seiner Umgebung provozierte, völlig im Bilde, ein hellsichtiger Psychologe der Mittelmäßigkeiten.

Ohne Hemmungen brachte er die Stärke seines Egos zur Entfaltung, aber aufgrund desselben Prinzips lehnte er auch jede psychologische Unehrlichkeit sich selbst gegenüber ab: Er sündigte beherzt (*pecca fortiter*, sagte Luther) und stand dazu. Wenn er sich ungehörig benommen hatte,[414] verdrängte er das nicht (die Moral war für ihn existent, er wollte sich auf keinen Fall wie ein Fiesling vorkommen müssen). Um sein Gewissen zu entlasten, hatte er das Bedürfnis, sich einem engen Freund anzuvertrauen (von dem er wusste oder vermutete, dass er über allen Klatsch und Tratsch in unseren Kreisen Bescheid wusste).

Ansonsten war er sehr sensibel und konnte von ganzem Herzen lieben; er verfügte über ein reiches Innenleben; dabei hatte er, so wie jedermann, seine kleinen Mängel und Phobien, auch seine Tricks und Großzügigkeiten, und er hat bewiesen, dass er sowohl zu hingebungsvoller Zuneigung wie auch zu verlässli-

chen oder leidenschaftlichen Freundschaften in der Lage war. Er
war ein reaktionsschneller Gesprächspartner, dessen Gegenwart
sich aufdrängte, ohne dass man sie als Last empfand. Höflich
und zuvorkommend gegenüber allen, wollte er niemanden belehren und er war nicht herablassend. Diejenigen, die für ihn gearbeitet haben, ob Männer oder Frauen, berichten, dass er sie
wie seinesgleichen behandelte und nicht ohne Herzlichkeit mit
ihnen sprach. »Mit meiner Sekretärin verstehe ich mich gut:
Wenn wir im Auto sitzen und die Passanten betrachten, gefallen
uns dieselben Männer.« Dieser alltägliche Egalitarismus war
selbstverständlich, da Foucault immer er selbst war, innerlich
gefestigt, erhaben über die verschiedenen konventionellen Verhaltensweisen, die den unterschiedlichen Milieus zu eigen sind.
Manche seiner Gesprächspartner ließen sich davon irritieren
und fragten sich, mit wem sie es eigentlich zu tun hätten.

Musik hörte Foucault eher selten, aber die Malerei liebte er
sehr (seine Vorliebe für Manet ist allgemein bekannt), und er
hatte ganz klare literarische Präferenzen. Um das Jahr 1955 gab
es aus seiner Sicht zwei literarische Lager; zu dem einen, das er
für unbedeutend hielt, gehörten z. B. Brecht, Sartre oder Saint-
John Perse, zu dem anderen, dem allein guten, rechnete er Kritiker oder schöpferische Autoren wie Beckett, Blanchot, Bataille
oder Char. Foucault besaß eine ausgeprägte literarische Sensibilität. Ich weiß noch, wie er eines Morgen wie ein kleiner Spring-
teufel aus seinem Büro auftauchte, mit weit aufgerissenen Augen, ein offenes Buch in der Hand und sagte: »Hör mal, Veyne,
findest du nicht auch, dass es in der Literatur Dinge gibt, die alles andere übertreffen? Für mich ist die Tirade des geblendeten
Ödipus am Schluss von *König Ödipus* …« Er ließ seinen Satz
unvollendet.

Seine eigenen Bücher – um auf diese zurückzukommen – wie-
derholen unablässig: »Im Namen welchen Prinzips könnte ich
oder könnten Sie ein bestimmtes Aktionsprogramm empfehlen?
Lassen Sie sich doch nicht von der Gegenwart täuschen, die be-

reits Vergangenheit ist, sobald Sie sie wahrnehmen; Sie müssen sich vielmehr bewusst machen, was Sie wollen und was Sie nicht wollen.« Ich denke oft an ihn, und dann kommen mir immer wieder, wie eine Art Gebet, vier Verse von William Carlos Williams über den Morgenstern in den Sinn (dass er mit dem Abendstern identisch ist, weiß seit Frege jeder moderne Logiker):

»It's a strange courage
   You give to me, ancient star:
Shine alone in the sunrise
   Toward which you lend no part.«[415]

Die Vorlesungen Foucaults im Collège de France waren eine Massenattraktion, wie seinerzeit die von Bergson. Der Hörsaal war überfüllt, die Leute saßen, standen, manche lagen sogar, sie nutzten sämtliche Sitzgelegenheiten, hockten sogar auf den Treppenstufen. Bekannte Persönlichkeiten fanden sich ein, Theaterleute, ein ehemaliger Sekretär Stalins. Während der Vorlesung klapperten die Tonbandgeräte (die Kassetten der Vorlesungen wurden unter der Hand gehandelt). Pierre Nora und ich selbst waren anwesend, saßen brav Seite an Seite und dachten nach über das, was wir hörten.

Vor dem Auditorium, zu Füßen des Rednerpults, hatte sich auf dem Boden ein sehr schöner, schlanker und hochgewachsener junger Schauspieler der Länge nach ausgestreckt und hob seinen Kopf, elegant auf die Hand gestützt, zum Professor. Diese allegorische Gestalt, die zwischen dem Publikum und dem Redner eine klare Trennungslinie zog, bezeugte den großen Zulauf, den Foucault hatte. Die ostentative Gegenwart des jungen Mannes bewies, dass er dem Denken des Redners Anerkennung zollte; seine lässige Pose, die zwischen ihnen beiden und den allgemein anerkannten Konventionen eine Distanz herstellte und die Legende vollendete, war durch ihre gemeinsame Gruppenzugehörigkeit legitimiert.[416]

Foucault achtete nicht darauf und ließ es geschehen. Mit einer
eleganten Formulierung weigerte er sich jedoch, photographiert
zu werden.

Die rue du Fouarre in Paris befindet sich ganz in der Nähe
des Collège de France. Dante (er war die vollständigste menschliche Monade, die je existierte, interessierte sich für alles und erhob alles zu einer Leidenschaft) ließ in seinem *Paradies* Siger
von Brabant auftreten (dieser war im Jahre 1277 vom Bischof
von Paris verurteilt worden, weil er die Wahrheiten der Philosophie den Offenbarungen des Glaubens entgegengestellt hatte).
Von ihm sagte Dante:[417]

»Essa è luce eterna di Sigeri,
che leggendo nel vico de li strami,
sillogizò invidiosi veri.«

»Es ist die ewige Leuchte des Sigerus,
Der einstens in der Rue de Fouarre
Mit scharfem Geiste bittre Wahrheit lehrte.«

Anmerkungen

Einleitung

1 John Rajchman, *Michel Foucault. La liberté de savoir*, übers. von S. Durastanti, Paris 1987, S. 8: »Foucault ist der große Skeptiker unserer Epoche. Er zweifelt an unseren Dogmatismen und unseren philosophischen Anthropologien, er ist der Denker der Dispersion und der Singularität.« Englische Originalausgabe: *Michel Foucault. The Freedom of Philosophy*, New York [u. a.] 1985.

2 M. F., *Dits et Écrits*, hrsg. von D. Defert und R. Ewald, 4 Bde., Paris 1994, III, S. 135 [Das Werk wird im Folgenden als *DE* zitiert]. Dt. Ausgabe: *Schriften*, 4 Bde., Frankfurt a. M. 2001 ff., III, S. 179.

3 Foucault hat gesagt, dass Heidegger sehr wichtig für ihn gewesen sei, und seine Lektüre Heideggers in *DE*, IV, S. 703 erwähnt. Doch nach meiner bescheidenen Meinung hatte er von Heidegger kaum mehr gelesen als *Vom Wesen der Wahrheit* und das große Buch über Nietzsche, das für ihn eine große Bedeutung hatte, weil es den paradoxen Effekt hatte, ihn zum Anhänger Nietzsches und nicht Heideggers werden zu lassen.

4 Montaigne, *Essais* II,12, *Apologie de Raymond Sebond*.

I. In der Universalgeschichte ist alles singulär: der »Diskurs«

5 M. F.: *Histoire de la folie à l'âge classique – Folie et déraison*, Paris 1961. Dt. Ausgabe: *Wahnsinn und Gesellschaft: eine Geschichte des Wahns im Zeitalter der Vernunft*, übers. von U. Köppen, Frankfurt a. M. ³1978.

6 R. Rorty, *Philosophy and the Mirror of Nature*, Princeton 1979. Frz. Ausgabe: *L'Homme spéculaire*, übers. von Th. Marchaisse, Paris 1990.

7 *DE*, IV, S. 726: »Man hat mich sagen lassen, der Wahnsinn existiere nicht, wohingegen das Problem gerade umgekehrt ist.« Übers. H. Kocyba (S. 898). Vgl. *auch Naissance de la biopolitique. Cours au Collège de France 1978–1979*, Paris 2004, S. 5. Dt. Ausgabe: *Die Geburt der Biopolitik. Vorlesung am Collège de France 1978–1979*; übers. von J. Schröder, Frankfurt a. M. 2004.

8 *Sécurité, territoire, population*, hrsg. von F. Ewald, A. Fontana und M. Senellart, Paris 2004, S. 122: »Man kann gewiss sagen, dass der Wahnsinn ›nicht existiert‹, aber das bedeutet nicht, dass er nichts ist.« Dt. Ausgabe: *Sicherheit, Territorium, Bevölkerung. Vorlesung am Collège de France 1977–1978*, übers. von C. Brede-Konersmann und J. Schröder, Frankfurt a. M. 2004, S. 177.

9 Dazu gleich ein Beispiel. Bei Homer ebenso wie in der gesamten Antike
galten, schreibt F. I. Finley, »die Frauen von Natur aus als minderwertig,
und ihre Rolle beschränkte sich folglich auf die Nachwuchsproduktion
und die Erfüllung häuslicher Pflichten« (*Le Monde d'Ulysse*, übers. von
C. Vernant-Blanc und M. Alexandre, Paris 1983, S. 159). Hélène Monsacré differenziert die Dinge genauer und schreibt: »In der Unmöglichkeit,
einen Teil des Maskulinen wirklich zu integrieren, beruht die tiefe Andersartigkeit der Frau« (*Les Larmes d'Achille. Le héros, la femme et la
souffrance dans la poésie d'Homère*, Paris 1984, S. 200).

10 So die Feststellung von Daniel Defert, »La violence entre pouvoirs et in-
terprétations chez Foucault«, in: *De la violence, Séminaire de Françoise
Héritier*, Paris 2005, Bd. 1, S. 105. Foucault hat die großen Themen seiner
Philosophie selten expliziert.

11 *DE*, IV, S. 116. Übers. M. Bischoff (S. 143).

12 Dies ist eine starke Vereinfachung der ausgefeilten Analyse, die Foucault
in *Surveiller et punir. Naissance de la prison*, Paris 1975, S. 133 f., vor-
nimmt. Dt. Ausgabe: *Überwachen und Strafen. Die Geburt des Gefängnisses*, übers. von W. Seitter, Frankfurt a. M. 1977.

13 Vgl. *DE*, IV, S. 634 f.: »Was den Analysebereich angeht, soll man sich an
die ›Praktiken‹ halten und die Untersuchung von dem her in Angriff nehmen, was ›man machte‹.« Übers. H.-D. Gondek (S. 781).

14 *DE*, I, S. 56. Übers. M. Bischoff (S. 89).

15 Die Bücher Foucaults, eine unbestritten schwierige Lektüre, konnten
Historiker mit einer eher traditionellen Ausbildung verunsichern; dennoch hatten sie keine Bedenken, sie zu kritisieren (ich denke z. B. an das
unangebrachte Auflachen im Zusammenhang mit seiner Interpretation
des *Traumschlüssels* von Artemidor von Daldis).

16 Vgl. *DE*, III, 311 f.; Arnold I. Davidson, *The Emergence of Sexuality. Historical Epistemology and the Formation of Concepts*, Harvard 2001; frz.
Ausgabe: *L'Émergence de la sexualité: épistémologie historique et formation des concepts*, übers. von P.-E. Dauzat, Paris 2005, S. 79 f.

17 Der Begriff »Dispositiv« erlaubt Foucault, auf den der »Struktur« zu verzichten und jede Verwechslung mit dieser damals modernen und sehr
konfusen Idee zu vermeiden.

18 *L'Archéologie du savoir*, Paris 1969, S. 157. Dt. Ausgabe: *Archäologie des
Wissens*, übers. von U. Köppen, Frankfurt a. M. 2002.

19 *DE*, II, S. 136. Übers. M. Bischoff (S. 166).

20 Dies gilt meines Erachtens beispielsweise für L. Boltanski / L. Thévenot,
De la justification, Paris 1991, oder auch für P. Rosanvallon. Um seine
Methode zu charakterisieren, notierte dieser im Jahre 2002, dass er die
»Ideen«, deren Geschichte er schrieb, auffasse als »*aktive* Repräsentatio-
nen, die das Feld des Möglichen durch das des Denkbaren begrenzen«;
sein Ziel war es, »die gewöhnlich angenommene Spaltung zwischen der

Ordnung der Fakten und der der Repräsentationen zu überwinden«. Er fügte noch hinzu, dass die Geschichte der Politik »sich nicht auf die Analyse und auf den Kommentar der großen Werke beschränken kann«: Dieselbe Überzeugung werden wir auch bei Foucault wiederfinden. In *Généalogie des Barbares* (Paris, 2007) zeigt R.-P. Droit die ständigen Verschiebungen der »historischen Grenze«, des Diskurses, der die Barbaren von den Nicht-Barbaren trennt. Ich will gewiss nicht behaupten, dass sich alle diese Autoren auf Foucault berufen. Aber die subtile Präzision ihrer Analysen, die nicht auf Universalien zurückgreift und die Realität tief durchdringt, erinnert an die Arbeitsweise Foucaults.

21 Die Verbindung zwischen einem menschlichen Geist und einem – lebendigen oder toten – anderen Geist, die Verbindung, die sich aus Initiative und Rezeption ergibt (mag sich dieser Geist durch Worte oder Taten vermitteln oder auch durch einen »objektiven Geist« wie Sitte, Institution, Doktrin, Praxis samt der »Bedeutung« dieser Praktiken), diese auf wirklichem oder irrtümlichem Verständnis beruhende Verbindung also ist ein erstes Faktum der Conditio humana und lässt sich nicht auf etwas Früheres zurückführen. Ebendieses Faktum macht die historische Erkenntnis möglich. Hingegen »versteht« man die natürlichen Phänomene (oder glaubt natürlich bloß, sie zu verstehen), vor allem wenn sie außergewöhnlich sind, nur dann, wenn man sie für das Werk von Geistern oder tatsächlich für Geister hält.

22 Natürlich kann jeder einen Text nach persönlicher Lust und Laune auslegen, aber es bleibt der Text selbst, der nicht seine eigene Interpretation darstellt. Gegen den *linguistic turn* und Gadamer vgl. R. Chartier, *Au bord de la falaise, l'histoire entre certitude et inquiétude*, Paris 1998, S. 87–125; R. Koselleck, *Zeitschichten, Studien zur Historik*, Frankfurt a. M. 2000, S. 99–118; E. Flaig, »Kinderkrankheiten der neuen Kulturgeschichte«, in: *Rechtshistorisches Journal* 18 (1999), S. 458–476.

23 *DE*, IV, S. 580. Übers. H.-D. Gondek (S. 710). Vgl. I, S. 571: »Das sieht man bereits bei Marx, der nicht die Geschichte der Produktionsverhältnisse interpretiert, sondern ein Verhältnis, das bereits als Interpretation gegeben ist, weil es sich als Natur darbietet.« Übers. M. Bischoff (S. 734).

24 *Naissance de la biopolitique*, hrsg. von F. Ewald, A. Fontana und M. Senellart, Paris 2004, S. 5. Übers. J. Schröder (S. 15).

25 Ebd. S. 5 (Übers. J. Schröder [S. 15]) sowie S. 26, Anm. 4. Auch hier stellt Foucault wahrscheinlich richtig, was ich ihn 1978 hatte sagen lassen. Vgl. auch *DE*, IV, S. 634: »Das Universelle des ›Wahnsinns‹, der ›Delinquenz‹ oder der ›Sexualität‹ zurückzuweisen, bedeutet nicht, dass es das, worauf sich diese Begriffe beziehen, nicht gebe« (Übers. H.-D. Gondek [S. 779 f.]) oder dass es sich nur um die betreffenden trügerischen Ideologien handele.

26 *Naissance de la biopolitique*, S. 4 f.

27 *DE*, I, S. 665. Übers. M. Bischoff (S. 849).
28 *DE*, I, S. 708. Übers. H. Kocyba (S. 902).
29 *DE*, I, S. 708. Übers. H. Kocyba (S. 902).
30 *DE*, II, S. 9 f. Übers. M. Bischoff (S. 12).
31 R.-P. Droit, *Michel Foucault, entretiens*, Paris 2004, S. 34.
32 *L'Archéologie du savoir*, S. 145. Übers. U. Köppen (S. 161).
33 M. F., *Le Souci de soi*, Paris 1984, S. 56. Außerdem kann Individualismus
   alles Mögliche bedeuten: Ist es die Aufmerksamkeit, die ein Mensch seiner eigenen Person zukommen lässt, gleichsam zur Exemplifikation der
   Conditio humana? Eine ontologische Priorität oder auch eine ethische
   Vorrangstellung des Individuums vor der Allgemeinheit oder dem Staat?
   Ein Nonkonformismus, eine Geringschätzung der allgemeinen Normen?
   Heißt Individualismus, quasi als Musterexemplar der Gattung Mensch
   seine persönlichen Virtualitäten zu verwirklichen, und wäre es auch um
   den Preis des Amoralismus? Der Wille, sich zu verwirklichen, anstatt sich
   mit dem Status quo zufriedenzugeben? Sich anders als die anderen zu
   fühlen und die sozialen Modelle zu verachten? Der Wille, gegenüber der
   Obrigkeit einen privaten Freiraum zu behaupten (wie es, laut Charles
   Taylor, im 18. Jahrhundert der Fall war)? Sich zu der Wahl, die man für
   sich selbst getroffen hat, öffentlich zu bekennen? Der Besitz einer – nicht
   durch Autoritäten oder eine Gruppe vermittelten – persönlichen Verbindung mit dem religiösen (wie zur Zeit der Reformation, ebenfalls laut
   Charles Taylor) oder ethischen Absoluten? Die Bereicherung der eigenen
   Persönlichkeit, indem man Erfahrungen sammelt und sie in Bewusstsein
   verwandelt?
34 Der vage Begriff der Identität umfasst zahlreiche Realitäten. Moslem zu
   sein bedeutet, einer Glaubensgemeinschaft anzugehören, einer heiligen
   Sache, die multiethnisch, politisch kontrovers und des Öfteren mit Kon-
   flikten behaftet ist. Dennoch bilden die Gläubigen, egal welcher Nationa-
   lität, gegenüber den Nicht-Gläubigen eine solidarische Gruppe (oder sollten es zumindest tun), deren Mitglieder sich gegenseitig zu Hilfe kommen
   oder zu Hilfe kommen müssten. Das Identitätsgefühl hat viele Facetten;
   man kann sich persönlich als Moslem bezeichnen oder auch als Mitglied
   der Glaubensgemeinschaft, man kann sich als Araber (oder als Maure,
   Iraner usw.) identifizieren, als marokkanischer Staatsangehöriger oder
   auch als getreuer Untertan des Königs von Marokko. Das Identitätsgefühl drückt sich also sowohl in religiösen als auch in nationalen Begriffen
   aus. Dies könnte den Eindruck erwecken, dass der Islam als »ideologischer Deckmantel« politischen Zwecken dient, und man wird die Religionen anklagen, allzu häufig den Grund für kriegerische Fanatismen zu legen. In Wahrheit ist die Religion, wenn ein Konflikt in einer religiösen
   oder häretischen Rebellengruppe Gestalt annimmt, weder seine Ursache
   noch sein ideologischer Deckmantel, sondern sein feierlicher Ausdruck,

so wie er im Westen in einer sozialpolitischen Theorie seinen Nieder-
schlag findet. Vgl. Bernard Lewis, *Les Arabes dans l'histoire*, übers. von
D. A. Canal, Paris 1996, S. 108, 125 f., 212. Engl. Originalausgabe: *The
Arabs in History*, New York 1960. Dt. Ausgabe: *Die Araber. Aufstieg und
Niedergang eines Weltreichs*, übers. von W. Bayer, Wien [u. a.] 1995. Es
gibt ein Zeitalter der Religionen und es gibt ein Zeitalter der Doktrinen.
Wie Nietzsche sagte, werden die künftigen Kriege philosophischer Natur
sein.

35 Die *Entzauberung* von Max Weber ist nicht die Entzauberung einer Welt
ohne Gott oder Götter, sondern die »Entmagifizierung« der technischen
Sphäre. Die Magie versucht, (eingebildete) Gefahren zu *vermeiden* oder
eine Entscheidung zu *legitimieren* (Gottesurteile). Sie widersetzt sich der
technischen Rationalität, die nach praktischen Ergebnissen *sucht*, und
stellt sich ebenfalls gegen eine bestimmte juridische Rationalität. Weber
spricht davon im Zusammenhang mit China, wo die erhebliche Bedeutung etwa der Magie, Geomantik oder Astrologie dem technologischen
Denken den Weg versperrt. Es handelt sich keineswegs um Religiosität,
und es geht auch nicht um die Frage, ob eine Welt ohne Götter traurig
und entzaubert ist und ob das 21. Jahrhundert religiös sein wird.

36 Gegen die zu allgemeine Idee der Rationalisierung vgl. *DE*, IV, S. 26: »Ich
glaube nicht, dass man von ›Rationalisierung‹ als solcher reden kann,
ohne auf der einen Seite einen absoluten Vernunftwert vorauszusetzen
und ohne andererseits alles Beliebige in die Rubrik der Rationalisierung
hineinzunehmen.« Übers. H. Kocyba (S. 33).

37 *DE*, IV, S. 634. Übers. H.-D. Gondek (S. 779).

38 Im Original auf Deutsch (Anm. d. Ü.).

39 *L'Archéologie du savoir*, S. 193 f., 207, 261; *DE*, I, S. 676.

40 Als junge Kommunisten, die noch vieles zu entdecken hatten, haben wir
1954 zu unserer großen Überraschung erfahren, dass die Meinung der
Großunternehmer hinsichtlich des Projektes der Europäischen Verteidi-
gungsgemeinschaft (EVG) gespalten war.

41 *DE*, IV, S. 580. Übers. H.-D. Gondek (S. 710).

42 *Les Mots et les Choses: Une archéologie des sciences humaines*, Paris 1966,
S. 381 f.: Was die Geschichte, wie das 19. Jahrhundert sie schreibt, heraus-
hebt, ist nicht die Suche nach den Gesetzen des Werdens, sondern, im
Gegenteil, das Bemühen, »alles zu vergeschichtlichen«. Dt. Ausgabe: *Die
Ordnung der Dinge: Eine Archäologie der Humanwissenschaften*, übers.
von U. Köppen. Frankfurt a. M. 1971, S. 443.

43 F. Nietzsche, *Nachgelassene Fragmente* 1884–1885 (Mp 16, 1a), Nr. 38
[14]. In: F. N., Kritische Studienausgabe, hrsg. von G. Colli und M. Montinari, München 1999, Bd. 11, S. 613: ›Wir glauben an keine ewigen Begriffe [...], ewigen Formen [...], und Philosophie [...] bedeutet uns nur die
weiteste Ausdehnung des Begriffs ›Historie‹.« Die Etymologie und die

Geschichte der Sprache haben uns gelehrt, dass wir alle Begriffe als *geworden* betrachten müssen … Man hat extrem lange gebraucht, um die Vielfalt der unterschiedlichen Eigenschaften von ein und demselben Objekt zu erkennen (verweisen wir noch einmal auf unser Beispiel: die Unterscheidung zwischen den Lüsten, dem Fleisch, dem Sex und dem *gender*).

II. Es gibt nur ein historisches *Apriori*

44 *DE*, III, S. 257 f. Übers. H.-D. Gondek (S. 338).

45 *DE*, IV, S. 20–35.

46 *DE*, I, S. 583.

47 *DE*, I, 607. Übers. M. Bischoff (S. 778).

48 *DE*, I, S. 824.

49 Ich habe versucht, diese schnell dahingeworfene Bemerkung Foucaults weiterzuentwickeln: P. V., *Quand notre monde est devenu chrétien*, Paris 2007, S. 59 f., Anm. 1, und Appendix, S. 317 f. Dt. Ausgabe: *Als unsere Welt christlich wurde. Aufstieg einer Sekte zur Weltmacht*, übers. von M. Grässlin, München 2008.

50 *DE*, IV, S. 15, 33 und 651, Wiederaufnahme von *L'impossible prison, recherches sur le système pénitentiaire au XIXe siècle réunies par Michelle Perrot, Débat avec Michel Foucault*, Paris 1980, S. 34 und 55.

51 So eine persönliche Mitteilung Foucaults. Roger-Pol Droit, *Michel Foucault, entretiens*, Paris 2004, S. 82. Die Kunst oder die Literatur sind intransitiv, »man konnte sich von der Vorstellung befreien, dass die Literatur der Ort sämtlicher Transitwege, der Ausdruck von Totalitäten sei«. Das Wort »intransitiv« wird hier in einem unüblichen Sinn gebraucht und ist, wie bei Foucault häufig, ein implizites Zitat von René Char, *Partage formel*, LIV. Ein Dichter ist wie ein intransitives Verb, das, wie die Grammatiker sagen, kein Objekt hat, das es ergänzt: Er macht Kunst um der Kunst willen.

52 Vgl. *DE*, IV, S. 651.

53 A. Farge / M. Foucault, *Le Désordre des familles. Lettres de cachet de la Bastille*, Paris 1982. Dt. Ausgabe: *Familiäre Konflikte. Die »lettres de cachet«. Aus den Archiven der Bastille im 18. Jahrhundert*, übers. von Ch. E. Paschold und A. Gier, Frankfurt a. M. 1989.

54 Vgl. *L'Archéologie du savoir*, S. 213.

55 *DE*, IV, S. 543. Übers. H.-D. Gondek (S. 663).

56 Ein sehr simpler Vergleich kann dies verdeutlichen: Als er seine Arbeit über die antike Liebe begann, hörte Foucault ein Exposé über dieses Thema, das ich im Seminar von Georges Duby vortrug. Der Text dieses Exposés ist wiederaufgenommen in meinem Buch *Société Romaine*, Paris

1991 (dt. Ausgabe: *Die römische Gesellschaft*, übers. von H. Jatho, München 1995). Hier kann jeder sehen, was er mir verdankt, und vor allem, was er nicht von mir übernommen hat.

57 *DE*, IV, S. 23. Übers. H. Kocyba (S. 29).

58 *Naissance de la clinique*, S. 173 f.

59 *L' Archéologie du savoir*, S. 61. Übers. U. Köppen (S. 68); vgl. S. 156.

60 *Naissance de la clinique*, S. 169 und 171.

61 In der ursprünglichen Bedeutung dieses Adjektivs, das von Foucault lanciert wurde und das neuerdings sinnwidrig verwendet wird zur Bezeichnung dessen, was man unbedingt gesehen oder gelesen haben muss, wenn man mit der Zeit Schritt halten will. Bei Foucault hingegen bezeichnet das Adjektiv genau das Gegenteil, nämlich das, was uns unglücklicherweise den Blick auf anderes verstellt und es uns unmöglich macht, einen anderen Weg einzuschlagen: Das Unumgehbare, das ist der Diskurs, der uns *zwingt*, in unserer Zeit zu leben. Es handelt sich im Übrigen um eine Sinnwidrigkeit, die über die Blindheit des gesunden Menschenverstandes Aufschluss gibt.

62 Beispielsweise das Christentum und der Islam, diese religiösen Schöpfungen, die, wie man weiß, ungeheuren Erfolg hatten und deren jeweilige Diskurse, die ich gar nicht erst zu erklären versuchen will, selbstverständlich ganz anders sind als die des griechisch-römischen Heidentums, der Initiationsreligionen oder Mysterien und der präislamischen Kulte Arabiens.

63 *DE*, IV, S. 632.

64 *L'Archéologie du savoir*, S. 167–169 und 269.

65 Zu E. Said und zur Verurteilung des Orientalismus durch Köpfe, die sich die Existenz einer nicht von Interessen geleiteten, neutralen Neugier, die schon bei Herodot zu finden ist, offensichtlich nicht vorstellen können, vgl. B. Lewis, *Islam*, Paris 2007, S. 1054–1073.

66 *DE*, III, S. 160. Übers. H.-D. Gondek (S. 212).

67 *DE*, IV, S. 828. Übers. M. Bischoff (S. 1015).

68 Zu der von den Diskursen ausgehenden möglichen Herausbildung von ideologischen Verbrämungen vgl. M. Foucault, »*Il faut défendre la société*«. *Cours au Collège de France*, Paris 1997, S. 29 f. Dt. Ausgabe: *Verteidigung der Gesellschaft*, übers. von M. Ott, Frankfurt a. M. 1999.

69 Zu einer Kritik des Begriffs »Ideologie« erlaube ich mir den Hinweis auf P. Veyne, *Quand notre monde est devenu chrétien*, wie Anm. 49, S. 225–248.

70 So die Feststellung von Ulrich J. Schneider, *Michel Foucault*, Darmstadt 2004, S. 145.

71 Man erkennt ein Nietzsche-Zitat. Vgl. *DE*, III, S. 158: »Wir *brauchen* [Hervorhebung P. V.], sagen sie [= die großen universalen Intellektuellen], eine Weltanschauung.« Übers. H.-D. Gondek (S. 210).

72 Jean-Marie Schaeffer, *Adieu à l'esthétique*, Collège international de philosophie, Paris 2000, S. 4.
73 *DE*, III, S. 299. Übers. H.-D. Gondek (S. 392).
74 *DE*, III, S. 583. Übers. J. Schröder (S. 734).
75 Ein Beispiel dafür findet sich in »*Il faut défendre la société*«, S. 28–30, und in *Sécurité, territoire, population*, S. 244.
76 *DE*, III, S. 636–642.
77 *DE*, III, S. 158. Übers. H.-D. Gondek (S. 210).
78 Vgl. *DE*, III, S. 257 f. Zu den Komponenten eines Dispositivs gehört in der Tat die Wahrheit selbst. Nicht mehr die Wahrheit der Vorstellungen, die man sich in den verschiedenen Jahrhunderten vom Geschlecht, von der Macht, vom Recht und allem anderen hat machen können (hier erklärt der Skeptiker, wie wir wissen, dass keine dieser allgemeinen Ideen wahrer ist als eine andere und dass sie alle gleichwertig sind). In diesem Fall denken wir vielmehr an die Konzeption der Wahrheit, die jede Epoche in diesem oder jenem Bereich entwickelt hat. Im Alten Testament beispielsweise sind die Götter der fremden Völker »verlogen«, aber wer ist es, der hier lügt? Weder diese Götter selbst, die ja nicht existieren (oder die, genauer gesagt, »nichts sind«), noch die Menschen, die sie anbeten. Es ist einfach nur so, dass man sich die Wahrheit, als man sie zu definieren suchte, als Gegenteil der Lüge vorstellte. Man kann vermutlich auch an bestimmte Dinge glauben, ohne sich ausdrücklich zu sagen »das ist wahr«. Infolgedessen kommt man auch nicht auf den Gedanken, die Wahrheiten der anderen als Lügen anzusehen.
79 In diesem Zusammenhang sei verwiesen auf die Ausführungen eines engen Freundes von Foucault: Peter Brown, *Society and the Holy in Late Antiquity*, Berkeley [u. a.] 1982, S. 306–317. Frz. Ausgabe: *La Société et le sacré dans l'Antiquité tardive*, übers. von A. Rousselle, Paris 1985, S. 248–255.
80 *DE*, II, 541. Übers. M. Bischoff (S. 673).
81 *DE*, II, S. 538–553.
82 *L'Archéologie du savoir*, S. 214. Zu den Kausalitätsbeziehungen zwischen sozialen und mentalen Fakten vgl. *DE*, II, S. 161 (Kritik an der marxistischen Kausalität als Ausdruck: Der Darwinismus bringt angeblich die Interessen der Bourgeoisie zum »Ausdruck«).
83 *L'Ordre du discours – Leçon inaugurale au Collège de France prononcée le 2 décembre 1970*, Paris 1971, S. 60. (Dt. Ausgabe: *Die Ordnung des Diskurses, Inauguralvorlesung am Collège de France, 2. Dez. 1970*, übers. von W. Seitter, München 1974.) Da die Aussage nicht das Produkt eines transzendentalen Subjekts ist, das sie animiert, drängt sie sich dem erkennenden Subjekt auf, nach Art einer nackten Sache mit ihrem bizarren Zuschnitt, absurd wie Formen des Zufalls. Die Aussage ist offenkundig nicht das Produkt eines zeitlosen Ego oder einer Heideggerschen Frei-

heit, mit anzusehen, wie sich das Wahre zu erkennen gibt; vgl. die »wie-
derholbare Materialität« in *L'Archéologie du savoir*, S. 134; dt. Ausgabe:
Archäologie des Wissens, übers. von U. Köppen, Frankfurt a. M. 1981,
S. 149.

84 Die Analyse eines Diskurses, z. B. desjenigen der Melancholie, ist keine
lexikalische Studie über die verschiedenen Bedeutungen des Begriffs »Melancholie« (*L'Archéologie du savoir*, S. 65 f.). Warum das Wort »Diskurs«?
Zwei oder drei Erklärungen sind gleichzeitig richtig. Die eine ist heuris-
tischer Natur: Foucault hat zunächst vor allem über Texte gearbeitet
(medizinische Abhandlungen zum Thema »Wahnsinn«). Er wusste nicht
sofort, wohin ihn der Weg führen würde, sondern hat wohl zuerst angenommen, dass sein Problem ein linguistisches sei. Er wollte sich möglichst
eng an die Fakten halten und diese Fakten waren schriftlicher Art. Darüber hinaus wollte er nicht auf eines der althergebrachten großen Probleme
der Philosophie reduziert werden können; nicht aus Koketterie, sondern
weil sein tief ausgeprägter Positivismus ihn vor allem zurückschrecken
ließ, was als metaphysisch erscheinen konnte. Deshalb hat er sein eigenes
Vokabular benutzt, nicht aber die Termini technici der Philosophie. Eine
andere Erklärung besagt, dass er, um verstanden und akzeptiert zu werden, bestrebt war, sich mit dem Problem des Augenblicks – und das war
die Linguistik – zu befassen (*L'Archéologie du savoir*, ein zu eilig verfass-
tes Buch, gibt dies deutlich zu erkennen). Davon haben sich sehr viele
Leser täuschen lassen. Das Werk mit dem unglücklich gewählten Titel *Les
Mots et les Choses* hat die Verwirrung noch gesteigert: Man hat geglaubt,
dass Foucault sich mit dem Problem der Beziehung zwischen den Wörtern und ihren Referenten beschäftigte. Schließlich musste Foucault versuchen, für Klarheit zu sorgen, was er in *L'Archéologie du savoir*, S. 66, und
in *DE*, I, S. 776, dann auch getan hat: Im 17. Jahrhundert haben, wie er
schreibt, die Naturforscher vermehrt Beschreibungen von Pflanzen und
Tieren angefertigt. Es ist traditionell üblich, »die Geschichte dieser Beschreibungen auf zweierlei Weise [zu] schreiben. Entweder geht man von
den Dingen aus und sagt: wie haben die Menschen des 17. und 18. Jahrhunderts damals die Tiere und die Pflanzen gesehen und beschrieben, die
wir heute sehen? Was haben sie beobachtet, was haben sie ausgelassen?
Was haben sie gesehen, was haben sie nicht gesehen? Man kann die Richtung der Analyse umkehren [...], sehen, über welche Worte und folglich
über welche Begriffe man damals verfügte [...] und von da ausgehend sehen, welches Gitter [...] man über die Gesamtheit der Pflanzen und Tiere
legte«. Foucault stellt fest, dass die Naturforscher, ohne es zu wissen, sich
in ihrem Denken von einem »Diskurs« leiten ließen, der weder die realen
Objekte noch das semantische Feld mit seinen Begriffen darstellte, sondern der sozusagen jenseits angesiedelt war und in korrelativer Weise der
Formation der Objekte einerseits und der Formation der Begriffe anderer-

seits Regeln gab. Der Diskurs ist ein *tertium quid*, der, unbemerkt von den Betroffenen, erklärt, »dass eine bestimmte Sache gesehen (oder übersehen) wurde; dass sie unter diesem Aspekt betrachtet und auf dieser Ebene analysiert wurde; dass dieses Wort mit dieser Bedeutung [...] verwendet wird«. Übers. H. Kocyba (S. 986 f.).

85 *DE*, I, S. 548, vgl. S. 499; II, S. 282–284. Vgl. z. B. M. F., *Histoire de la folie à l'âge classique*, Paris 1976, S. 471.

86 Diese hochfliegenden Spekulationen übersteigen meinen Horizont, sagt Foucault ironisch; »das ganz bescheidene Material, das ich bearbeite, [erlaubt] keine so fürstliche Behandlung«. Es wäre schwierig, die Geschichte irgendeiner historischen Formation zu schreiben, ohne z. B. den Auswirkungen der Macht und oft sogar dem Diskurs über die Macht, die in dieser Epoche von zentraler Bedeutung war, Rechnung zu tragen. *DE*, II, S. 409 f. Übers. J. Schröder (S. 509 f.).

87 *Sécurité, territoire, population*, S. 48–50.

88 *DE*, IV, S. 26–30.

89 Foucault scheint anzunehmen, dass die Hauptidee Webers in der Rationalisierung im Wandel der Zeiten bestand und dass der Idealtypus eine Konstruktion war, die erlaubte, »eine Essenz zu erfassen«, um sie zu »verstehen«, ausgehend von »allgemeinen Prinzipien« (*DE*, IV, S. 26 f.).

90 *DE*, I, S. 665. Übers. M. Bischoff (S. 849). S. 666 spricht Foucault ebenfalls von »einem Unbewussten [...], das seine eigenen Regeln hat, wie ja auch das Unbewusste des Menschen seine eigenen Regeln und Determinanten besitzt«. Übers. M. Bischoff (S. 849).

91 R.-P. Droit, *Michel Foucault, entretiens*, S. 22 und 135. Es handelt sich um eine Idee von Nietzsche.

III. Der Skeptizismus Foucaults

92 *DE*, IV, S. 632.

93 *L'Archéologie du savoir*, S. 265. Übers. U. Köppen (S. 290).

94 G. Flaubert, Briefe vom 18. Februar 1859 und 3. Juli 1860. 1858 schrieb E. Renan in der *Revue des deux mondes* diese programmatischen Zeilen: »Die historischen Wissenschaften scheinen mir dazu aufgerufen, die abstrakte Schulphilosophie hinsichtlich der Lösung der Probleme zu ersetzen, die heutzutage den menschlichen Geist am meisten beschäftigen. Ohne dem Menschen die Fähigkeit absprechen zu wollen, durch seine Intuition das Feld der experimentellen Erkenntnis überschreiten zu können, kann man allem Anschein nach feststellen, dass es für ihn tatsächlich nur zwei Systeme von Wissenschaften gibt, nämlich die Natur- und die Humanwissenschaften: Alles, was darüber hinausgeht, lässt sich feststellen,

wahrnehmen und entdecken, nicht aber beweisen. Die Geschichte, ich meine die Geschichte des menschlichen Geistes, ist in diesem Sinne die wahre Philosophie unserer Epoche. Jede Frage unserer Zeit mündet zwangsläufig in einer historischen Debatte; jede Darlegung von Prinzipien wird zu einer geschichtlichen Vorlesung.«

95 Gerade als Erzieher seiner Stadt lehnt Sokrates die Flucht ab und ist bereit, den Tod auf sich zu nehmen: Er ist nicht der einfache fügsame Bürger einer illegalen und tyrannischen Regierung, sondern ein Teil der Stadt, die auf die Achtung des Gesetzes gegründet ist. Er will kein Beispiel für die Missachtung der Gesetze geben. Hingegen sah sich ein Widerstandskämpfer der Jahre 1940–1944 als jemand, der einer illegalen oder illegitimen Regierung ausgeliefert war.

96 Das nämlich ist das eigentliche (und begrenzte) Thema von Machiavellis *Der Fürst*: dem Fürsten zu zeigen, wie er seine Macht über sein Fürstentum behauptet.

97 Dt.: *Die Wohlgesinnten*, übers. von H. Kober, Berlin 2008.

98 Eines Abends erzählte Foucault: »Wundern Sie sich über diese Massaker? Aber, wissen Sie, am Vorabend der Schlacht bei Wagram sagte jemand zu Napoleon: ›Sire, dieses Gefecht ist überflüssig. Wozu soll es gut sein, 100 000 Mann für nichts in den Tod zu schicken?‹ Napoleons Antwort: ›Ein Mann wie ich pfeift auf den Tod von 100 000 Mann‹.«

99 *DE*, IV, S. 706 [sic.]. Übers. H.-D. Gondek (S. 873).

100 Zur Negation der Universalien bei Spinoza vgl. M. Gueroult, *Spinoza*, Paris 1968 und 1974, I, S. 156, 413, 443; II, S. 339; zu den Feinheiten vgl. G. Deleuze, *Spinoza et le problème de l'expression*, Paris 1968, S. 256 f. Dt. Ausgabe: *Spinoza und das Problem des Ausdrucks in der Philosophie*, übers. von U. J. Schneider, Berlin 1993.

101 Infolgedessen ist alles möglich: Vielleicht hat Heidegger recht! Vielleicht existiert der *intellectus agens* des Aristoteles tatsächlich! Möglicherweise hat Georg Simmel recht anzunehmen, dass die Seele keine Substanz, sondern eine Funktion ist, die unter völlig unterschiedlichen Bedingungen der Realität immer dieselbe bleibt (G. Simmel, »Lebensanschauung« in: *Gesamtausgabe*, Bd. 16, Frankfurt a. M. 1999, S. 209–425). Doch das ist nicht das Problem. Entscheidend ist, dass man in diesem Punkt nichts wissen kann. Aber der Schrecken, den die »Natur« hervorruft, wenn man beim Anblick eines Baumes oder eines Insekts ihre unwahrscheinliche innere Architektur bedenkt … Die »Natur« weiß alles über die Physik und Chemie. Dann also der Darwinismus …

102 *DE*, II, S. 242.

103 *DE*, II, S. 103. Übers. H. Kocyba (S. 128). »[…] es [ist] nicht notwendig, über das Subjekt, den Menschen als Subjekt zu gehen, um die Geschichte des Bewusstseins zu analysieren.« (*DE*, I, S. 775) Übers. H. Kocyba (S. 984 f.).

104 U. J. Schneider, *Michel Foucault*, Darmstadt 2004, S. 79.
105 *DE*, I, S. 608.
106 *L'Archéologie du savoir*, S. 172. *DE*, IV, S. 75; III, S. 469: »Wir sind
     nichts als das, was gesagt worden ist.« Vgl. *L'Archéologie du savoir*,
     S. 275 und *DE* I, S. 503: Die Worte, die Schriften haben ihren Ursprung
     im Dispositiv und nicht in einer Natur des Menschen; deshalb kann
     »dort, wo Zeichen sind, nicht der Mensch sein […] und […] dort, wo
     man Zeichen zum Sprechen bringt, [muss] der Mensch schweigen.«
     Übers. M. Bischoff (S. 651).
107 *DE*, IV, S. 75. Übers. H. Brühmann (S. 94).
108 Mündliche Antwort Foucaults auf einen von mir erhobenen Einwand.
109 Vgl. M. Gueroult, *Spinoza*, wie Anm. 100, I, S. 413–419.
110 P. Janet, *De L'angoisse à l'extase*, Paris 1926 (1976).
111 »Uns hat der Zorn über die Tatsachen ergriffen«, der Zorn auf die be-
     schwichtigenden Verteidiger des Stalinismus (*DE*, III, S. 277. Übers.
     H.-D. Gondek, S. 364). Zu dieser Episode vgl. D. Éribon, *Michel Fou-
     cault et ses contemporains*, Paris 1994, S. 344.
112 Im Original deutsch (Anm. d. Ü.).
113 Im Original deutsch (Anm. d. Ü.).
114 Diogenes Laertios, *Leben und Lehre der Philosophen* IX, 66, hrsg. und
     übers. von F. Jürß, Stuttgart 1998.
115 Protagonist in Stendhals Roman *Die Kartause von Parma* (Anm. d. Ü.).
116 Vgl. die Analyse von Jean Laporte, *Le Problème de l'abstraction*, Paris
     1940. Die Kenntnis, die der Grasfresser vom Gras hat, die abstrakte und
     allgemeine Vorstellung, die er sich von ihm macht, ist bestimmt von sei-
     ner »Tendenz« (so der Ausdruck Laportes), sich von Gras zu ernähren.
117 Denn ein (intensional) singuläres Objekt kann (extensional) allgemein
     sein, sich als Zahl wiederholen. Der Kreis und die Zahl 37 sind in der
     Begrifflichkeit Descartes' »singuläre Naturen« (die 37 unterscheidet sich
     sowohl von der 36 wie auch von der 38), finden sich aber überall wieder,
     wo wir sie vorfinden: In einem bestimmten Saal sind 37 Personen, je-
     mand besitzt 37 Bücher. »Was den Grasfresser anzieht, ist das Gras im
     Allgemeinen«, schreibt Bergson.
118 *L'Archéologie du savoir*, S. 64. Übers. U. Köppen (S. 72).
119 Ein Satz Foucaults bereitet mir Kopfzerbrechen: »Eine solche Geschich-
     te des Referenten ist zweifellos möglich; man schließt das Bemühen, den
     Text von den ›prädiskursiven‹ Erfahrungen zu entsanden und zu befrei-
     en, nicht von Anfang an aus.« (*L'Archéologie du savoir*, S. 64 f.) Übers.
     U. Köppen (S. 72). Macht Foucault hier nicht den Versuch, nicht als
     strenger Dogmatiker zu erscheinen? Es ist schwer einzusehen, wie der
     Zugang zu einem prädiskursiven Referenten möglich, wie eine Beschrei-
     bung neutral sein könnte. Schon die schlichte Eingrenzung eines Objek-
     tes setzt eine Parteinahme, einen Diskurs, voraus. Wie weit reicht die Se-

xualität? Ist ein künstlerischer Akt keusch? Ist ein religiöser Trancezu-
stand ein Anfall von Wahnsinn?

120 *Naissance de la clinique*, Vorrede, S. 15: »Was bei den Dingen, die die
Menschen [in den Diskursen, Ergänzung P. V.] sagen, zählt, ist nicht so
sehr das, was sie diesseits oder jenseits dieser Worte gedacht haben mögen, sondern das, was sie von vornherein systematisiert, was sie für die
Zukunft immer wieder neuen Diskursen und möglichen Transformationen aussetzt.« Übers. W. Seitter (S. 17).

121 *L'Archéologie du savoir*, S. 64.

122 Vgl. F. Nietzsche, *Nachgelassene Fragmente* 1885–1887 (W I 8), Nr. 2
[154]; wie Anm. 43, Bd. 12, S. 141 f.

123 An der Existenz dieses Kerns besteht kein Zweifel. Um dies an einem
Beispiel zu verdeutlichen: Die statistisch gesehen ungleiche Verteilung
bestimmter menschlicher Züge, die innerhalb der Universalgeschichte
konstant sind, zeigt, dass es einen realen Kern jenseits der Diskurse gibt.
Doch was ist dieses Reale? Man stellt beispielsweise fest, dass quer
durch die Jahrhunderte und quer durch die Kulturen die Homosexualität seltener ist als die Heterosexualität, doch dabei handelt es sich um
eine nackte, völlig sinnfreie Tatsache, solange der Diskurs ihr keinen
Sinn beilegt. Sie erlaubt keine Schlussfolgerung, die diskursiv und mithin
willkürlich wäre.

124 *L'Archéologie du savoir*, S. 265, wo es sich um das Transzendentale im
Sinne Kants und nicht um eine Transzendenz handelt.

125 Insofern als sich Foucault höchstpersönlich darin gefällt (*DE*, II, S. 97),
in die Haut von G. Deleuze, dem Autor von *Différence et répétition*
(Paris 1968; dt. Ausgabe: *Differenz und Wiederholung*, übers. von
J. Vogl, München 1992), zu schlüpfen, um eine Metaphysik des »alles
umfassenden Zufalls«, »des Wurfs eines Würfels« zu simulieren (vgl.
DE, II, S. 100: »Die Würfel regieren uns«; dt. Ausgabe: S. 124), mit der
ewigen Wiederkunft nicht des Gleichen, sondern des unkörperlichen Ereignisses und der Differenz. Auf philosophischer Ebene bezeichnet er
sich jedoch als Skeptiker (mit subtileren und höflicheren Worten), wenn
Deleuze glaubt, im *Zarathustra* diese Doktrin der ewigen Wiederkunft
der Differenz und nicht des Gleichen vorzufinden. Doch immerhin war
Deleuze guter Absicht … Foucault selbst verkündet in *L'Ordre du discours*, S. 60, eine »Philosophie des Ereignisses«.

126 Fr. Wahl, *Le Perçu*, Paris, 2007, S. 523, Anm. 1.

127 *Vérité et véracité. Essai de généalogie*, übers. von J. Lelaidier, Paris 2006.
Engl. Originalausgabe: *Truth and Truthfulness: An Essay in Genealogy*,
Princeton, 2002. Dt. Ausgabe: *Wahrheit und Wahrhaftigkeit*, übers. von
J. Schulte, Frankfurt a. M. 2003.

128 Cicero, der weder an die Götter noch an die Mythen so recht glaubt,
fragt hinterhältig, wie es komme, dass die Götter heutzutage keine Kin-

der mehr hätten, dass niemals mehr die Geburt eines göttlichen Kindes bekanntgegeben werde, während in früheren Zeiten die Götter durchaus Kinder gezeugt hätten.

129 *DE*, IV, S. 635. Übers. H.-D. Gondek (S. 781).

130 *L'Archéologie du savoir*, S. 66. Übers. U. Köppen (S. 73).

IV. Die Archäologie

131 Vgl. François Gros' feinsinnigen Kommentar zu diesem Punkt in der Ausgabe *L'Herméneutique du sujet. Cours au Collège de France, 1981–1982*, Paris 2001, S. 24 f., Anm. 32.

132 *DE*, IV, S. 34.

133 *DE*, IV, S. 634. Übers. H.-D. Gondek (S. 780).

134 M. Foucault, *Sécurité, territoire, population*, S. 244: Anstatt »die einzige Quelle« einer menschlichen Realität »vorzuzeigen«, muss man »die Multiplizität außerordentlich verschiedener Vorgänge« sehen, die verbunden sind durch »Phänome der Koagulation, der Unterstützung, der wechselseitigen Verstärkung«. Übers. C. Brede-Konersmann und J. Schröder (S. 346 f.).

135 *DE*, IV, S. 277 und 283: Es gibt niemals ein fundamentales Phänomen, die Priorität eines Faktors gegenüber einem anderen, sondern nur reziproke Beziehungen und ständige wechselseitige Verschiebungen.

136 *Naissance de la clinique*, S. 139.

137 R. Rorty, *Philosophy and the Mirror of Nature*, S. 266; übers. von Th. Marchaisse, *L'Homme spéculaire*, wie Anm. 6, S. 297.

138 *DE*, IV, S. 632. Übers. H.-D. Gondek (S. 777).

139 Vgl. *DE*, II, S. 539.

140 Ein Beispiel mag genügen, um zu zeigen, dass alle für die jeweilige Epoche gültigen Sätze gleichwertig sind: »Menschen haben geurteilt, ein König könne Regen machen; *wir* sagen, dies widerspreche aller Erfahrung. Heute urteilt man, Aeroplan, Radio etc. seien Mittel zur Annäherung der Völker und Ausbreitung von Kultur.« (L. Wittgenstein, *Über Gewißheit*, in: ders., Werkausgabe, Bd. 8, Frankfurt a. M. 1984, S. 147). Wittgenstein macht sich hier über James Frazier lustig und seine Spekulationen über die Könige als Regenmacher und die magische Begründung ihrer Macht. Wozu soll es gut sein, die primitive Mentalität, das mythische Denken usw. zu erforschen? Die Naturvölker denken wie wir oder, genauer gesagt, wir denken nicht besser als sie.

141 Ebenso hat die »Steinkrankheit«, von der ein australischer *medicine man* den Körper eines Kranken befreit, mit dem echten Stein am Wege nur den Namen gemeinsam. In vergleichbarer Weise ist das Hören von übernatürlichen Stimmen nicht dasselbe wie das Hören realer Stimmen: Im

ersten Fall hört selbstverständlich nur der sie, für den sie bestimmt sind, während die anderen Anwesenden sie nicht hören (vgl. L. Wittgenstein, *Zettel Nr. 717*, in: Werkausgabe Bd. 8, Frankfurt a. M. 1984, S. 443).

142 *DE*, IV, S. 632, vgl. S. 634, 709, 713, 718. »Spiel« in der Bedeutung des englischen *game*: »Spiel mit Spielregel«, daher »Prozedur«, »Produktionsregeln«. Zu den Beziehungen zwischen Macht- und Wahrheitsspielen (Beziehungen, die variabel sind, kontingent und synthetisch, nicht analytisch: Man darf nicht sagen: »Wissen *ist* Macht«), vgl. *DE*, IV, S. 676 und 724–726.

143 *DE*, IV, S. 632. Übers. H.-D. Gondek (S. 777).

144 *DE*, I, S. 711; *L'Archéologie du savoir*, S. 166.

145 *L'Ordre du discours*, S. 61. Übers. W. Seitter (S. 40).

146 Solange der materiellen Beschaffenheit der Wörter nicht Rechnung getragen wurde, bestand die Etymologie darin, die Wörter gemäß ihrer Bedeutung in einen Zusammenhang zu bringen, was wie im *Kratylos* zu merkwürdigen Wortspielen führte. Oder man legte dar, aus welchem lateinischen Wort ein französisches hervorging, um dieselbe Sache zu bezeichnen, ohne die phonetische Entwicklung zu erläutern. Voltaire soll die Etymologen seiner Zeit mit folgender Feststellung imitiert haben: *Cheval* kommt von lateinisch *equus*, denn *e* ist zu *che* und *quus* zu *val* geworden.

147 *DE*, IV, S. 632. Übers. H.-D. Gondek (S. 777).

148 *DE*, I, S. 787. Übers. M. Bischoff (S. 1000).

149 *L'Ordre du discours*, S. 54.

150 Wie Foucault zunächst gedacht hatte; vgl. das Vorwort der ersten Ausgabe von *Histoire de la folie*, Paris, 1961, p. III: »[die Geschichte der *Grenzen*,] dieser obskuren Gesten [...], mit denen eine Kultur etwas zurückweist, was für sie *außerhalb* liegt«. Übers. U. Köppen (S. 9). Deshalb hat Foucault dieses Vorwort für die Neuauflage seines Buches bei Gallimard wieder gestrichen. Wenn die Leere nicht leer wäre, wenn die verstoßenen Wesen und die Dinge an die Tür klopften, gäbe es ein ursprüngliches Ganzes und eine ideale Bestimmung, die Totalität. Doch dem ist nicht so: Es gibt nichts Negatives, alles ist positiv, nichts fehlt, Frankreich muss nicht größer werden, um endlich über natürliche Grenzen zu verfügen.

151 Seit genau zwei Jahrhunderten war in einer Welt, deren Idee von Gott immer mehr in den Hintergrund tritt, die Hegelsche Dialektik der Königsweg, um dennoch die Hoffnung auf eine bessere Welt mit der Feststellung zu versöhnen, dass in unserer Zeit das Wahre und Gute nicht die Herrschaft innehaben: Das Wahre und das Gute werden, obwohl ausgeschlossen und geleugnet, nicht aufhören, Druck auszuüben, um schließlich in der Form eines *happy end* unter Mühen und Schmerzen in unsere Welt einzudringen. Nach einem berühmten Satz Hegels aus dem

Jahre 1807 »sinkt [die Idee von Gott] zur Erbaulichkeit und selbst zur Fadheit herab, wenn der Ernst, der Schmerz, die Geduld und Arbeit des Negativen darin fehlt«. (*Phänomenologie des Geistes*, Stuttgart 1987, S. 21); frz. Ausgabe: *Phénoménologie de l'esprit*, übers. von J. Hyppolite, Paris 1949, Bd. 1, S. 18).

V. Universalismus, Universalien, Epigenese:
die Anfänge des Christentums zum Beispiel

152 Im Original Deutsch (Anm. d. Ü.).

153 Dies ist ein einzelnes Jesus zugeschriebenes Wort (*Logion*), das Markus 10,45, gefolgt von Matthäus 20,28 in einen Kontext eingefügt hat, mit dem es in keinem Zusammenhang steht. Soll man das so verstehen, dass Jesus als Sühneopfer gestorben ist und dass er auf diese Weise dem Satan diejenigen, die an ihn geglaubt haben, entrissen hat? Dass er Satan durch seinen Tod Lösegeld bezahlt hat, um seine Jünger zu erlösen? Erst im nächsten Jahrhundert wird Christus nicht mehr »viele«, sondern die gesamte Menschheit erlösen. Die exakte Rolle des Erlösers wird erst nach dem Jahr 1000 Gegenstand theologischer Reflexion (die theologischen Spekulationen der ersten Jahrhunderte gelten vor allem den Beziehungen zwischen der Menschlichkeit und der Göttlichkeit in der Person Jesu, der insbesondere als Arzt und Hirte gesehen wird). Die Gestalt des Gekreuzigten erscheint in den bildenden Künsten nicht vor dem Beginn des fünften Jahrhunderts.

154 Dieselbe Pluralität der Modi (der »Niveaus«) der Wahrheit hinsichtlich des zukünftigen Lebens. Jesus entsandte seine zwölf Apostel ausschließlich nach Israel. Andererseits »ist [er] gekommen [...], um sein Leben hinzugeben als Lösegeld für viele« (Matthäus 20,28; Markus 10,45), und unter diesen »vielen« müssen die Heiden, die Gentiles, die Nichtjuden mitgemeint sein: Sie oder die Gerechten unter ihnen (im Sinne der Gerechtigkeit vor dem Bund, zu der Zeit, als die Völker noch nicht geteilt waren) werden beim letzten Mahl im Himmelreich Zugang haben zum Heil (vgl. John P. Meier, *Jesus, a Marginal Jew. Rethinking the Historical Jesus*, New York [u. a.] 1991–2001; frz. Ausgabe: *Un certain Juif, Jésus. Les données de l'histoire*, übers. von J.-B. Degorce, Chr. Ehlinger und N. Lucas, Paris 2005; hier Bd. 2, S. 264). Universalismus, gewiss, aber welcher oder vielmehr welche Universalismen? Der Gott, an den Jesus denkt, als er die Zwölf nur nach Israel schickt, ist der Gott des Berges Sinai, der Gott des Bundes mit dem Volk Israel. Die Entsendung der Zwölf ereignet sich *hic et nunc* und betrifft den eifersüchtigen Gott des Sinai. Hingegen wird sich das Himmelreich in einer Temporalität ereignen, die nicht die unsere ist; sie ist übernatürlich, vergleichbar der, in der

die Götter des Heidentums noch Kinder hatten. Unter ihrer gemeinsamen Identität sind die beiden Götter dieser beiden Temporalitäten nicht dieselben. Derjenige, für den die Zwölf als Missionare nach Israel entsendet werden, ist der Gott des damaligen Israel, *hic et nunc*, der eifersüchtige Gott des Bundes. Der Gott des übernatürlichen Reiches wiederum ist der kosmische Gott, derjenige, der einst, *in illo tempore*, Himmel und Erde erschaffen und nicht zwischen den (künftigen) Völkern unterschieden hat, sondern den Menschen gemacht hat, d. h. alle Menschen. Anders gesagt haben wir hier denselben modalen Unterschied wie den zwischen dem Lorbeerbaum der Daphne und dem Lorbeerbaum der Bauern bei Wittgenstein. Zur impliziten Unterscheidung zwischen diesen beiden Modalitäten des in Israel verehrten Gottes, des Schöpfers des ganzen Universums und des eifersüchtigen alleinigen Gottes Israels, erlaube ich mir den Hinweis auf mein kleines Buch *Quand notre monde et devenu chrétien*, wie Anm. 49, in dem ich, S. 269–271, auf diesen wohlbekannten Dualismus eingehe.

155 Matthäus 15,24 und 26 (Einheitsübersetzung). Zu allem Folgenden vgl. John P. Meier, wie Anm. 154, Bde. 2 und 3 passim; z. B. Bd. 3, S. 123, 164 f., 190, 553.

156 F. Nietzsche, *Nachgelassene Fragmente* Herbst 1887 (W II 2), Nr. 10 [181] (278); wie Anm. 43, Bd. 12, S. 564 f.

157 Seit acht Jahrhunderten lehrten die Propheten und Psalmen, dass sich eines Tages die anderen Völker nach Jerusalem begeben würden, um sich vor dem Gott Israels zu verbeugen, dessen Überlegenheit von den anderen Göttern im Himmel anerkannt werde.

158 Als Jesus der Kanaanäerin sagt, er werde heidnischen Hunden nicht das Brot der Kinder Israels vorwerfen, antwortet diese: »Aber selbst die Hunde bekommen von den Brotresten, die vom Tisch ihrer Herren fallen.« (Matthäus 15,27; Einheitsübersetzung) Diese Episode scheint nicht authentisch zu sein und nicht auf den historischen Jesus zurückzugehen (John P. Meier, wie Anm. 154, Bd. 3, S. 374). Sie sollte die Öffnung der Kirche für die Heiden rechtfertigen.

159 Zu den komplizierten Einzelheiten der Lehre des heiligen Paulus, die zwar auf festem Grund ruhte, doch in ihren Formulierungen und Kühnheiten Schwankungen zeigte, vgl. E. P. Sanders, *Paul*, Oxford [u. a.] 1991, S. 84–100 und 122–128. Dt. Ausgabe: *Paulus: eine Einführung*, übers. von E. Schöller, Stuttgart 1995.

160 Karl Rahner / Joseph Ratzinger in: *Offenbarung und Überlieferung*, Quaestiones disputatae, Freiburg i. Br. / Basel / Wien 1965; frz. Ausgabe: *Révélation et tradition*, übers. von H. Rochais und J. Évrard, Paris 1972, S. 64: »Erst eine Reihe von geschichtlichen Anstößen, worunter vor allem zu nennen wären die Hinrichtung des Stephanus, die Hinrichtung des Jakobus sowie endlich und entscheidend Verhaftung und Flucht Pe-

tri, brachte die Urgemeinde [...] dazu, statt des [himmlischen] Reiches die Kirche zu schaffen.« (Wiederabgedruckt in: J. Ratzinger, *Wort Gottes. Schrift – Tradition – Amt*, hrsg. von P. Hünermann und Th. Söding, Freiburg i. Br. / Basel / Wien 2005, S. 55.)

161 Matthäus 22,1–10; Lukas 14,15–24 (wo das berühmt *compelle intrare* zu lesen ist).

VI. Trotz Heidegger: Der Mensch ist ein intelligentes Wesen

162 Ich beziehe mich auf das inzwischen überholte Büchlein aus meiner Jugend, *Les Grecs ont-ils cru à leurs mythes? Essai sur l'imagination constituante*, Paris 1983 (dt. Ausgabe: *Glaubten die Griechen an ihre Mythen? Ein Versuch über die konstitutive Einbildungskraft*, übers. von M. May, Frankfurt a. M. 1987), in dem es viele echte Bäume gibt, während der Wald ein Hirngespinst ist. Was dieses Buch angeht, teile ich mittlerweile die Meinung von Bernard Williams, *Vérité et véracité*, wie Anm. 127, S. 354, Anm. 25; er spricht von »einem – gelinde gesagt – extravaganten Relativismus hinsichtlich der Wahrheit«, fügt aber freundlicherweise hinzu: »Die zahlreichen interessanten Ideen dieses Buches sind unabhängig von dieser Rhetorik.« Man sieht, in welche Schwierigkeiten ein Historiker ohne ausreichende philosophische Bildung gerät, wenn er in seinem Metier auf Probleme stößt wie die des Mythos mit ihrer unweigerlich philosophischen Dimension. Was ich damit sagen will: Es handelt sich um sehr abstrakte Probleme. In der Tat habe ich zwei Fragen vermischt, nämlich die nach der Pluralität der »Glaubensmodalitäten« (wie mich Raymond Aron zu sagen gelehrt hat) und die nach der Wahrheit in der Zeit (worüber mir Foucault das eine oder andere gesagt hat). Über letztere habe ich einiges zusammenphantasiert. Hätte ich Wittgenstein gelesen oder Foucault besser verstanden, hätte ich mich besser aus der Affäre gezogen.

163 Tatsächlich hätte Hume im Namen seines Empirismus (nachträglich ...) nicht an die von Kant postulierte Fähigkeit geglaubt, *a priori* zu synthetischen Urteilen zu kommen. Foucault glaubte ebenso wenig daran und sah darin das, was er als »empirisch-transzendentale Dublette« bezeichnete (wir werden darauf zurückkommen).

164 F. Nietzsche, *Ueber Wahrheit und Lüge im aussermoralischen Sinne*, wie Anm. 43, Bd. 1, S. 875.

165 Zur Menschheit als biologischer Spezies und zu einer Kritik an der Opposition Natur – Kultur vgl. J.-M. Schaeffer, *La Fin de l'exception humaine*, Paris 2007. Dabei handelt es sich in meinen Augen um ein persönliches, tiefgründiges, nachdenkliches und philosophisch wie auch ethologisch kenntnisreiches Buch.

166 Im Original deutsch (Anm. d. Ü.).

167 D. Janicaud, *L'Ombre de cette pensée: Heidegger et la question politique*, Grenoble, 1990, S. 152. Zur brisanten Frage des Nationalsozialismus und des bis zum Schluss fehlenden Schuldbewusstseins Heideggers vgl. Emmanuel Faye, *Heidegger. L'introduction du nazismus dans la philosophie*, Paris 2005. Dt. Ausgabe: *Heidegger und die Einführung des Nationalsozialismus in die Philosophie*, übers. von T. Trzaskalik, Berlin 2008.

168 Ders., wie Anm. 167, S. 97–108. Die Kritik ist umso interessanter, als Janicaud selbst, ein sehr ehrenwerter Mann, den ich flüchtig kannte, ein Nostalgiker des Geistes war und Heidegger eine tiefe Bewunderung entgegenbrachte.

169 Heidegger, *Identität und Differenz*, Pfullingen 1957, S. 24 f.; *Zeit und Sein*, in: ders., *Zur Sache des Denkens*, Tübingen 1969, S. 1–26. Die Ausführungen auf Seite 343 in *Les Mots et les Choses*, wo es um die historisch-ursprüngliche »Dublette« geht, richten sich gegen Heidegger, ohne ihn beim Namen zu nennen.

170 Im Original deutsch (Anm. d. Ü.).

171 Ereignisse wie das griechische Denken oder die deutsche Philosophie, die eine ganze Kultur begründeten, da die Philosophie der Schlüssel (oder die Metonymie …) einer jeden historischen Epoche ist. Obwohl er sich um den alltäglichen historischen Menschen nicht kümmerte, machte Heidegger vor 1945 dieses Privileg für die arische Rasse und das deutsche Volk geltend, das Privileg, die Wahrheit dank ihres *Daseins* [im Original deutsch, Anm. d. Ü.] erahnen zu können. Nach 1945 war bei ihm davon natürlich nicht mehr die Rede, und er verharrte in einer apolitischen und abwartenden Position, ohne sich mit einem Wort der Reue von seiner nationalsozialistischen Vergangenheit zu distanzieren. Das Ereignis, das »die Essenz der Wahrheit modifiziert« (schreibt Heidegger in seinem schönen Buch über Nietzsche), kommt »jäh und unversehens [im Original deutsch, Anm. d. Ü.]«, wie es in *Holzwege*, S. 311, heißt. Dieses Mysterium »schickt« uns durch die Epochen ihre unsichtbare Sichtbarkeit unter den aufeinanderfolgenden Erscheinungen der griechischen Physis, des Logos, der platonischen Ideen, des neuplatonischen Einen, der Substanz Spinozas, des Willens bei Schopenhauer und zuletzt des Machtwillens bei Nietzsche. Heidegger war in der Lage zu sagen, was dieses Mysterium wirklich ist: Eine Entität, die sich so sehr von allem anderen differenziert, dass sie die Differenz selbst ist. Infolgedessen fand mit ihm die Metaphysik, die die Differenz nicht erkannte und nach dem Sein oder Gott suchte, ein Ende.

172 Nach einer Formulierung von Jean Beaufret, zitiert von Françoise Dastur in ihrer glänzenden Darstellung Heideggers in: *Histoire de la philosophie* (Bd. 3) der *Encyclopédie de la Pléiade*.

173 Im Original deutsch (Anm. d. Ü.).

174 Im Original deutsch (Anm. d. Ü.).

175 Beim späten Heidegger hat das Sein nichts mehr gemeinsam mit dem der Philosophen oder der Religionen, sondern ist wie eine Person, die ein Gegenüber anspricht, sich verweigert, sich entzieht und die für einige *Zukünftige* [im Original deutsch, Anm. d. Ü.] der »letzte Gott« sein wird. Vgl. L. Oeing-Hanhoff, in: *Historisches Wörterbuch der Philosophie*, Bd. 5, s. v. »Metaphysik«, Sp. 1272; R. Malter, Bd. 9, s. v. »Sein, Seiendes«, Sp. 219. Das Denken Heideggers ist ein verzweifelter Versuch, mit anderen Mitteln an einer religiösen Sensibilität festzuhalten (die sogar christlich ist, da die verschiedenen Paganismen nichts Analoges aufzuweisen haben).

176 Im Original deutsch (Anm. d. Ü.).

177 Der Mensch muss sich seiner Situation vor dem Sein würdig erweisen, eigentlich sein, er darf sich nicht auf uneigentliche Weise in eitler Neugier verlieren (*Sein und Zeit*, Tübingen [15]1984, S. 170), in Metaphysiken, in Techniken, und glauben, dass die Wissenschaft der Dinge, des Seienden das letzte Wort von allem ist. Der Ewige ist mein Hirte, sagt das Alte Testament. Nach Heideggers eigenen Worten ist der Mensch das Gegenteil des Hirten des Seins, und er hat die Pflicht, dies nicht zu vergessen; sich nicht in den Dingen zu zerstreuen, in der Intuition des einfachen »Seienden«.

178 Im Original deutsch (Anm. d. Ü.).

179 M. Heidegger, *Sein und Zeit*, S. 226. Zur Heideggerschen Nicht-Unterscheidung zwischen Ursprung und Essenz s. u. S. 82 f.

180 Ich paraphrasiere die Seiten 75–78 des Seminars Heideggers über die Essenz der Wahrheit (*Gesamtausgabe, II. Abteilung: Vorlesungen*, Bd. 34: *Vom Wesen der Wahrheit*, Frankfurt a. M. 1988).

181 Im Original deutsch (Anm. d. Ü.).

182 Alexandre Koyré, »L'évolution de Heidegger«, in: A. K., *Études d'histoire de la pensée philosophique*, Paris 1971, S. 288.

183 D. Janicaud, *La Puissance du rationnel*, Paris 1985, S. 281.

184 Im Original deutsch (Anm. d. Ü.).

185 Im Original deutsch (Anm. d. Ü.).

186 Im Original deutsch (Anm. d. Ü.).

187 D. Janicaud, *L'Ombre de cette pensée*, wie Anm. 167, S. 102–134. Simon Critchley in: D. Janicaud, *L'intelligence du partage*, Textes réunis par Françoise Dastur, Paris 2006, S. 168.

188 D. Janicaud, *La Puissance du rationnel*, passim.

189 *DE*, IV, S. 703.

190 *DE*, IV, S. 774 (Hervorhebung M. Foucault). Übers. H. Kocyba (S. 957).

191 Im Original deutsch (Anm. d. Ü.).

192 M. Heidegger, *Vom Wesen der Wahrheit*, § 7: »Die Unwahrheit als Irre.«

193 *Holzwege*, S. 310.

194 Im Original deutsch (Anm. d. Ü.).
195 Im Original deutsch (Anm. d. Ü.).
196 *DE*, III, S. 159. Übers. H.-D. Gondek (S. 212).
197 *L'Archéologie du savoir*, S. 83 f. Übers. U. Köppen (S. 92).
198 G. Deleuze, *Spinoza et le problème de l'expression*, wie Anm. 100, S. 306.
199 Bei Spinoza, schreibt Leibniz, ist alles, außer Gott (anders gesagt: außer
     der Natur selbst), vergänglich und zerrinnt in einfachen Akzidenzen
     und Modifikationen.
200 Vgl. z. B. *DE*, III, S. 154, 268, 594, 528–531: »Aber das typische Beispiel
     ist Zola. Er hat *Germinal* nicht als Bergmann geschrieben.« (S. 531)
     Übers. M. Bischoff (S. 671). Foucault wollte sich informieren, und so
     kam es schon einmal vor, dass er an einem Kolloquium nicht von Philo-
     sophieprofessoren, sondern von Krankenschwestern teilnahm.

VII. Natur- und Humanwissenschaften: das Programm Foucaults

201 Vgl. die Verteidigung und Darstellung des »empirischen Skeptizimus«
     durch Victor Brochard, *Les Sceptiques grecs*, Paris 1887; Nachdruck Pa-
     ris 2002, S. 344–391. Als Sohn und Enkel von Ärzten hat Foucault mit
     dem griechischen Arzt der philosophischen Skeptiker, Sextus Empiricus,
     einen fernen Vorfahren; dieser hielt die verborgenen Dinge für unzu-
     gänglich, war aber dennoch Empiriker und Arzt der »methodischen«
     medizinischen Schule.
202 *DE*, IV, S. 577. Die Idee ist wenig fundiert, Foucaults Interesse für die
     Probleme der Humanwissenschaften hielt sich in Grenzen.
203 In *Le Raisonnement sociologique. Un espace non poppérien de l'argu-
     mentation*, durchges. und erw. Neuaufl. Paris 2006, S. 361–384 ersetzt
     J.-Cl. Passeron den Weberschen Begriff der Stilisierung durch (Peirces)
     Begriff der Indexierung. Aus seiner Analyse geht hervor, dass jeder so-
     ziologische Begriff ein »halber Eigenname« ist und dass jede historische
     Argumentation von *deiktischen* Elementen begleitet wird. Der Idealty-
     pus ist folglich nicht das ungenaue Instrument einer weichen Wissen-
     schaft, eine schwache Form der Induktion, wie man ihn im Allgemeinen
     kommentiert: Es handelt sich um einen halben Eigennamen, dessen *Sinn*
     [im Original deutsch, Anm. d. Ü.] durch eine stets partielle Beschrei-
     bung definiert wird, die einige generische Eigenheiten aufzählt. Deren
     Bedeutung [im Original deutsch, Anm. d. Ü.] erfolgt durch eine »Inde-
     xierung« auf eine offene Reihe von Referenten, die allesamt Einzelfälle
     sind (die mittelalterliche Gesellschaft im Abendland, Japan vor den To-
     kugawa oder sogar das Byzantinische Reich, das laut Évelyne Patlagean
     feudalistisch war) und die die gemeinsame Analogie aufweisen, diese ge-
     nerischen Eigenheiten zu präsentieren. Die Definition beschränkt sich

auf eine Gruppe von Merkmalen (der Feudalismus verbindet zwei
Merkmale: Grundbesitz, Regierung der Männer), während die vollstän-
dige Beschreibung der Referenten endlos wäre. Auch lässt sich, in Ermangelung einer zugleich abgeschlossenen und vollständigen Beschreibung, eine historische Definition nicht von ihren Referenten trennen:
Man kann sie nicht vergessen, da man nur dank ihrer wissen kann, worum es sich handelt, wovon man spricht und wie man über sie argumentiert. Dieses Vorgehen ist keine methodologische Wahl, sondern gründet
sich auf eine Epistemologie der historischen Erkenntnis und der Historizität: Die Liste der indexierten Fälle ist offen, weil es nur Singularitäten gibt, und die Definition ist unvollständig, weil sie sich auf die Analo-
gien, die die betrachteten Fälle präsentieren, beschränkt. Es handelt sich
um eine andere Form der Genauigkeit als in den Naturwissenschaften,
aber es ist trotzdem eine Genauigkeit: Man kann nicht irgendetwas Beliebiges sagen. Ein ähnlicher Idealtypus steht im Gegensatz zur wissenschaftsgläubigen Schimäre von so etwas wie einem transhistorischen
Modell, nicht indexiert auf mit räumlich-zeitlichen Koordinaten verse-
hene Fälle. Die Sprache des Historikers verwendet keine Universalien,
seine Argumentation ebenso wenig. Selbst die Adverbien (»immer«) und
die Kausalitätsbezeichnungen bleiben auf eine endliche Reihe von Fällen
indexiert: Das »Immer« und das »Weil« der Fälle des Feudalismus haben
nicht dieselbe Tragweite wie die der auf Gesetzgebungen basierenden
Gesellschaften.

204 J.-Cl. Passeron, *Le Raisonnement sociologique*, wie Anm. 203, S. 349.

205 Alfred de Vigny (Anm. d. Ü.).

206 Dazu fällt mir gerade ein Beispiel ein: Mireille Corbier hat unlängst, besser als Mommsen in seinem *Römischen Staatsrecht*, die kaiserzeitliche
Monarchie der Römer beschrieben, diese sehr spezielle Monarchie, die
in gewisser Weise erblich war, aber dann wieder auch nicht. Dafür hat
sie sehr viele identitäre Unterschiede und beweiskräftige kleine Einzelheiten aufgeführt. Vgl. M. Corbier, »Parenté et pouvoir à Rome«, in:
Rome et l'État moderne européen (Hrsg. J.-Ph. Genet), Rom 2007,
S. 173–192.

207 Alexandre Koyré hat nachgewiesen, dass in der Renaissance äußerst ne-
bulöse philosophische Spekulationen ihren Beitrag zu den Anfängen der
experimentellen und quantifizierten Physik geleistet haben.

208 Angesichts dieser Begrenztheit stellt sich eine amüsante Frage, die nach
den Grenzen unserer Intelligenz. Ungewiss ist auch, ob diese Intelligenz
uns in die Lage versetzt, ihre eigenen Grenzen wahrzunehmen. Mein Ka-
ter, der mit seinem Leben sehr gut zurechtkommt, zerkratzt aus Eifer-
sucht das Buch, das mich gefangen nimmt. Er versteht, dass ich kaum
mehr an ihn denke, aber er hat keine Ahnung davon, was ein Buch ist.
Colin McGinn ist der Frage nach den Grenzen nachgegangen und hat sie

in *Problems in Philosophy. The Limits of Inquiry*, Oxford 1993, einer strengen Analyse unterzogen; vgl. bes. S. 154, wo er darüber scherzt, dass vermutlich »talentierte Marsbewohner von Natur aus die Lösungen unserer Probleme kennen«. Wie mir Thierry Marchaisse mitteilt, hat sich Kant höchstpersönlich mit dieser Frage in *Kritik der reinen Vernunft*, Abschnitte 3 und 8 der *Transzendentalen Ästhetik*, befasst: »Denn wir können von den Anschauungen anderer denkenden Wesen gar nicht urteilen, ob sie an die nämlichen Bedingungen [von Raum und Zeit] gebunden seien, welche unsere Anschauung einschränken und für uns allgemein gültig sind [...]. Wir kennen nichts, als unsere Art, sie wahrzunehmen, die uns eigentümlich ist, die auch nicht notwendig jedem Wesen, ob zwar jedem Menschen, zukommen muß.« I. Kant, *Kritik der reinen Vernunft*, hrsg. von Ingeborg Heidemann, Stuttgart 1966, S. 91, 106.

209 I. Lakatos, *Histoire et méthodologie des sciences. Programmes de recherche et reconstruction rationnelle*, übers. von C. Malamoud und J.-F. Spitz, Paris 1994. Engl. Originalausgabe: *The Methodology of Scientific Research Programmes*, Cambridge 1980. Dt. Ausgabe: *Die Methodologie der wissenschaftlichen Forschungsprogramme*, übers. von A. Szabó und H. Vetter, Braunschweig/Wiesbaden 1982.

210 I. Hacking über seine eigene Doktrin in *Annuaire du Collège de France*, Paris 2003, S. 544–546. Hacking zitiert auch die *Epistemai* Foucaults als Denkrahmen desselben Typs.

211 *DE*, II, S. 165 oder I, S. 675.

212 *DE*, IV, S. 769.

213 Ebd., S. 703.

214 *Les Mots et les Choses*, S. 382, vgl. S. 383: »Indem sie das Gesetz der Zeit als äußere Grenze der Humanwissenschaften entdeckt, zeigt die Geschichte, daß alles, was gedacht wird, noch durch ein Denken gedacht werden wird, das doch nicht an den Tag getreten ist.« Übers. U. Köppen (S. 445).

215 *DE*, I, S. 611. Übers. M. Bischoff (S. 782).

216 Ebd., S. 620.

217 *L'Archéologie du savoir*, S. 160 f.

218 Zu diesem Ausdruck vgl. *L'Ordre du discours*, S. 16.

219 *L'Archéologie du savoir*, S. 160 f.

220 Ebd., S. 269. Übers. U. Köppen (S. 294).

221 *DE*, IV, S. 575.

222 *DE*, I, S. 611. Übers. M. Bischoff (S. 783).

223 Ebd. Übers. M. Bischoff (S. 783).

224 Ebd., S. 611 f.

225 *DE*, I, S. 612.

226 Ebd.

227 *Les Mots et les Choses*, S. 383. Übers. U. Köppen (S. 445).

228 Ebd., S. 384.
229 *DE*, I, S. 710. Übers. H. Kocyba (S. 904).
230 *L'Archéologie du savoir*, S. 267.
231 *DE*, I, S. 710.
232 Ebd., S. 515.
233 Zu dieser »Endlichkeit ohne Unendliches« vgl. *Les Mots et les Choses*, S. 327–329.
234 Vgl. *Les Mots et les Choses*, S. 384. Man kann, glaube ich, sagen, dass der Historismus die spontane *epoché* der Historiker, ihre axiologische Neutralität – die von den Glaubensüberzeugungen der Vergangenheit berichtet, ohne sie zu werten – zu einer philosophischen Einstellung erhob. Betrachten wir z. B. G. Simmel, der eine ähnliche Position vertritt. Was ihn interessiert, ist das *Leben*, dessen Reichtum und Mannigfaltigkeit die zu eng gefassten Begriffe übersteigt (die Liebe ist sehr viel mehr als das, worauf sie im *Gastmahl* Platons reduziert wird), das Leben ist zu groß und weit, als dass man die Griechen dafür kritisieren sollte, dass sie an ihre Mythen geglaubt haben. Ist für Simmel mit seinem so verständnisvollen und seinem im Einzelnen so großen Ideenreichtum die Philosophie überhaupt noch eine Suche nach der Wahrheit? Sie besitzt ihre vitale Wahrheit oder, besser gesagt, ihren Reichtum. Sie oder vielmehr der Philosoph: Simmel begrüßt in diesem menschlichen Typus eine andere Sensibilität als die des empiristischen Wissenschaftlers, eine andere menschliche Dimension, den Sinn für die Totalität. Daher sei es, wie er schreibt, naiv, philosophische Schlussfolgerungen so wie die Ergebnisse der experimentellen Wissenschaften zu bewerten. Braucht man sich lediglich zu fragen, ob eine Philosophie wahr oder falsch ist? Laut Simmel kommt man um die Festellung nicht herum, dass sich die verschiedenen Doktrinen widersprechen, und das tun sie deswegen, weil jede von ihnen (oder zumindest die am weitesten ausgearbeiteten) einen möglichen menschlichen Standpunkt verkörpert. Ebenso umfasst die Natur eine große Zahl unterschiedlicher Lebewesen, die in gleicher Weise lebensfähig sind.
235 Descartes, Brief vom 15. April 1630. Der heilige Augustinus stieß auf ein ähnliches Problem: Das göttliche Gesetz hat sich geändert, das Gesetz, das Gott Moses gab, ließ die Polygamie zu, während das neue Gesetz sie verbietet. Der Grund dafür ist, dass die Vorsehung ihre Forderungen an dem in jeder Epoche von der Menschheit erreichten Bildungsgrad ausrichtete.
236 *DE*, III, S. 158.
237 *DE*, III, S. 143 f.; vgl. *DE*, III, S. 402: »Welche Regel muss man in einer bestimmten Zeit beachten, wenn man einen wissenschaftlichen Diskurs über das Leben, die Naturgeschichte, die politische Ökonomie halten will?« Übers. M. Bischoff (S. 519).

238 *DE*, IV, S. 632. Übers. H.-D. Gondek (S. 777).
239 Ebd., S. 277.
240 Ebd., S. 634. Übers. H.-D. Gondek (S. 780).
241 Ebd., S. 635.
242 Ebd., S. 54 f.
243 *DE*, IV, S. 733; vgl. S. 718.
244 Vgl. den Kommentar von V. Marchetti und A. Salomoni in: M. Foucault, *Les Anormaux*, Paris 1999, S. 316.
245 Das französische »sujet« bedeutet sowohl »Subjekt« als auch »Untertan« (Anm. d. Ü.).
246 M. Perrot (Hrsg.), *L'Impossible prison. Recherches sur le système pénitentiaire au XIXe siècle. Débat avec Michel Foucault.* Paris 1980, S. 51; *DE*, IV, S. 30.
247 *DE*, III, S. 158 und zu allem Vorausgehenden. Übers. H.-D. Gondek (S. 210).
248 Ebd., S. 160.
249 Ebd., Übers. H.-D. Gondek (S. 212 f.).
250 *DE*, IV, S. 30 und III, S. 258.
251 In Spanien wurden die letzten Hexen 1799 bei lebendigem Leibe verbrannt, im Schweizer Kanton Uri im Jahre 1801.
252 *L'Archéologie du savoir*, S. 172.

VIII. Eine soziologische Geschichte der Wahrheiten:
Wissen, Macht, Dispositiv

253 *DE*, IV, S. 726.
254 M. F., *Naissance de la biopolitique*, Paris 2004, S. 21 f. Dt. Ausgabe: *Die Geburt der Biopolitik. Geschichte der Gouvernementalität II. Vorlesung am Collège de France 1978–1979*, Frankfurt a. M. 2004 (hrsg. von M. Sennelart). Übers. J. Schröder (S. 39).
255 In *DE*, IV, S. 632, greift Foucault diesen Ausdruck 1984 noch einmal auf.
256 Ebd., S. 633. Foucault wird dies als Problematisierung bezeichnen.
257 Im Original deutsch (Anm. d. Ü.). Vgl. *DE*, IV, S. 445.
258 *L'Ordre du discours*, S. 16. Übers. W. Seitter (S. 11).
259 Trotz anders lautender Äußerungen hat Nietzsche niemals behauptet, dass es keine Wahrheit gebe; vgl. dazu die Ausführungen von Dominique Janicaud im Sammelband: *Michel Foucault philosophe: rencontre internationale*, Paris 1989, S. 331–353; vgl. S. 346 und D. Janicaud, *À nouveau la philosophie*, Paris 1991, S. 75.
260 *Naissance de la biopolitique*, S. 22. Übers. J. Schröder (S. 39).
261 *DE*, IV, S. 727 und 740.
262 *DE*, IV, S. 720.

263 Foucault im Interview mit R.-P. Droit, wie Anm. 31, S. 129.
264 Vgl. *DE*, IV, S. 450 und den Index von *Dits et Écrits*, s. v. *Pouvoir*, wo zahlreiche und oft ausführliche weitere Texte aufgeführt sind.
265 *DE*, IV, S. 225 f., 740 u. ö. (vgl. *Résistance* im Index).
266 *DE*, II, S. 636. Übers. M. Bischoff (S. 782).
267 Ebd., S. 723.
268 *DE*, IV, S. 724 f. und 676. Vgl. S. 726.
269 Foucault im Interview mit R.-P. Droit, wie Anm. 31, S. 128.
270 *DE*, IV, S. 782. Übers. M. Bischoff (S. 965).
271 *DE*, III, S. 143. Übers. H.-D. Gondek (S. 190). Vgl. *DE*, III, S. 402: »Welche Regel muss man in einer bestimmten Zeit beachten, wenn man einen wissenschaftlichen Diskurs über das Leben, die Naturgeschichte, die politische Ökonomie halten will?« Übers. M. Bischoff (S. 216).
272 *L'Archéologie du savoir*, S. 272.
273 F. Nietzsche, *Nachgelassene Fragmente* Juni – Juli 1885 (W I 4), 36 [22]; wie Anm. 43, Bd. 11, S. 560.
274 F. Nietzsche, *Nachgelassene Fragmente* Ende 1886 – Frühjahr 1887 (Mp XVII 3b), 7 [53]; wie Anm. 43, Bd. 12, S. 312.
275 *DE*, IV, S. 693. Übers. H.-D. Gondek (S. 855).
276 So z. B. *DE*, II, S. 305, 632, 638.
277 Vgl. vor allem *DE*, IV, S. 597.
278 *DE*, IV, S. 597, vgl. S. 180.
279 Ebd., S. 180. Übers. M. Bischoff (S. 221 f.).
280 Foucault im Interview mit R.-P. Droit, Juni 1975, veröffentlicht im *Dossier* über Foucault in der Zeitung *Le Monde* vom 19. und 20. September 2004.
281 Vgl. z. B. *DE*, IV, S. 693.
282 *L'Archéologie du savoir*, S. 271. Übers. U. Köppen (S. 297).
283 Dies ist eine freie Interpretation von *DE*, IV, S. 205. Vgl. außerdem I, S. 608, und *Les Mots et les Choses*, S. 333 f. Für Philosophien, die nicht die Foucaults sind, aber in seiner Zeit im Schwange waren, ist der Mensch, diese empirisch-transzendentale Dublette, sowohl das empirische Objekt, das es zu erkennen gilt, als auch das Subjekt, das die Voraussetzung für diese Erkenntnis darstellt; er ist zugleich Objekt und Urheber seiner Geschichte.
284 *DE*, I, S. 816 f. Um diese Heftigkeit zu entschuldigen, muss man darauf hinweisen, dass sein Gesprächspartner Marxist war, dessen ebenso resoluten wie beschränkten Dogmatismus man heute belächelt. Nach einer mündlichen Überlieferung soll Foucault den begierigen jungen Bewunderern, die glaubten, ihm zu huldigen, wenn sie ihn einen Strukturalisten nannten, einen Knochen als Köder zugeworfen und sie damit zum Narren gehalten haben: Ganz am Ende seiner Antrittsvorlesung im Collège de France hat er dem Publikum angeblich diese abfälligen Worte zugeru-

fen: »Wenn das mehr Begeisterung bei Ihnen hervorruft, dann wird es in meinen Vorlesungen eben um den Strukturalismus gehen.« Der Satz ist in der Druckfassung der Vorlesung nicht enthalten.

285 *DE*, I, S. 126 f. und 446.

286 Im Original deutsch (Anm. d. Ü.).

287 Akademischer Grad nach einem (mindestens dreijährigen) Studium der Geisteswissenschaften (Anm. d. Ü.).

288 Das nennt man seit H. Schaeffer (1930) das »Begriffsbild« des menschlichen Körpers. Es kommt nur selten vor, dass auf einem ägyptischen Gemälde oder Flachrelief ein Gesicht frontal oder im Halbprofil erscheint; die Ausnahmen betreffen Untermenschen (Kriegsgefangene, tanzende Sklavinnen).

289 Im Original deutsch (Anm. d. Ü.).

290 H. Wölfflin, *Kunsthistorische Grundbegriffe. Das Problem der Stilentwicklung in der neueren Kunst*, München 1915, S. 15. Frz. Ausgabe: H. W., *Principes fondamentaux de l'histoire de l'art. Le problème de l'évolution du style dans l'Art Moderne*, übers. von C. und M. Raymond, Paris 1929.

291 H. Wölfflin, *Réflexions sur l'histoire de l'art*, übers. von R. Rochlitz, Paris 1982 (1997), S. 43 f. Zum Folgenden vgl. S. 29, 35, 79, 198. Dt. Ausgabe: *Gedanken zur Kunstgeschichte*, Basel ⁴1947.

292 *Gedanken zur Kunstgeschichte*, wie Anm. 291, S. 8.

293 H. Wölfflin, wie Anm. 290, S. 215 (dt. Ausgabe: S. 219).

294 *Réflexions*, S. 43 f.

295 *L'Archéologie du savoir*, S. 272; Übers. U. Köppen (S. 298); *DE*, I, S. 788.

296 Darauf hat er mehrfach hingewiesen, z. B. *DE*, IV, S. 393. 1970 hatte er das Problem nur undeutlich wahrgenommen (*DE*, II, S. 12).

297 So im nur allzu bekannten letzten Satz von *Les Mots et les Choses*.

298 *DE*, IV, S. 75. Übers. H. Brühmann (S. 94).

299 *DE*, IV, S. 535: »Was Sie als eine Form des Ästhetizismus definieren würden – darunter verstehe ich die Transformation des Selbst.« Übers. H.-D. Gondek (S. 654).

300 *DE*, IV, S. 171, 213, 576, 706, 719, 729, 731 und bes. S. 785.

301 P. Pasquino, »Moderne, Subjekt und der Wille zum Wissen«, *Anschlüsse: Versuche nach Michel Foucault* (hrsg. von G. Dane), Tübingen 1985, S. 39; W. Eßbach, »Durkheim, Weber, Foucault: Religion, Ethos und Lebensführung«, in: *L'Éthique protestante de Max Weber et l'esprit de la modernité. Max Webers protestantische Ethik und der Geist der Moderne*. Textes réunis par le Groupe de recherche sur la culture de Weimar, Paris 1997, S. 261.

302 M. Weber, *Gesammelte Aufsätze zur Religionssoziologie*, Tübingen 1920 (1963), Bd. 1, S. 524: »durchaus gegen seinen Willen« (im Original deutsch, Anm. d. Ü.).

303 Ebd., Bd. 1, S. 203 und 408; im Original deutsch (Anm. d. Ü.); vgl. S. 485
(wo *Ethos* durch *Lebensführung* [im Original deutsch, Anm. d. Ü.] wieder aufgegriffen wird).

304 *DE*, IV, S. 719. Übers. H. Kocyba (S. 889).

305 M. Foucault, *L'Usage des plaisirs. Histoire de la sexualite*, Bd. 2, Paris 1987, S. 17 f. Dt. Ausgabe: *Der Gebrauch der Lüste*, übers. von U. Raulff und W. Seitter, Frankfurt a. M. 1986.

306 *DE*, IV, S. 449. Übers. H.-D. Gondek (S. 545).

307 Ebd., S. 574.

308 *L'Archéologie du savoir*, S. 264. Übers. U. Köppen (S. 289).

309 *DE*, IV, S. 436.

310 *L'Archéologie du savoir*, S. 265; *DE*, I, S. 774 f. Wenn man dem entgegenhält, dass diese historische Kritik einer Form des Positivismus gleichkommt, der für die transzendentale Dimension oder den metempirischen Ursprung blind ist (*Archéologie*, S. 267), antwortet Foucault mit der Kritik an der »historisch-transzendentalen Dublette« (vgl. *Archéologie*, S. 159) und spricht von »Tautologie« (*Archéologie*, S. 268; *DE*, I, S. 675) oder »Paralogismus« (*DE*, I, S. 452). Auf diese Weise werde versucht, den Menschen der Ökonomie, der Wissenschaft, der Sprache usw. »als Grundlage seiner eigenen Endlichkeit« zur Geltung zu bringen (*Les Mots et les Choses*, S. 352; Übers. U. Köppen [S. 411]), durch eine »Wiederholung des Positiven im Fundamentalen« (ebd., S 326; Übers. Köppen, [S. 381]). Die historischen Positivitäten, die jeweils auf eine Epoche begrenzt sind, *bewirken*, dass der Mensch ein endliches Wesen ist, während die Endlichkeit angeblich die Geschichtlichkeit als ihre *a priori* gegebene Voraussetzung *ermöglicht* (ebd., S. 383).

311 Verweisen wir noch einmal auf den zweiten Teil von *Les Mots et les Choses*. Vgl. die Studie von G. Lebrun über Foucault als Kritiker Husserls in: *Michel Foucault philosophe*, wie Anm. 259, S. 33–53. Zum Folgenden vgl. E. Renan, *Essais de morale et de critique*, 1860, S. 82 f., wiederaufgenommen in: *Œuvres complètes*, édition définitive, Paris 1948, Bd. 2, S. 73 f.

312 *L'Archéologie du savoir*, S. 264. Übers. U. Köppen (S. 289).

313 *DE*, IV, S. 718. Übers. H. Kocyba (S. 888).

314 *L'Archéologie du savoir*, S. 262.

315 *DE*, IV, S. 74. Wer auch immer aktiv oder passiv in eine kleinere oder größere Machtbeziehung eingebunden ist, d. h. jedermann, kann sich damit abfinden oder dagegen revoltieren (*DE*, IV, S. 93). Aber diese Revolte ist keine Art Rückkehr des Verdrängten, die Rückkehr einer ursprünglichen Freiheit, einer wahren Natur des aus seinen Zwängen befreiten Menschen (IV, S. 74 oder 710); unsere Grenzüberschreitungen sind ihrerseits begrenzt. Besser gesagt, wir können keine umfassende Erkenntnis darüber erhalten, wir können nicht vollständig und endgültig wissen, wo unsere Grenzen liegen (IV, S. 575).

316 *Les Mots et les Choses*, S. 331.

317 *DE*, IV, S. 574.

318 Ich glaube nicht an einen »Bruch«, in dem Foucault das Subjekt wiederentdeckt hätte: Deleuze, ein nobler Charakter und origineller Denker, äußert sich in diesem Zusammenhang nicht als der große Historiker der Philosophie, der er war, sondern als persönlicher Denker, der seine Ideen im gedanklichen Umfeld eines anderen entwickelt (was er nach eigenem Eingeständnis gerne tat), dem er dann diese seine Ideen zuschreibt. Vgl. *DE*, IV, S. 445.

319 Vgl. *DE*, IV, S. 449: Die Diagnose besteht darin, den Bruchlinien von heute zu folgen, »um zu erfassen, worin das, was ist, und wie das, was ist, nicht mehr das sein könnte, was es ist«, da eine solche virtuelle Bruchlinie »einen Freiheitsraum eröffnet, verstanden als Raum einer konkreten Freiheit, das heißt einer möglichen Umgestaltung« des Diskurses. Übers. H.-D. Gondek (S. 544).

320 A. Thibaudet, *Réflexions sur la littérature*, hrsg. von A. Compagnon und C. Pradeau, Paris 2007, S. 1416.

321 Vgl. N. Malebranche, *Recherche de la vérité*, Bd. 2, Kap. 5: »Wegen der Verbindung, die wir mit allen Menschen haben, leben wir in Abhängigkeit von der öffentlichen Meinung.«

322 Vgl. F. Nietzsche, *Nachgelassene Fragmente* April–Juni 1885 (N VII), 34 [147]; wie Anm. 43, Bd. 11, S. 470.

IX. Verdirbt Foucault die Jugend? Lässt er das Proletariat im Stich?

323 Es ist amüsant festzustellen, dass Nietzsche, der so geschickt darin war, die Werte und Ziele der anderen zu entschlüsseln, nicht das Arbiträre der eigenen Werte und Ziele erkannte, deren Aufgabe es war, die Anstrengungen der Natur (andernorts spricht er von Biologie) zu unterstützen, um einen höheren Menschen-Typ hervorzubringen, wie er ihn an vielen Stellen in seinen nachgelassenen Fragmenten von Herbst 1887 bis März 1888 immer wieder evoziert (*Nachgelassene Fragmente* 1887–1888 [W II 2 u. 3], Nr. 10 u. 11; wie Anm. 43, Bd. 12 u. 13). Dieser große Zweifler hat niemals bezweifelt, dass »das Schicksal der Menschheit am Gerathen ihres höchsten Typus liegt« (*Nachgelassene Fragmente* 1884–1885 [W I 2], Nr. 26 [75]; wie Anm. 43, Bd. 11, S. 168) und dass man sich in den Sinn der natürlichen Evolution, des Willens zur Macht, stellen müsse, so wie sich andere in den Sinn der Geschichte gestellt haben. Und er beklagt an unzähligen Stellen den Egalitarismus oder das Mitleiden, diese »Gesammt-Abirrung der Menschheit von ihren Grundinstinkten« (ebd., 1887–1888 [W II 3], Nr. 11 [227]; wie Anm. 43, Bd. 13, S. 89; vgl. ebd. S. 159, Nr. 11 [361]). Er hat seine philosophische Re-

volution als Prophet begonnen, um darüber nachzudenken, »auf welche
Weise der Typus Mensch zu seiner größten Pracht und Mächtigkeit gesteigert werden kann« (ebd., 1886–1887 [N VII 3], Nr. 5 [98]; wie Anm.
43, Bd. 12, S. 225); um das Kommen »der höheren Menschen« zu ermöglichen, die die Herren der anderen Menschen wären (ebd., 1884
[Z II 5a], Nr. 27 [23]; wie Anm. 43, Bd. 11, S. 281) oder sich vielmehr
nicht einmal darum sorgten, es zu sein (ebd., 1887 [W II 1], Nr. 9 [153];
wie Anm. 43, Bd. 12, S. 425 f.), »die Herrn der Erde [...], eine neue herr-
schende Kaste. Aus ihnen hier und da entspringend [...] der Über-
mensch« (ebd., 1885 [W I 3a], Nr. 35 [73]; wie Anm. 43, Bd. 11, S. 541).
Auf die Gefahr hin, »die Entwicklung der Menschheit [zu] opfern«, die
sich in die Sklaverei begeben hat, »um einer höheren Art als der Mensch
ist, zum Dasein zu helfen« (ebd., 1886–1887 [Mp XVII 3b], Nr. 7 [6];
wie Anm. 43, Bd. 12, S. 281). Aber wenn, so werden wir einwerfen, der
Wille zur Macht tatsächlich überall herrscht, dann kann er diese Aufgabe
leisten, ohne dass wir uns einmischen, und wieso sollten wir die Pflicht
haben, uns einzumischen? Was könnte man außerdem der Schwerkraft
hinzufügen und warum sollte man? Weisen wir noch rasch darauf hin,
dass Nietzsche nicht an Deutschland denkt, für das er nur Verachtung
übrig hat (ebd., 1885 [Z I 2c], Nr. 43 [3]; wie Anm. 43, Bd. 11, S. 702; er
bevorzugte die Juden und die Slawen); eine Verachtung, die nur über-
troffen wird von seiner Geringschätzung für den Sumpf »antijüdischer
Dummheit« (*Jenseits von Gut und Böse*, § 251; Bd. 5, S. 192; 1885
[N VII 1], Nr. 34 [224]; Nr. 34 [237]; ebd., 1886–1887 [Mp XVII 3b],
Bd. 7 [67].), für den »verlogenen Rassen-Schwindel« (ebd., 1886–1887
[N VII 3], Nr. 5 [52]); »wo Rassen gemischt sind«, sah er in propheti-
scher Hoffnung den »Quell großer Cultur« (ebd., 1885–1886 [N VII
2b], Nr. 1 [153]).

324 Nietzsche, *Jenseits von Gut und Böse*, § 39; wie Anm. 43, Bd. 5, S. 56 f.:
»Niemand wird so leicht eine Lehre, bloss weil sie glücklich macht, oder
tugendhaft macht, deshalb für wahr halten [...]. Etwas dürfte wahr sein:
ob es gleich im höchsten Grade schädlich und gefährlich wäre; ja es
könnte selbst zur Grundbeschaffenheit das Daseins gehören, dass man
an seiner völligen Erkenntniss zu Grunde gienge [...].«

325 Machen wir uns vom Menschen keine allzu schematische Vorstellung: Er
mag es auch, sich Gründe zurechtzulegen oder vielmehr seine Träume
zu haben, auf die er Wert legt und an die er glaubt. Die Verkündigung
eines religiösen oder bürgerlichen Ideals stellt für ihn eine platonische
Befriedigung dar, und dieser Traum kann sich selbst genügen. Wir müssen jedoch zwischen der so verkündeten Moral einerseits und der prakti-
zierten Moral anderseits unterscheiden, die, ohne Heuchelei, sehr ver-
schieden sein können: Der Unterschied wird nicht einmal bemerkt. Das
Christentum, schreibt Simmel an einer Stelle, hat den Massen zum ersten

Mal in der Geschichte einen vollendeten Sinn der Existenz geliefert. Mag
sein, aber hat sich das auf die Verhaltensweisen ausgewirkt? Haben die
christlichen Dogmen den Alltag der europäischen Gesellschaften ausreichend geprägt, um als ihre Wurzeln gelten zu können? Haben sie beispielsweise etwas an der menschlichen Einstellung dem Tod gegenüber
geändert? Es sei noch einmal gesagt: Die Welt, in der man denkt, ist
nicht die Welt, in der man lebt.

326 Der Philosoph Jules Vuillemin, der eng mit Foucault befreundet war
und der der dessen Aufnahme ins Collège de France vorgeschlagen und unterstützt hatte, hat dennoch in seiner – 1984 im Collège gehaltenen – To-
tenrede dargelegt, dass die Philosophie des Verstorbenen darin bestan-
den habe, das, woran man immer geglaubt habe, zu leugnen, d. h. die
Wahrheit, die Normalität und die Moralität.

327 A. Diemer, *Edmund Husserl, Versuch einer systematischen Darstellung
der Phänomenologie*, Meisenheim 1965, S. 101. Das Interessante, dieses
Objekt der Neugier, ist ein Beweggrund, an den man zu selten denkt.
Dennoch handelt es sich um einen spezifischen Beweggrund, der ebenso
wichtig ist wie jeder andere. Er ist unverwechselbar und spielt in der
Geschichte eine bedeutende Rolle (das römische Volk interessierte sich
so sehr für die Zirkusspiele, dass es darüber, wie Juvenal behauptet, die
große Politik vergaß). Die Philosophie, die Pferderennen im Zirkus, der
Fußball und die Kultur im Allgemeinen, all dies ist interessant (die Freude an der Musik oder an der Poesie sind etwas anderes, obwohl die
Künste in anderer Hinsicht *gleichfalls* interessant sind). Es ist müßig, die
Reize des Fußballs gegenüber denen des Rugbys detailliert zu beschreiben, das Spezifikum des Interessanten, das für beide Sportarten gilt,
existiert gleichwohl. Weil er interessant und folglich mitreißend und
hoch angesehen ist, kann der Fußball politischen Zwecken dienen, was
auch für die Religion zutrifft, wobei sie trotzdem sie selbst bleibt und
sich einem Reduktionismus verweigert. Man kann – außer aus purer Ge-
ckenhaftigkeit – nicht behaupten, der Krieg oder die Liebe seien interessant oder es sei interessant, Geld zu verdienen oder die Völker zu regieren: Dahinter stehen andere Leidenschaften. Ebenso wenig lässt sich der
Besuch der Messe als »interessant« bezeichnen. Das Spiel ist und bleibt
anscheinend etwas anderes. Die Emotionen der Fußballer sind andere als
die der Zuschauer, so wie sich die Gefühle des Romanschreibers von denen seiner Leser unterscheiden. Höchstleistungen, der Reiz der Gefahr
und der Wille, »sich selbst zu übertreffen«, etwa bei der Navigation oder
beim Bergsteigen, haben noch einmal einen anderen Status. Die Spezifität des Interessanten bleibt davon gänzlich unberührt.

328 Man hat des Öfteren festgestellt, dass die ethischen Kreuzzüge gegen die
Skandale ihrer Zeit (Sklaverei, Kolonialismus) dann einsetzen oder an
Zahl zunehmen, wenn die Abschaffung dieser Skandale bevorsteht oder

wenn die Unterdrückten zu revoltieren beginnen. Nicht, dass die Kreuzritter der Gegenseite zum Sieg verhalfen, doch sie spürten vage, dass sie es mit Skandalen an sich zu tun hatten und dass diese Skandale, das Erbe einer barbarischen Vergangenheit, von der Geschichte verurteilt würden und ihres eigenen Zeitalters unwürdig waren.

329 *DE*, IV, S. 79. Übers. H. Brühmann (S. 99).

330 Ebd. Übers. H. Brühmann (S. 99).

331 *DE*, IV, S. 756.

332 *DE*, III, S. 135. Übers. H.-D. Gondek (S. 179).

333 Ebd. Übers. H.-D. Gondek (S. 179).

334 J.-Cl. Passeron, *Itinéraire d'un sociologue: trames, bifurcations, rencontres*, Paris 2008.

335 Wie bei den Politikern oft zu beobachten und insbesondere, sagte mir Foucault um das Jahr 1982, bei den Sozialisten (man weiß natürlich, dass ein kritischer Denker wie er der Linken näher stand als den Konservativen).

336 *DE*, IV, S. 580. Übers. H.-D. Gondek (S. 710 f.).

337 *L'Archéologie du savoir*, S. 171 f.: Als er daran erinnert, dass uns unsere eigenen Voraussetzungen verschlossen bleiben und sich nicht umreißen lassen, zeigt sich Foucault unschlüssig: Soll die Archäologie folglich lieber die fernste Vergangenheit erforschen? Aber kann sie darauf verzichten, sich selbst ein wenig besser kennenzulernen? Muss sie also nicht die unmittelbare Vergangenheit studieren, um uns durch die Differenz mit der Zeit, die uns am nächsten ist, definieren zu können?

338 Im Original deutsch (Anm. d. Ü.).

339 Im Original deutsch (Anm. d. Ü.).

340 *DE*, IV, S. 564. Übers. H.-D. Gondek (S. 689). Ferner IV, 680 f. und vorher schon III, S. 783.

341 Vgl. vor allem *DE*, I, S. 665. Übers. M. Bischoff (S. 848). Vgl. auch IV, S. 568; vgl. I, S. 580 und 613; III, S. 266.

342 *DE*, IV, S. 543. Übers. H.-D. Gondek (S. 664).

343 *DE*, I, S. 710.

344 *L'Archéologie du savoir*, S. 172.

345 *DE*, IV, S. 449.

346 *DE*, III, S. 266. Übers. H.-D. Gondek (S. 349).

347 Zum Begriff der Problematisierung vgl. *DE*, IV, S. 612 und 670.

348 *DE*, IV, S. 597.

349 Ebd., S. 575 und 577.

350 *L'Usage des plaisirs*, S. 15. Übers. U. Raulff / W. Seitter (S. 16).

351 *DE*, IV, S. 160. Vgl. IV, S. 779: »Alle meine Untersuchungen richten sich gegen den Gedanken universeller Notwendigkeiten im menschlichen Dasein. Sie entdecken, wie willkürlich Institutionen sind.« Übers. M. Bischoff (S. 961).

352 Ebd., S. 30 und 449.

353 *DE*, IV, S. 571, 574, 680. Übers. H.-D. Gondek (S. 699 und 703).
354 Ebd., S. 449. Übers. H.-D. Gondek (S. 545 f.).
355 *DE*, IV, S. 676. Übers. H.-D. Gondek (S. 834).
356 *L'Usage des plaisirs*, S. 15.
357 *DE*, III, S. 634. Übers. M. Bischoff (S. 794).
358 *DE*, IV, S. 724. Übers. H. Kocyba (S. 895).
359 *Sécurité, territoire, population. Cours au Collège de France 1977–1978*, wie Anm. 8, S. 5.
360 *DE*, IV, S. 667. Übers. H.-D. Gondek (S. 822).
361 Im Jahre 2007 gehört es zum guten Ton, Amerika, die gentechnisch veränderten Organismen (oder die Atomenergie) und den Stierkampf (oder die Jagd) abzulehnen. Wenn man Nietzsches postume Schriften liest, stellt man amüsiert fest, dass man 1885 Richard Wagner dafür lobte, »alles Gute« zu vereinigen, »was es heute giebt – er ist Antisemit, Vegetarianer und verabscheut die Vivisektion«. (*Nachgelassene Fragmente* 1885 [W I 5], Nr. 41 [2]; wie Anm. 43, Bd. 11, S. 675.)
362 *Bekenntnisse* 10,25,34. Übers. W. Thimme.
363 *DE*, I, S. 619.
364 *Ethik*, III, 9, Scholion.
365 »Sieh dir Tartuffe an: Er ist dick, er ist hässlich, dennoch verführt er eine ganze Hausgemeinschaft allein durch das Wort. Der Titel des Stücks könnte auch lauten *Tartuffe oder der Psychoanalytiker*«, sagte Foucault, der sich für den *Tartuffe* begeisterte und sich alle Inszenierungen anschaute.
366 Platon, *Der Staat* 440b–c.
367 *DE*, IV, S. 673. Wie Peter Brown in *L'Essor du christianisme occidental. Triomphe et diversité, 200–1000*, übers. von P. Chemla, Paris 1997, S. 174, sagt, wird mit den Christen die Sorge um das Selbst zur Sorge um die anderen, und zwar aus Herablassung *(synkatabasis)* im ursprünglichen Wortsinn. Dt. Ausgabe: Peter Brown, *Die Entstehung des christlichen Europa*, München 1996, übers. von P. Halbrock, S. 167 f.
368 *DE*, III, S. 634. Übers. M. Bischoff (S. 794); vgl. *DE*, IV, S. 667.
369 *DE*, IV, S. 536. Übers. H.-D. Gondek (S. 655).
370 Ebd., S. 211–213, 261–269, 338–341, 344–346 u. ö.
371 Wie man auf dem Umschlag der Originalausgabe von *Histoire de la folie* lesen konnte (ich zitiere aus dem Gedächtnis).
372 J.-Cl. Passeron, *Itinéraire d'un sociologue*, wie Anm. 334. Hier findet man die mit viel Sachkenntnis verfassten Seiten, die Foucault als Kämpfer und »spezifischen Intellektuellen« wiederaufleben lassen; damit steht er im Gegensatz zum »intellektuellen Generalisten« vom Schlage Pierre Bourdieus.
373 *DE*, II, S. 446.
374 Vgl. dazu *DE*, I, S. 13–64.

X. Foucault und die Politik

375 Wilhelm Schmid, *Auf der Suche nach einer neuen Lebenskunst. Die Frage nach dem Grund und die Neubegründung der Ethik bei Foucault,* Frankfurt a. M. 1991.
376 Vgl. beispielsweise *DE*, III, S. 570.
377 Es sei kurz daran erinnert, dass die Sorge um das Selbst kein Narzissmus oder Dandytum ist, sondern darin besteht, sich mit sich selbst zu befassen, um sich durch die Beherrschung seiner selbst als freier Mensch zu konstituieren (*DE*, IV, S. 729).
378 *DE*, III, S. 594: Der Intellektuelle hat nicht die Aufgabe, »prophetische Wahrheiten über die Zukunft auszusprechen«, sondern »die Leute begreifen zu lassen, was sich gerade auf jenen Gebieten ereignet, auf denen die Intellektuellen eine gewisse Kompetenz haben«. Übers. J. Schröder (S. 746).
379 *DE*, IV, S. 731 f. Übers. H.-D. Gondek (S. 905). Vgl. den historischen Überblick über die Sorge um das Selbst im Heiden- und Christentum, wo Foucault ebenfalls auf den Helden der Renaissance im Sinne Burckhardts anspielt (*DE*, IV, S. 409 f.).
380 Zu dieser Aufgeschlossenheit für das Neue vgl. einen Artikel, den Foucault vor dem Sieg Khomeinis im Oktober 1978 im *Nouvel Observateur* veröffentlichte: Die Idee einer islamischen Regierung »hat mich [...] beeindruckt [...] [durch] den Versuch, als Antwort auf aktuelle Probleme Strukturen zu politisieren, die auf unlösbare Weise zugleich sozialer und religiöser Natur sind«. Der Artikel ist wiederabgedruckt in *DE*, III, S. 694, Übers. M. Bischoff (S. 869), und in *Histoire de l'islam et des musulmans en France du Moyen Âge à nos jours* (hrsg. von M. Arkoun), Paris 2006, S. 972.
381 Vgl. Horaz, *Carmina* 3,3,7 f.: »Si fractus inlabatur orbis, / Impavidum ferient ruinae.« (Selbst wenn der Weltbau krachend einstürzte, / träfen die Trümmer einen Furchtlosen.) (Anm. d. Ü.).
382 Nietzsche will das Leben dennoch, er will es so, wie es ist, und will sogar seine ewig gleiche Wiederkehr.
383 Im Original deutsch (Anm. d. Ü.).
384 Sie [die Natur] sagt zu mir: »Ich bin das unerschütterliche Theater, / das der Fuß seiner Schauspieler nicht rühren kann ...« (Alfred de Vigny, »La maison du berger«, *Les Destinées).*
385 *DE*, I, S. 695. Übers. H. Kocyba (S. 886).
386 Der Gerechte wird der Abwesenheit mit Verachtung begegnen / Und nur noch mit einem kalten Schweigen antworten / Auf das ewige Schweigen der Gottheit. (Alfred de Vigny, »Le Mont des oliviers«, *Les Destinées.)*
387 Vor etwa 40 Jahren kam es in diesem Punkt zwischen Roger Caillois

und Claude Lévi-Strauss zu einer Kontroverse. Ein Ethnologe, sagte Ersterer, muss der Kultur den Vorzug geben, die es ihm gestattet, Ethnologe zu sein. Die Frage ist ja, ob das »westliche« Denken mit seinem Rationalismus und seiner Neugier für das Denken der anderen nur eine historische Episode, eine Art Zwischenfall ist oder ob es sich dabei um das Schicksal oder das wünschenswerte Ziel der gesamten Menschheit handelt. Dieses Problem ließ Husserl am Vorabend des Zweiten Weltkrieges in seinem Vortrag *Die Krisis der europäischen Menschheit und die Philosophie* keine Ruhe.

388 Foucault ist 1926 geboren, wir anderen im Jahr 1930, aber wir waren noch Studenten, während Foucault in der rue d'Ulm zu unseren Lehrern gehörte; wie Althusser war er »caïman« (Repetitor).

389 Und umgekehrt war »jemanden nach akademischen Kriterien zu beurteilen« (Lacan oder Barthes) im Munde Foucaults kein Kompliment. Dies ist nichts anderes als die Fortführung des Kleinkriegs zwischen der Universität und den Essayisten, der mit Taine gegen die Erben von Victor Cousin beginnt, sich mit der *Revue Blanche* und Péguy gegen Brunetière und Lanson fortsetzt und um 1900 im Krieg um Baudelaire gipfelt. Ebenso haben wir im Zusammenhang mit Barthes einen Kampf miterlebt. Foucault wurde akademisch legitimiert aufgrund der Hochschätzung vonseiten des gestrengen Canguilhem in der Universität und des rigoros auftretenden Vuillemin im Collège de France, die ihn beide unterstützten. Sie billigten mitnichten Foucaults Negierung des Universellen, des Rationalen und Normalen, achteten jedoch seine Intelligenz. Dennoch bezeichnete Canguilhem Foucault eher als Dichter denn als Historiker oder Philosophen. Eine Illustration dessen bietet W. Clark in seinem Bericht von Foucaults Verteidigung seiner Dissertation 1961 in der Sorbonne, nachzulesen in *Lieux de savoir. Espaces et communautés*, I, hrsg. von Chr. Jacob, Paris 2007, S. 91 f. und 95–97. Darüber hinaus spielte auch das ähnliche Temperament eine Rolle: Canguilhem und Vuillemin hatten sich in der Résistance hervorgetan. Nach dem Zeugnis von Daniel Defert sagte Foucault auf seinem Totenbett: »Sagt Canguilhem, dass er kommen soll. Er weiß, wie man stirbt.« Der Mut ist ein gemeinsames Vaterland.

390 Soweit ich weiß, hatte er keinerlei Verbindung mit Gruppen militanter Homosexueller. Man hat nicht versäumt darauf hinzuweisen, dass er Roland Barthes aus homosexueller Solidarität ins Collège de France habe wählen lassen. Doch das ist nur Klatsch: Seine Gründe, die ich kannte und nicht teilte, waren andere.

391 In Clermont-Ferrand (Anm. d. Ü.).

392 Zu seinen Lebzeiten übte er keinen nachhaltigen Einfluss aus, hatte aber sehr großen Erfolg, der der Originalität seines Stils zu verdanken war. Dieser hatte sogar ein so schwieriges Werk wie *Les Mots et les Choses*

zum Bestseller werden lassen. Bei Schuljahrsbeginn las einmal eine
Freundin von mir im Philosophieunterricht eines Gymnasiums ihren
jungen Schülern jeweils eine Seite von Sartre, Lévi-Strauss und Foucault
vor. Einzig Foucault versetzte die Schüler in tiefes Schweigen – und das
mehr wegen seiner Ausdrucksweise als wegen der für sie schwer ver-
ständlichen Worte. Der Erfolg, den er mit seinem Unterricht am Collège
de France hatte (der Hörsaal war so voll, dass die Hörer auf dem Boden
und in den Gängen saßen oder die Vorlesung auf einem Bildschirm in einem anderen Raum mitverfolgten), beruhte mehr auf der Musik seines
Stils als auf dem Inhalt seiner Ausführungen.

393 Ihn verbanden sehr enge Beziehungen mit der Tageszeitung *Libération*.
Er stand in Kontakt mit der Gewerkschaft CFDT und ihrem Sekretär
Edmond Maire, er war befreundet mit Simone Signoret und Yves Mon-
tand, die zu Gegnern der sowjetischen Innenpolitik geworden waren.
Im Jahre 1981 ließ er seinem Zorn über die Machtübernahme durch die
Sozialisten freien Lauf. Ohne es genau zu wissen, vermute ich, dass er
lieber Rocard als Mitterrand als Präsidenten gesehen hätte. Kurz vor seinem Tod arbeitete er an einer Kritik des französischen Sozialismus (er
hatte einen Stoß Bücher zu dieser Frage auf seinem Nachttisch). In seinen Augen vertrat die sozialistische Partei niemals eine Politik im eigentlichen Sinne.

394 *DE*, II, S. 304 f.; I, S. 574. Übers. H.-D. Gondek (S. 379).

395 *DE*, IV, S. 535. Übers. H.-D. Gondek (S. 654).

396 *L'Archéologie du savoir*, S. 28.

397 *DE*, IV, S. 675. Übers. H.-D. Gondek (832 f.).

398 Diese Objektivität hat er in *L'Éducation sentimentale* zum Prinzip erhoben; der sehr metaphysische Realismus dieses Buches ist der eines sich
immer weiter auflösenden Lebens. Es ist, so Albert Thibaudet, ein Roman, der zeigt, wie eine Welt wäre, wenn der Wille nicht existierte. So
erklärt sich »die fortgesetzte, monotone, trübselige, endlose Aufeinanderfolge der Seiten«, wie es Proust so treffend formuliert, »wo die Dinge
genauso viel Leben haben wie die Menschen« (das ist auch der Grund
für die »Manie der ununterbrochenen Beschreibung«, die Barbey d'Au-
revilly Flaubert zum Vorwurf machte). Und da Frédéric Moreau ebenso
willenlos ist, »spiegeln« sich der Roman und sein Held gegenseitig. In
dieser reziproken Darstellungsweise liegt der Schlüssel zu dem Meister-
werk, das die einen seicht finden und von dem die anderen begeistert
sind. Der Roman ist ein Manifest des *contemptus mundi*, jener Verachtung für die Dinge dieser Welt, die sich so manche Religion auf ihre Fah-
nen geschrieben hat. Die Welt zu verlassen heißt, seine Persönlichkeit
aufzugeben: Die Religion Flauberts ist nicht die der Kunst, sondern die
der »Objektivität«, wobei die Kunst lediglich ein Mittel zum Zweck ist
(für Foucault war dieses Mittel die Gelehrsamkeit, für René Char die

Poesie). Daher ist auch Flaubert so pedantisch bestrebt, selbst Nebensächliches und sogar Überflüssiges zu »dokumentieren« (die exakte Abfahrtszeit des Zuges nach Auxerre!). Diesen Exkurs möchte ich nicht abschließen, ohne hinzuweisen auf das schöne Buch von Jean Borie, *Frédéric et les amis des hommes: présentation de* l'Éducation sentimentale, Paris 1995.

399 Vgl. die erste Seite von *L'Ordre du discours*.

400 In dem Gedicht »Allégeance« und andernorts: Der Dichter (er selbst unterscheidet sich von dem menschlichen Wesen, dessen Rolle er vorübergehend einnimmt) verschwindet in seinem Gedicht »comme une épave heureuse« (»wie ein wunschloses Strandgut«, R. Char, *Zorn und Geheimnis. Fureur et mystère*. Gedichte frz./dt. Deutsch von J. Hübner und L. Klünner. Mit einem Nachwort von H. Wernicke, Frankfurt a. M. 1991, S. 144). Genau diesen Vers zitiert Foucault in *L'Ordre du discours*, S. 9, ohne den Autor anzugeben (das ist seine Art, ihm seine Reverenz zu erweisen, er setzt ihn als bekannt voraus). Zahlreiche andere Zitate Chars ohne Namensnennung: »Jadis l'herbe était bonne aux fous et hostile au bourreau« (»Ehemals war das Gras den Narren gut und dem Henker feind«, *Fureur et mystère*, Jacquemard et Julia, übers. von J. Hübner und L. Klünner, S. 110) in *Histoire de la folie*, Paris 1976, S. 320; weitere Zitate in *DE*, I, S. 164, 167 (oben und unten auf der Seite) und 197; in *Les Mots et les Choses*, S. 35 (»les clartés de l'herbe« / »die Helligkeit des Grases«, Übers. U. Köppen, S. 49); in *Histoire de la folie*, S. 95 (das sehr seltene Wort *allégir*), S. 320, 549, vgl. S. 546 (bei Char heißt es allerdings: »sa solitaire vraisemblance«). Und das Motto in *DE*, I, S. 65, sowie das Char-Zitat auf der Rückseite von *L'Histoire de la sexualité*. Wie oben erwähnt, ist das Wort »intransitif«, das er zu einem *terminus technicus* erhebt, aus *Partage formel* übernommen.

401 Das Zitat stammt aus dem Gedicht »Les premiers instants« aus der Gedichtsammlung *Fureur et mystère*, wie Anm. 400, Übers. J. Hübner und L. Klünner, S. 138 (Anm. d. Ü.).

402 *DE*, IV, S. 536. Übers. H.-D. Gondek (S. 654 f.). Vgl. IV, S. 675 und IV, S. 42.

XI. Porträt des Samurai

403 Jacqueline de Romilly, Altphilologin und Literaturwissenschaftlerin, Professorin am Collège de France, wurde 1988 als erste Frau an die Académie française berufen (Anm. d. Ü.).

404 M. Weber, *Religiöse Gemeinschaften*, in: Max Weber Gesamtausgabe, hrsg. von H. Baier [u. a.], Abt. I, Bd. 22.2, S. 356.

405 Ich denke hier an Webers theoretische, nicht an seine tagesaktuellen politischen Schriften.

406 Friedrich Nietzsche, *Sämtliche Briefe. Kritische Studienausgabe,* hrsg.
von G. Colli und M. Montinari, fortgef. von Norbert Miller und Anne-
marie Pieper, Abt. III, Bd. 7/1, Berlin 2004, S. 8.

407 Irgendwann hat er mir dann anvertraut, dass nur ein einziger Student in
sein Geheimnis eingeweiht war: Ein Student der Naturwissenschaften,
dessen Name wegen seiner leidenschaftlich ausgelebten Heterosexualität
und wegen seiner Erfolge bei den Frauen sprichwörtlich geworden war.
Das Verlangen oder vielmehr die Lust waren für diesen Don Juan und
für Foucault zu einer gemeinsamen und unteilbaren Heimat geworden.

408 Mit dem Komponisten Jean Barraqué; vgl. D. Éribon, *Michel Foucault,*
Paris 1989, S. 86–90.

409 Nach Aussage von Madame Foucault, nachzulesen in Didier Éribons
Foucault-Biographie.

410 Zum Recht, sich umzubringen, vgl. *DE,* III, S. 777. Vgl. F. Nietzsche,
Nachgelassene Fragmente, Frühjahr 1884 (W I), 25 [226]; wie Anm. 43,
Bd. 11, S. 73: »Der Tod. Man muß die dumme physiologische Thatsache
in eine moralische Nothwendigkeit umdrehen. So leben, daß man auch
zur rechten Zeit seinen Willen zum Tode hat!«

411 Keiner von denen, die ihm nahe standen, hat etwas geahnt. Erst am Tag
nach seinem Tod haben wir von allem erfahren. Nach Auskunft von Daniel Defert hatte Foucault in seinem Notizbuch festgehalten: »Ich weiß,
dass ich Aids habe, aber bei meiner Hysterie vergesse ich es immer wieder.«

412 Mit Didier Éribons freundlicher Genehmigung übernehme ich hier einen Bericht, den dieser in seinem Buch *Michel Foucault,* S. 34, veröffentlicht hat.

413 Die letzten Nachrichten von Foucault waren schlecht, meine Frau hatte
zwei Tage zuvor von den Ärzten der Klinik La Salpêtrière erfahren, dass
sie nicht mehr weiterwussten. Beim Verlassen von Paris, ich war auf der
Autobahn, wurde ich von einem massigen, PS-starken grünen Wagen,
dessen rechteckiges Heck eine ungewöhnliche Form hatte, mit hoher
Geschwindigkeit überholt. In dem Augenblick, als das Auto an mir vor-
beifuhr, erkannte ich in dem Fahrer Foucault, der mir mit einer lebhaf-
ten Bewegung sein scharfes Profil zukehrte und mir mit seinen schmalen
Lippen zulächelte. Ich trat auf das Gaspedal, um ihn einzuholen, nahm
den Fuß aber sogleich wieder zurück, da ich den halluzinatorischen
Charakter dieser Vision erkannt hatte. Eine Halluzination unterscheidet
sich ja von einer echten Wahrnehmung und ist *index sui.* Auch die Allegorie hatte ich sofort verstanden: Foucault ging dahin, wohin wir alle
gehen werden, und er überholte mich mit seiner Intelligenz. Das Auto
verschwand in der Ferne oder hörte auf zu existieren, ich weiß es nicht.
Das alles hatte höchstens eine halbe Minute gedauert. Als ich Passeron
davon erzählte, machte er mich auf etwas aufmerksam, das ich nicht ver-

standen hatte: Die merkwürdige Form des Wagenhecks war die eines
Leichenwagens. – Halluzination oder Wachtraum? Die Vision hatte die
allegorische Kreativität der Träume, die man kurz vor dem Aufwachen
träumt, wenn man schon wieder halb zu Bewusstsein gekommen ist.

414 Wenn er beispielsweise irgendjemanden aus seiner Umgebung nicht aus-
stehen konnte und ihm schlimme Bosheiten an den Kopf geworfen hatte, was er nur allzu gut konnte.

415 »Es ist ein seltsamer Mut, / den du mir gibst, alter Stern: / Leuchte allein
bei Sonnenaufgang, / zu dem du nichts beiträgst!«

416 In einer von J.-P. Vernants Vorlesungen war Marlene Dietrich zugegen,
sie saß mit übereinandergeschlagen Beinen in der ersten Reihe.

417 *Paradiso*, X,136–138. Dante Alighieri, *Die Göttliche Komödie*, Stuttgart
2001, Übers. H. Gmelin, S. 306.

Mein Dank gilt Didier Éribon, der den Anstoß zu diesem klei-
nen Buch gegeben hat, sowie Daniel Defert, der mich immer
wieder ermutigte und der für die Irrtümer, die mir unterlaufen
sein mögen, natürlich keine Verantwortung trägt. Aufschlüsse
über philosophische Fragen verdanke ich, wie der Leser hat fest-
stellen können, Jean-Marie Schaeffer. Bei Albin Michel hat Hé-
lène Monsacré dieses Buch, das ich seit zwanzig Jahren mit mir
herumgetragen habe, bis zu seiner endgültigen Fertigstellung mit
großem Sachverstand begleitet. Als außergewöhnlich kompeten-
te Verlegerin hat sie mir mit ihren wertvollen Hinweisen stets
hilfreich zur Seite gestanden.

Zum Autor

PAUL VEYNE, geboren 1930 in Aix-en-Provence, wurde an der École Normale Supérieure und an der École Française de Rome ausgebildet, lehrte an der Universität in Aix-en-Provence und wurde 1975 zum Professor für Römische Geschichte am Collège de France ernannt. In Deutschland sind u. a. von ihm erschienen: *Comment on écrit l'histoire*, 1971 (*Geschichtsschreibung – und was sie nicht ist*, Frankfurt a. M. 1990), *Le pain et le cirque* (*Brot und Spiele*, Frankfurt a. M. / New York / Paris 1988), *Les Grecs ont-ils cru à leurs mythes? (Glaubten die Griechen an ihre Mythen?*, Frankfurt a. M. 1987), der erste Band in der von Philippe Ariès herausgegeben *Geschichte des privaten Lebens*, Frankfurt a. M. 1989, sowie *Culte, piété et morale dans le paganisme gréco-romain*, 2005 (*Die griechisch-römische Religion*, Stuttgart 2008), und mit Christian Meier zusammen *Kannten die Griechen die Demokratie?*, Berlin 1988.